AMERICAN PRESIDENTS
A DARK HISTORY

미국 대통령, 그 어둠의 역사

미국 대통령,
그 어둠의 역사

마이클 케리건 지음 / 김지선 옮김

AMERICAN
PRESIDENTS
A DARK HISTORY

북&월드

DARK HISTORY OF AMERICAN PRESIDENT by Michael Kerrigan

Copyright ⓒ 2011 Amber Book Ltd, London
Korean translation rights ⓒ 2012 Book&world
This translation of Dark History of American Presidents first published in 2012 is published by arragement with Amber Books Ltd. through Amo Agency Korea.

이 책의 한국어판 저작권은 아모 에이전시를 통해 저작권자와 독점 계약한 북&월드에 있습니다.
신 저작권법에 의해 한국 내에서 보호를 받는 저작물이므로 무단 전재와 무단 복제를 금합니다.

미국 대통령, 그 어둠의 역사

초판 1쇄 인쇄 / 2012년 11월 6일
초판 1쇄 발행 / 2012년 11월 10일

지은이 / 마이클 케리건
옮긴이 / 김지선
펴낸이 / 신성모
펴낸곳 / 북&월드

등록 / 2000년 11월 23일 제10-2073
주소 / 경기도 양평군 용문면 덕촌길 211번길 129-11
전화 / (02) 326-1013
팩스 / (02) 322-9434, (031) 771-9087
이메일 / gochr@hanmail.net

ISBN 978-89-90370-92-1 13940

책 값은 뒷표지에 표기되어 있습니다.
파본은 구입하신 서점에서 교환해 드립니다.

Contents

차례

서언 ··· 6

들어가며 대통령직의 탄생 ··· 8

제1장 건국의 아버지들 : 노예 소유주와 오입쟁이들 ··· 24

제2장 부정한 동맹 ··· 48

제3장 분열된 국가 ··· 66

제4장 내전과 재건 ··· 82

제5장 잃어버린 대통령들 : 사기와 판단착오 ··· 102

제6장 세계적 강대국 : 기업과의 동침 ··· 124

제7장 공황과 전쟁 : 엄청난 사기꾼들 ··· 146

제8장 냉전 : 은밀한 조종자들 ··· 186

제9장 세계 무대 : 미디어, 미사일과 나쁜 행실 ··· 218

프롤로그

1893년 7월 1일, 뉴욕 시는 한여름의 열파로 이글거렸다. 공장, 상점, 사무실에서 일하던 사람들은 땀을 뻘뻘 흘리며 투덜댔다. 부자와 권력자들은 벌써 얼마 전에 자기네 안마당인 해변으로 피서를 떠나고 없었다. 6월 말까지 중요한 국무를 보느라 바빴던 대통령 그로버 클리블랜드Grover Cleveland는 이제서야 북쪽 매사추세츠로 향했다. 폼나는 여정이었다. 친한 친구 엘리어스 베네딕트Elias C. Benedict 준장이 버저드 만으로 향하는 대통령에게 개인 요트 오네이다 호를 빌려주었던 것이다.

롱아일랜드 해협의 출렁이는 물결은 눈부신 태양에 반짝였고 서늘한 미풍이 상쾌함을 실어다주었다. 바다를 유람하기에 완벽한 날씨였다. 75톤짜리 증기 요트는 그 잠잠한 날씨를 한껏 이용해 서서히 동쪽으로 나아갔다.

백색보다 하얀 백악관. 우아한 자태와 팔라디오 풍의 대칭성을 자랑하는 펜실베이니아 애비뉴 1600번지의 이 건물은 미국식 이상의 순수성을 상징한다. 그렇지만 이 눈부신 벽 뒤에서는 검은 사건들도 벌어졌다.

요트가 광활한 대서양으로 진입해 북쪽으로 고개를 틀면 물결은 더 거칠게 일렁이리라. 그렇지만 해협의 보호막 안에 있는 바다는 마치 호수 같았다.

휴가길에 나선 부유한 미국인의 목가적인 초상 같다고? 애초에 그렇게 보이려는 의도였고, 확실히 그럴싸한 그림이었다. 바쁘고 어지러운 시기에, 클리블랜드는 노고의 대가로 휴식을 얻었다. 대통령의 휴가를 다룬 언론 보도에서는 차분한 신뢰감이 풍겼다. 클리블랜드와 그의 행정부는 모든 상황을 잘 통제하고 있었다.

좀 더 호기심 많은 기자라면 왜 대통령이 놀러가면서 국방 장관 대니얼 라몬트Daniel S. Lamont를 대동하는지 궁금해했을만도 하지만, 이 사실은 주도면밀하게 감춰져 있었다. 오네이다호에 탄 이들 중에 저명한 내·외과 의사와 치과 의사까지 있었다는 사실을 알면 호기심은 더욱 커질 테지만, 대통령의 손님 명단은 엄격한 기밀로 지켜졌다. 도대체 누가 '유람선 휴가'를 떠나면서 갑판에 커다랗고 거추장스러운 가스 탱크와 이상한 기구들을 싣고 간단 말인가? 운 좋게도, 그 모든 것은 아무도 의문을 제기하지 않도록 극도의 기밀리에 실렸다. 베네딕트의 요트는 '유람'에 앞서 다른 색으로 완전히 재도색되었다. 무슨 일이 벌어지고 있는지 아무도 모르도록 한 번 더 안배한 것이다.

> 대통령에게나 수행원들에게나 그 수술은 완벽한 성공이었다 — 비록 그 사람들에게 그 일은 의료 수술이라기보다는 홍보에 가까웠지만.

다른 미국 대통령과 마찬가지로 그로버 클리블랜드는 인간인 동시에 제도였다. 후자는 전자의 약점을 감춰야 했다. 그 약점은 신체적인 것일 수도, 도덕적인 것일 수도 있었다. 그 둘의 차이가 바로 이 책의 주제다.

그렇지만 오네이다가 닻을 들어올리자마자 의료팀은 바삐 움직였다. 클리블랜드는 움직이지 않도록 선박의 주 돛대에 고정시킨 의자에 비끄러매였다. 능숙한 치과 의사가 아산화질소와 에테르 처치를 하자 클리블랜드는 잠시 정신을 잃었다. 그리고 외과 의사 조지프 브라이언트Joseph Bryant가 대통령의 입을 비틀어 열어 턱을 건드렸다.

대통령 담당 내과 의사들을 그토록 걱정시킨 그 종양은 알고 보니 예상했던 것보다 훨씬 컸지만, 브라이언트는 대담하고 단호했다. 그는 결국 환자의 경구개와 위턱의 많은 부분을 절제했다. 뒤이어 치과 교정 전문의가 고무 대체제를 끼워넣는 수술을 했는데, 그것이 어찌나 잘 맞물렸는지 대통령의 발음이 전보다 더 명료해질 정도였다.

버저드 만에 상륙한 대통령이 처음 입을 열기 전에 상당히 망설인 것은 기자들의 궁금증을 불러일으켰다. 그렇지만 기자들은 대통령이 치통 치료를 받았다는 공식 발표에 수긍했다. 대통령과 부하 직원들에게 그 수술은 완벽한 성공이었다 — 비록 그 사람들이 보기에 그것은 의료적 수술이라기보다는 홍보였지만. 미국 대통령은 두 가지였다 — 한 남자(한 여자가 될 날도 확실히 멀지 않았지만)이자 상징, 제도. 전자는 신체적, 그리고 도덕적 약점이 있지만 후자는 그렇지 않다. 둘 사이의 차이를 덮어 가리는 것은 2세기 하고도 4반세기 전에 대통령이라는 직책이 생겨나면서부터 줄곧 대통령이라는 직책에서 큰 부분을 차지했다.

들어가며: 대통령직의 탄생

미국 대통령직의 권세를 감히 넘볼만한 공직은 지상에 존재하지 않지만, 상상을 뛰어넘는 권력에는 상상을 뛰어넘는 책임이 따르는 법이다. 수많은 집권자가 조국이 자신에게 거는 이상적인 기대의 무게에 짓눌리는 심경을 느꼈던 것도 능히 이해할만하다.

"미국인들은……아직도 미국이 안 되는 것이 없는 나라라고 믿는다."

미국은 실제 국가로 성립하기 이전부터 이미 꿈의 나라였다. 미국의 국부國父들은 꿈을 꾸고 그 꿈을 현실로 만들었다. 대서양을 건너다보면 궁정부터 교황의 궁전에 이르기까지, 대대로 부패한 권력이 판치는 유럽이 눈에 보였다. 당연히 이곳은 그곳과 전혀 달라야 했다. 프랑스의 르네 데카르트 같은 철학자나 영국의 아이작 뉴튼 경 같은 과학자들이 앞장서 계몽의 시대를 이끌어왔다. 그 사람들은 멀리 내다보고 우주를 새로운 눈으로 이해할 수 있는 길을 닦았다. 사람들은 더는 무지에 갇히거나 가난에 매여 있을 필요가 없었다. 인류는 대단히 특별한 운명을 맞이했다.

영국의 '즐거운 군주' 찰스 2세가 정부로 유명한 오렌지 장수 넬 퀸Nell Gwynn을 만나고 있다. 미국의 청교도 국부들은 자기들이 떠나온 구세계의 그 노골적인 퇴폐를 경멸했다.

계몽 사상가들은 지식이 사람을 해방시킬 수 있다고 보았다. 또한 이성이 억압받은 이들을 구해줄 수 있다고 보았다. 유럽의 폭압적인 지배자들은 이런 새로운 발전을 모르기는커녕 이미 눈으로 보아서 너무 잘 알고 있었다. 그러나 자신들의 특권과 권력을 내놓을 마음은 전혀 없었다. 유럽의 여러 왕과 죽이 척척 맞는 가톨릭 교회의 수장들 역시 마찬가지였다. 그들은 새로운 지식과, 거기에 동반하는 자유의 정신을 억압하려고 기를 썼다. 그리고 그들이 그런 면에서 서툴지 않았다는 사실만큼은 인정해주어야 하리라. 대중은 억압과 미신 속을 헤매고 있었으니까.

국부들과 신앙

벤저민 프랭클린Benjamin Franklin, 토머스 제퍼슨Thomas Jefferson, 존 애덤스John Adams나 알렉산더 해밀턴Alexander Hamilton 같은 사람들은 국부이기 이전에 사상가였다. 그들이 미합중국을 수립하면서 품은 포부는 신생국의 우두머리가 되는 것이 아니라,

더 못 참아줄 지경까지 조국을 억압하고 있던 영국을 몰아내고 서 지상에 계몽의 통치를 실현하는 것이었다. 그들은 종교를 대체로 신뢰하지 않았거나, 아니면 적어도 국가를 운영하는 데 별다른 역할을 하지 못한다고 여겼다. 유럽을 보면 추기경들이 정부들과 놀아나고, 가톨릭 교회에서는 목회자들이 라틴어로 농민들을 어리둥절하게 만들어서 가난과 핍박을 정당화하고 있었다. 국부들이 기독교 신자였으면서도 세속적이기로 이름난 미국 헌법에 망설임 없이 서명한 것은 그래서였다. 제아무리 덕망이 높은 사람이라도 남한테 어떤 종교를 믿으라고 명령할 권리는 없었다.

하지만 그리 간단하지만은 않았다. 신생 공화국은 국교가 없다고 서약했지만, 대중적으로 보면 (그때나 지금이나) 종교의 끈이 멀리까지 뻗어 있었다. 수많은 최초 정착자들은 물론, 영국 성공회의 권력자들을 비롯해 유럽 지역 기성 교회들의 핍박을 피해 도망쳐온 신실한 개신교도, 청교도였다. 그들에게 신대륙은 개신교 신앙을 지킬 수 있는 안전지대를 뜻했으니, 그 사람들이 그곳의 삶을 그저 단순한 이민이 아니라 영적인 재탄생으로 여긴 것은 퍽 자연스러운 일이었다. 그리고 비록 모태 기독 신앙을 버린 미국의 주도적 지성인 다수가 자유 사상가를 자처하긴 했어도, 그 사람들은 종교를 뿌리뽑기보다는 신앙의 자유를 실현하는 데 더 관심이 있었다. 그들이 세속주의를 택한 것은 모든 종교를 버렸기 때문이 아니라, 어떤 하나의 지배적인 교회나 주의가 타인의 권리를 짓밟는 것을 원하지 않아서였다.

온 세상의 눈이 미국에 쏠리다

하지만 그럴 위험은 별로 커 보이지 않았다. 미국은 국부보다는 신을 더 두려워했다. 영국과 충돌했을 때 식민지파에서 사람들을 싸움에 나서게 하기 위해 내건 슬로건은 "대표 없이 세금 없다"였지만, 종교적 원한은 이미 그 여러 세대 전부터 부글부글 끓어오르고 있었다. 미국이 스스로를 영국과 남남이라고 느꼈다면, 그 이유는 자기들이 대서양을 사이에 두고 구대륙과 지리적으로 너무나 분명하게 떨어져 있어서가 아니라, 자기들이 도덕적·영적인 면에서 새로운 방향으로 뻗어나가고 있다고 느꼈기 때문이었다. 그 사람들은 구대륙처럼 죄악의 구렁텅이가 되지 않을 새로운 사회를 건설하자는 확고한 신조를 품고 거기에 몸 바쳤다. 물론 식민지파라고 악당이나 돼먹지 못한 자들이 없기야 했을까.

개신교 선전주의자들이 어느 정도 과장을 했다는 점은 감안하더라도, 교황이 부패했다는 사실은 의심할 여지가 없다. 교황 알렉산드로스 6세의 지나친 행태 때문에 사람들은 이른바 베드로 성인의 후계자를 자처하는 교황의 지위를 대놓고 조롱했다.

인간이 다 거기서 거기인지라, 아마 그 사람들 역시 남들보다 하등 나을 것도 없었으리라. 그렇지만 그 사람들은 확고한 신념이 있었고, 개인적으로는 어떤 결점이 있었을지라도 도덕적 목표에 강력한 뿌리를 두고 있었다. 미국은 나머지 다른 나라처럼 되지 않는다고, 그 국민은 스스로 언명했다. 길라잡이로서 특별한 책임감을 느꼈던 것이다.

'언덕 위의 도시'라는 개념을 처음 주창한 사람은 개신교 목회자 존 윈스럽John Winthrop이었다. 물론 그 구절은 원래 그리스도가 산에서 한 설교에서 나온 것이었다(마태오 복음서 5장 13~16절).

> 미국을 건국할 때 그들의 포부는
> 신생국의 우두머리가 되는 것이 아니라, 더 이상
> 참을 수 없을 정도로 자기네 나라를 쥐고 흔드는
> 영국인들을 무찌르는 것이었다.

설교자 존 윈스럽의 '언덕 위의 도시'에 대한 비전은 여러 세기에 걸쳐 미국의 여러 세대에 영감을 주었다. 그 중에는 윈스럽의 이름조차 들어본 적이 없거나, 그와 종교를 달리하는 이들도 많았다.

예수는 사도들에게 너희가 어떻게 사는지 온 인류가 지켜보리라고 했다. 그리스도 가라사대, 언덕 위의 도시는 자부심으로 우뚝 서리라. 그렇지만 어쩌면 수치심으로 우뚝 서게 될지도 모르는 일이었다. 거기서 벌어지는 일들은 대체로 온 인류의 눈길을 피할 수 없을 테니까. 미국은 모든 이의 모범이 될 테고, 미국의 행위 — 그릇된 행위 — 는 즉각 심판을 받으리라. 실상 국부들은 윈스럽이라는 사람이 있었는지조차 몰랐을 가능성이 없지 않다. 윈스럽의 저서가 널리 전파된 것은 19세기에 들어선 지 한참 뒤였으니까. 오늘날 우리에게 놀라운 점은 당시 사람들이 윈스럽의 기독교 신앙을 채택했다는 점이 아니라 — 그렇지도 않았지만 — 윈스럽이 그처럼 강렬한 자의식을 지녔으며, 조그만 자기네 공동체가 본보기 역할을 하고 있다는 느낌을 다 같이 가지고 있었다는 점이다. 국부들은 또한 미국이라는 자기들의 위대한 과업이 외부인들의 가차 없는 심판 앞에 노출되어 있다고 느꼈다. 내가 벗어나려 하는 상대보다는 내가 더 나아 보여야 하지 않겠는가.

그 이래 세기가 바뀌어도 그런 의식은 미국을 떠나지 않았고, 비록 윈스럽의 구절은 이제 식상한 표현이 되었지만 그렇다고 영혼을 뒤흔드는 힘을 잃지는 않았다. 그렇지만 그런 의식은 막대한 애국심과 자부심의 원천인 한편 끊임없는 불안과 수치심의 근원이기도 했으니, 도덕적 완벽이란 한낱 인간이 쉽사리 달성할 수 있는 것이 아니었기 때문이다. 그렇지만 미합중국은 늘 어느 정도는 그런 의식이 필요하다고 느꼈다. 우리 지도자들은 눈에 띄는 귀감이 되어야 한다고 여겼다.

> 도덕적 완벽함이란 인간이 쉽게 성취할 수 있는 것이 아니다. 그렇지만 미국은 늘 어느 정도는 그런 생각이 필요하다고 느꼈다. 우리 지도자들은 눈에 띄는 귀감이 되어야 한다고 여겼다.

기준을 묻다

이것이 얼마나 예사롭지 않은 생각인가를 반드시 짚고 넘어갈 필요가 있다. 역사상 대개 시대와 장소를 막론하고 피지배자들은 자기네 지배자를 그보다 더 못미더운 시선으로 보았다 — 그리고 훨씬 너그럽게 봐주었다. 아주 조금이라도 권세가 있는 프랑스 정치가라면 적어도 정부 하나씩은 두고 있을 거라는 생각은 고정 관념일지도 모르지만, 그 생각이 맞는 경우가 많다는 것은 역사가들이 입증하는 사실이다. 그리고 재정적 부패라는 질병이 만연한 나라도 수두룩했다. 사실 그 정도는 합리적으로 납득할만한 것으로 여겨지기도 했다.

로마 제국은 대체로 도덕의 횃불이 될 의도를 갖고 있지 않았다 — 힘이 곧 정의일 때만 빼고. 그리고 비록 황제의 궁정에서 전설적인 퇴폐 행위가 벌어졌을지언정, 로마 군단은 군사적인 미덕을 최후까지 지켰다. 중세와 근대 초기 유럽 왕에게도 같은 이야기를 할 수 있다.

청교도인 국부들은 분명히 새롭고 도덕적인 사회를 건설하겠다는, 야심차고 노골적으로 종교적인 의도를 품고 왔다. 그 사회는 자기들이 유럽에 두고 떠나온 부패한 사회와는 정반대여야 했다.

나쁜 행실쯤은 대체로 당연하다는 듯이 용인되었다. 중요한 것은 그 통치의 정통성이었다. 브리튼의 찰스 2세가 정부를 아무리 많이 뒀어도, 정말로 그것 때문에 거슬려했던 사람은 아무도 없었다. 교황이 있던 로마의 경우에 음, 확실히 베드로 성인의 계승자는 높은 기준을 세우려 했지만 어차피 이곳은 '타락한' 세상이라는 말이 괜히 나온 말이었으랴.

그 유명한 대향연들 덕분에 로마 제국은 퇴폐와 타락의 대명사가 되었다. 유베날리스와 세네카 같은 작가들은 로마 지배자들의 도를 넘은 낭비와 도덕적 문란함을 비난했다.

이브와 아담이 그 치명적인 열매를 먹은 뒤로 죽음이라는 운명을 걸머진 인간들은 그저 죄인일 뿐이었다. 열심히 노력은 하되, 실패해도 용서해주어야 했다.

그렇다면 미국은 정치인들에게 그보다 훨씬 큰 기대를 품으니까, 그 때문에 '더 좋은' 나라라고 할 수 있을까? 사실 뭐라고 단정지어 말하기가 무척 어렵다. 현실(그 기준을 충족시키는 이들이 너무 적다는 사실)보다는 도덕적 열망(우리가 정한 기준)을 판단 기준으로 삼아야 할까? 이것이야말로 진정한 미국식이라는 듯이 매일같이 발각되는 위선 행위들을 비웃기보다 더 쉬운 일이 또 어디 있으랴만, 그렇다고 윤리적인 무정부 상태를 수긍해

버린다면 곤란하지 않겠는가?

누가 뭐래도 우리 대표들이 더 높은 가격을 부르는 입찰자에게 자기네 권세를 팔아넘기거나 우리의 희생을 대가로 자기들 배를 불리지 않기를 기대하는 편이 우리에게는 더 이로울 것이다. 어차피 결국은 그렇게 되더라도 말이다.

대통령의 그 모든 권력

대통령직의 힘은 막대하다. 미합중국이 그저 새로 생긴 식민지 무더기일 뿐이었던 초반부터 그랬다. 비록 선출 과정은 민주적이었

예언자의 한계

존 윈스럽은 미국 공화당의 정신을 그 누구보다도 더 확실히 나타내는 인물이었을지언정 — 그의 역사적인 발언은 별도로 치고 — 롤 모델이 되기에는 나름대로 한계가 있었다. 우선 그 하나로, 윈스럽이 굳게 믿은 평등주의는 자신의 '아메리칸 드림'과 불협화음을 이루었다. 번성한 그의 양떼는, 더 좋은 집을 짓거나 더 풍족한 삶을 도모하기 전에 동포의 복지를 보살필 책임이 있다는 것이 그의 주장이었다. 다른 말로 공동체를 개인보다 우선시해야 한다는 것이었다. 어쩌면 오늘날 많은 미국인은 여기에서 사회주의의 낌새를 느낄지 모른다. 그렇지만 그는 계급 차이를 고수해야 한다는 믿음 역시 똑같이 강력하게 내세웠다. 그는 귀족은 다스릴 권리를 가지고 태어났다고 주장했다. 그리고 신이 자기 견해를 뒷받침한다고 했다. 그는 구약성경이 왕의 지배권을 이야기한다고 지적했다. 종류를 막론하고 인민이 권력을 쥐는 것은 "너희 아버지와 어머니를 섬겨라"라는 계명을 어기는 것 — 왕은 상징적인 부모이므로 — 이라 했다. 그러고도 혹시나 조금이라도 모호함이 남을까 우려했는지 이렇게 적었다. "민주주의는……모든 형태의 정부 중에서 가장 상스럽고 가장 나쁘다."

어도 1878년 헌법은 대통령에게 막대한 권한을 부여했으니, 의회에서 통과된 안건을 실질적으로 거부할 수 있는 권한이었다. 말인즉슨, 원칙상(그리고 현실에서도 자주) 선출직 공무원 여러 사람이 합의한 법률을 선출직 공무원 단 한 사람이 짓뭉갤 수 있다는 뜻이었지만, 어차피 민주주의 정부의 관건은 언제나 타협술 아니겠는가. 대통령은 사법부의 핵심 성원들을 임명할 수 있고, 비록 이론상으로는 늘 책임을 져야 하지만 주 의회를 좌우하는 결정권을 가진다. 또한 (자기가 보기에) 국가 안보에 문제가 된다면 의회에 어떤 정보를 밝히지 않을 수도 있다. 이론상으로 전쟁 선포권은 의회가 보유하지만, 미합중국은 실제로 전부 5번밖에 전쟁을 선포하지 않았다(그렇다, 5번이다). 실제로 대통령은 자기가 필요하다고 느끼기만 하면 어디로든 미국의 병력을 파견할 권한이 있다. 대통령이 의회의 승인 없이 행동한 횟수가 120번도 넘는다. 미국 대통령이 자신에게 주어진 권한을 가지고 엄청난 선을 행할 수 있는 위치에 있다는 것, 그리고

> 미국의 정치 담론에서조차 우리는 원칙적으로 '인간'과 '공직'의 구분을 말하지만, 이 구분을 실제로 유지하기란 말처럼 쉽지 않다.

물론 거꾸로 엄청난 해를 끼칠 수도 있다는 점은 의심할 여지가 없다.

미국 대통령은 권력에 상응하는 엄청난 도덕적 책임을 진다. 어찌 보면 불공평한 무게로 보일 정도다. 미국의 정치 담론에서조차 우리는 원칙적으로 '인간'과 '공직'의 구분을 말하지만, 이 구분을 실제로 유지하기란 말처럼 쉽지 않다. 부패한 추기경은 공무를 수행할 때 고위 성직자의 주홍색 가운을 입었다. 그리고 (아마도) 정부와 놀아날 때는 그 옷을 벗었으리라. 유럽 왕은 의심할 바 없는 권력을 지녔지만 그 권력은 확실히 왕관과 홀에 주어진 것이었다. 그것들을 밀어놓으면 왕은 그저 한 사내일 뿐이었다 ─ 엄청난 부와 특권을 지니긴 했지만. 그렇지만 우리가 버락 오바마를 보면 ─ 조지 워싱턴을 볼 때와 똑같이 ─ 그 한 남자와 정치가가 동일한 인물이라는 사실이 바로 눈에 들어온다.

그리고 그것은 늘 사실이었다. 어쩌면 대통령이 해내야 하는 외줄타기인지도 모른다. 특별하면서 동시에 평범해야 한다는 것. 이 책의 사진들은 그 점을 강조한다. 미국 대통령은 의례용 가운을 입지 않는다(대학교에서 명예 학위를 받을 때만 빼고). 그 사람들은 자기 또래의 수천만 중산층 미국인과 똑같이 프록코트와 양복을 입은 남자로 ─ 확실히 중요한 남자이긴 하지만 ─ 우리 앞에 서 있다. 더러 '영부인'과 함께 포즈를 취하기도 한다. 최근 영국의 선거 국면에서 나온 이야기가 있다. 각 당의 지도자가 '대통령 양식'을 표방했다는, 정치학이 '미국화'되었다는 이야기였다. '아내들의 전쟁'을 둘러싸고 미디어 광풍이 분 것도 그 주요 양상이었다. 미국 대통령의 TV 토론회에서는 후보자가 저마다 가정적인 이미지를 앞 다투어 과시하는 데 지나치게(유럽인들 기준으로) 큰 비중을 두는 경우가 많다.

맥주를 즐겨 마시는 평범한 남자이자 핵무기 방아쇠에 손가락을 얹고 있는 통수권자. 야구 이야기와 무역 조약 이야기를 똑같이 아무렇지 않게 할 수 있는 남자, 그리고 다른 무엇보다도 나라를 우선해야 하는 남자(혹은, 어쩌면 머지않아 여자), 그렇지만 또한 다른 모든 것보다 가족을 우선하는 것처럼 보여야 하는 남자.

존재하지 않았던 전쟁 ─ 미국은 한 번도 베트남에서 자국의 적대 행위를 공식적으로 인정한 적이 없다. 하지만 미국(과 베트남)의 수많은 유족이 그 사실을 안다면 여간 놀라지 않으리라.

남자의 아랫도리는 말하지 마라?

우리는 도대체 섹스 스캔들에 신경을 써야 할까, 꺼야 할까? 우리는 대표자들을 나라를 다스리라고 뽑았지 성욕을 다스리라고 뽑지 않았다. 그들이 우리에게 진 의무는 공무를 양심적이고 효율적으로 이행하는 것이다. 그들이 배우자와 가족에게 진 의무가 우리와 무슨 상관이란 말인가. 일부 유럽 국가에서는 전반적으로 그런 생각이 널리 깔려 있다. 그리고 미국인이 좀 더 '세련된' 노선을 택해야 한다고 말하는 사람도 있을 것이다. 우리가 누구라고 남을 심판하겠는가? 우리 대다수는 그 사람들이 받는 유혹을 받을 일이 없다. 그리고 막상 그런 유혹을 받으면, 물론 대다수는 굴복하게 되어 있다.

그렇지만 다른 주장도 있다. 많은 사람이 이런 종류의 탈선 행위에 종교적인 이유로 화를 내지만, 좀 더 실질적인 이유에서 못마땅해 하는 경우도 있다. 우리는 진정 공과 사를 완벽하게 구분할 수 있는가? 원하는 것을 얻으려고 내 가족에게 거리낌 없이, 그리고 계획적으로 거짓말할 수 있는 사람이 과연 공공 재정과 법 체제를 관리하기에 적합한 사람인가? 그런 사람들이 아무래도 거리낌 없이 기준을 변용하기 쉽다는 것은 기록이 입증한다. 물론, 유럽식 모델은 빌 클린턴이라면 "묻지도 않고 말하지도 않기"라고 부를만한 어떤 원칙을 바탕으로 삼고 있다. 정치적 배우자는 자신이 하려는 일을 처음부터 알고 있다는 것이다. 그들이 진심으로 그 편을 택했다면 누가 뭐라겠는가. 하지만 그렇더라도 엄청나게 많은 미국인은 위선의 제도화를 스스로 드러내는 그런 행위에 불신의 눈길을 돌릴 것이다.

왼쪽: 버락 오바마가 아내 미셸과 함께. 오바마는 이상주의와 낙관주의의 물결을 타고 백악관에 입성했다. 그는 2008년 말에 당선되었지만, 언제나처럼 냉소주의가 돌아오는 것은 그저 시간문제였을까?

위: 전직 대통령 조지 H. W. 부시의 아들 조지 W. 부시는 대체로 무능력자나 조롱거리로 무시당했다. 그렇지만 자기 한계를 알 만큼은 영리했던 그는 자기 아버지의 오랜 자문단을 늘 곁에 두었다

측근과 부패

많은 민주주의 국가와 다른 미국식 체제만의 한 가지 전통은, 행정부가 개인적인 인사 발령권을 갖고 있다는 점이다. 다른 나라에서라면 선출직 공무원이나 전문 공무원, 장기적인 전문가에게 돌아갈 직책들이 대통령이 신뢰하는 친구나 자문들에게 돌아간다. 이것은 이권이다 — 그리고 남용될 소지가 있다.

공무원은 안주하기 쉽다. 대통령이 원하는 것은 변화인데 — 투표자들이 흔히 그걸 바라고 그 사람을 찍은 경우가 많으니까 — 공무원은 시도와 검증을 거친 것들만 고수하려는 본능이 압도적이다. 그러나 한편으로 공무원은 맡은 업무에서 오랜 훈련을 거쳤다. 또 명확한 조직 체계는 업무와 업무상 결정들이 엄격한 감독 아래서 이루어질 수 있게 해준다. 더불어 공무원은 국가 자체에 충성한다.

그 충성심은 일시적인 수장에게 진 충성의 의무를 넘어서는 무게다. 실제로 모든 대통령 후보자는 저마다 자기들이 마치 외계 같은 워싱턴 정계의 '아웃사이더'라고 나발을 불지만, 국가의 수도가 기묘하고 아무나 접근하기 어려운 곳이라는 게 뭐 그리 이상한 일이겠는가. 그렇지만 세계에서 가장 외로운 직업에 몸담고 있는 남자로서는 자기가 알고 믿을 수 있는 사람들에게 둘러싸여 있고 싶어하는 게 아마도 당연할 테고, 또 그 측근은 자기네가 대통령의 특혜를 입을 기회가 있다는 사실을 모르려야 모를 수 없다. 시간이 갈수록 측근 우대가 미국 대통령제의 근절하기 힘든 악덕이 되어가고 있는 것이 매우 명확히 보인다.

로비스트는 특정한 이익 집단의 우려를 정부에게 전달하는 중요한 역할을 한다. 하지만 남용 가능성, 그리고 민주주의가 대기업들의 노리개가 될 위험이 상존한다.

목소리를 사다

현대 미국 정치 생활의 어두운 경향의 하나로 전문 로비스트의 횡행을 꼽을 수 있다. 모든 미국인은 워싱턴에 있는 정부에 관심을 가질 권리가 있다. 그건 아마 여러분도 원하는 바이리라. 최초의 조직적 로비 단체는 19세기의 철도 건설 붐 때 결성되었다. 부유하고 위세높은 열차 강도 남작들(당시 횡포가 심하던 신흥 부자들을 일컫는 말 — 옮긴이)은 자기들 사업에 정부 보조금을 타내고 싶어했다. 그래서 자기네 일이 결국은 경제와 공적 선에 봉사하는 거라고 주장했다. 로비스트들은 방법을 터득했다. 행정부에 있는 주요 공무원을 찾아가서 안면을 텄다. 이 사람들한테 하청을 주어도 잘못될 일은 없겠다고 생각하게 했다. 한편 시간이 지나면서 다른 집단들도 생겨나 주요 직물에 보복 관세를 매기거나 안전 또는 환경 규제들을 느슨하게 만드는 것 같은 로비를 하게 되었다.

로비는 수십억 달러 규모의 산업이 되었다. 비판자들은 강건한 이익 집단들이 로비를 통해 의회로 하여금 자기들이 원하는 것을 "매입하도록 만든다"고 말한다. 물론 그런 일은 대체로 대놓고 벌어지지 않지만, 그들은 기존 권력 집단에 공짜 여행과 호화 선물을 자주 제공함으로써 우리 모두가 통치되는 방식에 강력한 설득력과 영향력을 미칠 수 있다. 조지 W. 부시 대통령 아래서 100명이나 되는 로비스트가 이전에 유료 법률 자문으로 재직하던 회사들의 활동을 규제하는 기관에 발령을 받았다는 혐의가 있다. 그렇지만 자기 행정부에서 로비스트들을 모조리 배제하겠다는 오바마의 약속은 거의 검증을 버텨내지 못했다.

그렇지만 아무래도 그것이 문제의 핵심은 아니다. 이편에서 보면 로비스트라도, 저편에서 보면 정의의 투사일 수도 있는 법이니까. 트루먼은 그 점을 확실하게 말했다. 기자에게서 당신 편에 서서 일하고 있는 로비스트에게 반대하느냐는 질문을 받고 트루먼은 이렇게 대답했다. "우리는 아마도 그 사람들을 로비스트라고 부르지 않을 겁니다. 공익을 위해 일하는 시민이라고 부르겠지요."

전직 내무 장관 앨버트 폴이 1929년에 법정을 나서고 있다 — 뇌물 수수 혐의가 인정되어 징역 1년형과 벌금 10만 달러(오늘날 128만 달러)를 선고받았다.

미국 대통령, 그 어둠의 역사 21

성 정치학

"권력은 강력한 최음제다"라는 헨리 키신저Henry Kissinger의 주장에 반박할 사람이 있을까. 그 말은 공직자와 그의 성적인 대상이 될 수 있는 사람 양쪽에 적용된다. 백악관에서 벌어지는 일은 우리가 직장에서 보는 일과 똑같다. 윗사람은 그 자체로 매력이 있다. 어쩌면 대통령과의 밀애를 승리라고 생각하는 여성도 있을지 모른다 — 섹스를 경쟁이라고 한다면 놀라운 일도 아니다. 한편 대통령 집무실 소파를 권세를 얻는 가장 빠른 지름길로 보는 사람도, 또 외로운 한 남자를 자기들이 애정으로 '구제하고' 있다고 느끼는 사람도 있을지 모른다.

그런 경우에 대통령의 잘못이 없다는 것은 아니지만, 이런 특권적인 힘을 지닌 사람이 방만해지기 쉬우리라는 것은 이해할만하다.

로비스트 잭 아브라모프Jack Abramoff와 마이클 스캔론Michael Scanlon은 고객들에게 막대한 요금을 과다 청구하고 정치가들에게 뇌물을 먹여서 수백만 달러를 벌었다 — 주 의뢰인은 입법과 관련해 도움을 청하는 미국 원주민 공동체였다.

자신에게 반대하는 수많은 유권자의 마음을 얻는 것을 업으로 하는 사람이 다른 누군가를 성적 대상으로 점찍는다면, 그 대상은 그리 오래 저항하지 못할 것이다.

발 아래 전세계를 둔 남자는, 물론 그 세계의 여자들을 자기가 말만 하면 가질 수 있다고 느낄만도 하고, 그런 자리에 있지 않았더라면 가질 수 없었을 후광을 갖게 된다. 말 나온 김에, 그 후광은 진짜일 것이다. 성공적인 정치가는 타고난 매력남이라기보다는 다른 사람들을 자기 뜻대로 주무르는 데 능숙한 유혹자인 경우가 더 많다. 그리고 미국 대통령은 곧 무척 성공한 정치가다. 수많은 적대적인 유권자 무리를 누르고 이기는 평생의 업적을 달성한 이가 성적 목표로 점찍은 대상은 아마 그리 오래 저항하지 못할 것이다 — 어지간히 강한 의지력을 가진 여자가 아닌 한.

아니, 꼭 여자로만 한정할 수 없을지도 모르겠다. 비록 역대

미국 대통령은 모두 남자였지만, 대통령의 연인이 모두 여자였던 건 아니니까 말이다. 오스카 와일드Oscar Wilde의 악명 높은 말, '감히 사랑이라 말할 수 없는 사랑(동성애를 말함 — 옮긴이)'은 확실히 공식 대통령사 연감에는 노골적으로 등장한 적이 없지만, 적어도 일부 경우에는 분명히 사실이었던 것 같다.

주의해 들어두면 이로울 역사의 교훈이 있다. 19세기 때는 남자들이 지금보다 더 노골적으로 서로에게 애정을 과시했다는 점이다. 남자들은 침대를 같이 쓰는 것 같은 일에 지금처럼 유난을 떨지 않았다. 그리고 그런 개념 자체가 존재하지 않았던 시대에 누가 '게이'라고 — 혹은 심지어 '호모섹슈얼'이라고 — 말하는 것이 과연 얼마나 합당할지도 생각해볼 일이다.

그렇긴 하지만 오늘날 게이 운동가들이 그와 같은 학계의 설명에 대해 눈가리고 아웅한다며 부아를 내는 것도 이해할만하다. 평생 독신이었던 제임스 부캐넌James Buchanan이, 프랭클린 피어스Franklin Pierce의 부통령이었던 윌리엄 루퍼스 킹William Rufus King과 15년 동안 소꿉장난을 했다는 사실을 바탕으로 그에게 '게이'라는 도장을 찍어도 될까? 물론 안 되지만, 확실히 어느 정도 의심은 갈 법하다. 부캐넌은 위대한 대통령의 역사에 한몫 끼기에는 다소 하찮은 인물이 아니냐고? 그렇다면 조지 워싱턴과 에이브러햄 링컨은 어떤가? 이런 혐의는 대개 정황 증거밖에 없는 경우가 많지만, 꾸준히 있었다. 일부 소문은 전혀 사라질 기미가 없다.

어둡지만 음울하지 않은

이 온갖 유혹을 생각해보면, 우리는 우아한 대통령 관저에서 확실히 몇 번의 (부정한) 행위가 일어났다는 사실이 아니라 오히려 더 많은 대통령이 백악관을 죄로 시커멓게 물들이지 않았다는 사실에 더 놀라야 하지 않을까. 진실은 이따금 교화 효과를 발휘한다. 권력 남용은 미국 국가 자체만큼이나 그 역사가 오래고, 부패는 애플파이 못지않게 미국적이다. 그렇지만 염세적이 되거나 우울함에 빠진다고 무슨 소용이 있겠는가. 만약 '언덕 위의 도시'가 바빌론에 더 가깝다면 그건 확실히 우리의 한계를 깨닫게 해주는 유익한 역할을 하리라. 그리고 독자 여러분이 부디

"나는 그 여자와 성관계를 갖지 않았습니다." 빌 클린턴은 그렇게 우겼지만, 백악관 인턴이었던 모니카 르윈스키Monica Lewinsky는 반박했다. 르윈스키가 입었던 정자가 묻은 드레스가 사건에 종지부를 찍었다. 그렇지만 1998년의 탄핵 절차에서 대통령은 결국 살아남았다.

이 책에서 펼쳐지는 장관을 즐기시길 바란다. 왜냐하면 미국 대통령직의 역사는 우리가 상상하는 것보다 훨씬 더 암울할 때가 많긴 해도, 또한 우리 생각보다 훨씬 더 다채롭기도 하니까 말이다.

건국의 아버지들: 노예 소유주와 오입쟁이들

미국 역사는 시작이나 그 이후나 동일한 모습이었다
—그 미덕과 죄악이 똑같이 웅장했다는 점에서. 영광과 부패가 함께
있었으니, 마약과 성적인 불장난도 거기 속했다.
건국의 아버지들은 거인들이었지만 그 발은 진흙투성이였다.

"자유는 일단 뿌리를 내리면 급속히 자라는 식물이다."

미국의 첫 네 대통령은 모두 1776년 독립 선언문의 서명인이었다. 그들 없이는 미합중국이 존재하지 않았다 해도 과언이 아니다. 위대한 남자들이었다—그 누가 거기에 이의를 제기하랴. 그렇지만 위대한 남자도 단점이 있게 마련이니 조지 워싱턴, 존 애덤스, 토머스 제퍼슨과 제임스 매디슨James Madison도 예외는 아니었다. 거기다 시대의 난맥상이 전반적인 도덕적 혼란을 불러왔음을 감안하면 유혹이 얼마나 컸을지 상상이 갈 것이다. 먼저 간 이의 발자국이 없는 상황에서, 이 남자들은 자기들 발자국으로 길을 만들었다.

1812년에 워싱턴이 불길에 휩싸이고 영국 침략자들이 백악관을 위협하는 상황에서 돌리 매디슨은 독립 선언문을 구해냈다(왼쪽). 미국의 초대 대통령 조지 워싱턴의 유명한 초상(위)을 구해낸 것도 매디슨이었다.

어쨌거나 그 사람들은 모두 이제 막 현대 최초의 혁명을 무대에 올린 참이었고, 그런 격변 이후에 정착하는 데에는 한 나라의 전체 역사만큼의 시간이 필요했다.(고맙게도, 건국의 아버지들의 죄악은 프랑스 혁명의 그것에 견주면 희미해진다. 1793년에서 1794년까지 프랑스 혁명의 공포 정치가 앗아간 목숨은 최고 4만 명에 이른다.) 지금 애국을 주제로 한 회화에서 그 사람들을 보면 고귀한 결단으로 뭉친 한 무리처럼 보이지만, 그건 나중에 보니까 그렇게 보일 뿐이다. 그 사람들은 용기가 있었고 확실히 같이 싸웠지만 엄청나게 많은 의구심과 경쟁심을 극복해야 했다. 그 사람들은 서로 견해가 달랐고 야심이 있는 경쟁자들이었다. 자라온 배경도 제각각이었고, 늘 동료의 태도를 이해할 수 있는 것도 아니었다. 엄청난 성패가 걸린 상황이었다. 미합중국은 아직 그다지 중요하지 않은, 얼기설기 기운 조각보였을지언정 이미 강대국의 운명 의식을 품고 있었다.

조지 워싱턴, 1789~1797

조지 워싱턴George Washinton은 이미 영웅의 신전에서 한 자리를 확보했으니, 그의 단점 몇 가지를 생각해본다고 해로울 건 없으리라. 그럴만도 한 게, 워싱턴이 업적을 쌓아나가는 도중에 했던 일 몇 가지는 오늘날의 기준으로 보면 반드시 좋게 말할만한 것은 아니었다. 워싱턴이 스탈린이나 징기스칸 같은 식으로 일종의 괴물이라는 이야기는 아니다. 또 워싱턴이 과연 조국의 창립자라는 영예를 얻을 자격이 있는 인물인가 하는 의문을 정색하고 제기하려는 것도 아니다. 다만 그저, 말하기 안타깝게도 워싱턴의 평판이 그런 인물에게는 다소 어울리지 않아 보이는 행동으로 얼룩져 있다는 것뿐이다.

그것도 워싱턴의 소년 시절의 그 유명한 벚꽃나무 스캔들 급이 아니다. 역사가들의 말에 따르면, 그 스캔들은 오히려 워싱턴이 저지른 죄 중에서 거의 유일하게 무죄인 경우라고 할 법하다. 그 이야기는 1800년에 그 위대한 인물을 신화로 만든 전기를 쓰던 메이슨 윔스Mason Weems가 재미와 도덕적 교훈을 목적으로 지어낸 듯하다. 물론 기억할만한 가치가 있는 이야기이긴 하고, 누가 뭐래도 꼭 말이 안 되는 이야기도 아니다. 실제로 일어나지 않았다 해도, 얼마든지 일어날 법한 일이니까.

> 내가 이 몹시 고된 임무를 받아들이는 데 금전적인 동기는 전혀 없었기 때문에, 나는 거기서 아무런 이득도 취할 마음이 없다.

그렇지만 우리 대다수는 여섯 살 나이에는 '거짓말을 못한다' 해도, 나이가 들어가면서 거짓말을 하기가 훨씬 쉬워진다는 사실을 깨닫게 된다. 그 일부는 우리가 남을 속이는 더 새롭고 창조적인 방식을 터득하기 때문이다. 우리는 워싱턴이 대통령으로서 국민이나 그 대표들에게 일부러 거짓말을 했다고 믿을 이유는 없다. 하지만 그래도 오늘날의 우리라면 '자질 문제'라고 부를 법한 것들이 워싱턴의 발목을 붙잡고 있는 건 사실이다.

비용 부풀리기

'전쟁의 1인자?' 그 누가 감히 토를 달랴. 1777년 브랜디와인Brandywine의 역전과 그 뒤를 이은 밸리 포지의 지독한 겨울 이후로 식민지파가 결정적인 패배를 거의 눈앞에 두고 있었다는 사실을 사람들은 흔히 잊곤 한다. 그러나 워싱턴은 적을 훤히 꿰뚫어보았고, 전투에서 화려하게 등장해 '평화의 1인자' — 미 합중국의 첫 대통령감으로 안성맞춤인 — 겸 시대를 막론한 '국민들 마음속의 1인자'가 되었다. 그렇지만 워싱턴은 정말 비용 청구 면에서도 역시 1인자였을까? 특히나 보수를 받지 않고 대륙 육군을 지휘하는 데 응하기로 한, 그런 대단한 자기 희생 정신을 과시했던 워싱턴이?

왼쪽: 당시 제작된 이 판화 속에서 러시모어 산의 조각처럼 우락부락한 얼굴을 한 미국의 초대 대통령은 마치 성실성의 초상처럼 보인다. 하지만 안타깝게도 몇 가지 면에서 현실은 그 이상적인 이미지에 미치지 못했다.

오른쪽: 그 얼굴과 몸매와 성격으로 워싱턴의 마음을 사로잡았다 해도 납득이 갈만한 샐리 페어팩스가 장미를 들고 짓궂은 눈초리를 보내고 있다. 그렇지만 두 사람의 관계에 한눈에 반해 잠시 불타오른 것 이상으로 정말로 더 많은 무언가가 있었을까?

조지 워싱턴이 자기 소유의 장원에 찾아온 추수철에 (백인) 농장 일꾼과 한담을 나누고 있다. 이 전원적인 장면을 보면 흑인 노동자들이 모두 노예이고, 워싱턴이 그 창립에 힘을 보탠 민주주의가 인종주의와 억압에 단단히 뿌리를 내리고 있었음을 깜빡 잊기 십상이다.

"이 몹시 고된 임무를 받아들이는 데 금전적인 동기가 전혀 없었기 때문에, 나는 거기서 아무런 이득도 취할 마음이 없다." 워싱턴이 고마워하는 의회를 안심시키면서 한 말이었다.

의회는 자기들이 어떤 수렁에 빠져들고 있는지 거의 깨닫지 못했다. 워싱턴은 용맹한 전사인 한편, 전설적인 규모의 비용 청구자이기도 했다. 조국의 보호자에게 그 무엇이 아까우랴. 생일 축하연에서 연주할 밴드? 화려한 가죽 편지함? 워싱턴은 원하는 것은 무엇이든 손에 넣었다. 그리고 의회는 눈도 깜짝 안 했다. 1775년에서 1783년까지 8년 동안 사령관으로 일하면서 워싱턴은 개인 지출로 45만 달러(오늘날 940만 달러)에 아주 약간 못 미치는 비용을 청구했다 — 18세기의 기준으로 보면 믿기지 않는 액수였다.

그리고 그저 씀씀이가 너무 큰 탓만도 아니었다. 대개는 청구 서류가 거의 혹은 전혀 없었으며, 어떨 때는 한 건에 수만 달러를 청구한 적도 있었다.

> 밸리 포지의 한겨울에 휘하의 수천 병력이
> 말 그대로 굶주리고 있을 때 워싱턴은
> 쇠고기와 송아지고기와 비둘기고기와 닭고기와 굴
> 등등으로 연회를 벌였다.

워싱턴은 '기타 등등'의 사용을 거의 예술적 경지까지 끌어올렸고, '잡다한' 같은 교활한 단어들을 사용하는 데에는 거장급이었다. 친구들에게 '융자'를 하겠다는 청구 내역도 있었는데, 상환한 적은 한 번도 없었다. 워싱턴은 국고로 자기 지지자들을 보살피고 있었던 것일까, 아니면 자기 주머니를 채우고 있었을까? 몇몇 경우에 대해서는 도저히 후자라고 대답하지 않을 수 없다. 정말 안장에 800달러(오늘날 2만 3000달러)를 썼다는 게 말이 되는가?

워싱턴의 탐욕은 모든 것을 집어삼켰다. 그냥 금전적 탐욕만이 아니라 걷잡을 수 없는 탐식도 있었다. 상황을 막론하고 공화국 육군 사령관은 늘 왕과 같은(감히 그렇게 말해도 된다면)

똥차를 피했더니……?

워싱턴이 영국인에 맞서 얼마나 열심히, 그리고 영웅적으로 싸웠나를 생각해보면 그가 영국적인 인물이었다는 — 그의 일부 적들이 주장하듯이 — 이야기가 과연 말이 될까? 일각에서는 워싱턴이 공화당의 이상을 믿지 않았다면서, 심지어 미국식 군주제를 수립하려는 계획까지 세웠다고 한다. 워싱턴이 자신을 대단히 중요한 존재로 여겼다는 것은 확실히 사실이다 — 비용 스캔들이 그것을 입증한다. 뿐더러 워싱턴은 대통령으로서 자기 집무실 역시 극도로 심각하게 받아들였다. 워싱턴은 방문자들이 자기 앞에서 앉지 않고 서 있기를 기대했다. 그리고 자신의 취임식을 거창한 행사로 계획했는데, 그것은 많은 사람이 보기에 공화당에는 다소 어울리지 않아 보였다. 군중 속에 있던 한 상원이 옆 사람에게 "우리가 조지 3세 대신에 조지 1세를 모시게 되는 것이 아닌가 걱정스럽다"고 속삭일 정도였다.

식사를 고집했다. 때는 한겨울이라 밸리 포지의 수천 병력이 말 그대로 굶주리고 있는데, 워싱턴은 쇠고기와 송아지고기와 비둘기와 닭고기와 굴 등 생각할 수 있는 모든 음식으로 연회를 벌이고 있었다. 그리고 최고급 수입 포도주로 입가심을 했다.

말도 안 된다고? 지당한 말이다. 하지만 워싱턴은 자기 행위에서 진정 아무런 모순도 느끼지 못한 듯하다. 그리고 워싱턴이 나름대로 양심적이었다는 점은 의심할 여지가 없다. 그는 몸 바쳐 자기 임무를 다했고, 부하들의 사기를 떨어뜨리지 않으려고 쉬지 않고 일했다. 워싱턴은 지도자로서 자신의 복지가 다른 무엇보다도 중요하다는, 군의 안녕이 결국 거기서 나온다는 개념을 곧이곧대로 받아들였던 모양이다.

전쟁이 끝나고 조국의 대통령이 되어달라는 요청을 받자 워싱턴은 계속 '무료' 봉사하겠다는, 그리 놀랍지도 않은 제안을 했다. 똑같이 놀랍지 않게도, 의회는 그것을 묵살하고서 그 대신 2만 5000달러(오늘날 52만 달러)의 봉급으로 보상했다. 상당한 액수였지만 전시의 '공짜' 노다지에 비하면 한참 삭감된 셈이었다.

결혼과 마사

마사 댄드리지 커스티스Martha Dandridge Custis는 처음 워싱턴의 눈길을 끌었을 때 20대의 과부였다 — 비록 세간에서 믿기로는 미래의 대통령이 관심을 두었던 것은 오로지 그녀의 재산이었다고 하지만. 마사는 남편 대니얼 파크 커스티스Daniel Parke Custis와 사별하면서 버지니아 주 뉴켄트 카운티에 있는 화이트하우스 대농장의 상당한 땅과 노예를 상속받았다. 두루두루 전하는 말에 따르면, 워싱턴이 사랑했던 상대는 샐리 페어팩스Sally Fairfax라는 여성이었다. 워싱턴은 낭만적인(모호하긴 해도) 편지를 여러 편 써서, 자신이 '사랑의 숭배자'라고 고백했다. 동네의 소문에 따르면, 두 사람 사이에는 확실히 육체관계도 있었던 듯하다. 한편 수많은 현대의 역사가들은 좀 더 회의적이다. 남 말하기 좋아하는 사람들이 부풀린 것일까? 아니면 회의적인 학자들이 국부의 명예를 지켜주려고 너무 애를 쓰는 걸까? 이런 문제는 결국 각자의 감을 따를 수밖에 없는 노릇이다.

남편의 마음속 1인자? 마사 댄드리지 커스티스는 어쩌면 조국의 여인네 중에서는 1인자였을지도 모르지만, 일부 역사가들은 그녀가 워싱턴의 마음에서는 샐리 페어팩스에 한참 뒤지는 2인자였다고 시사한다.

매력 요인이 뭐였든 워싱턴은 1759년에 마사와 결혼했고, 마사는 30년 뒤에 미국의 초대 영부인이 되었다. 애정 넘치는 아내이자 충실한 동료로서, 마사는 군인인 남편과 함께 오랜 시간을 전장에서 보낸 공로를 인정받을 자격이 있다 — 비록 우리가 앞서 보았듯이, 워싱턴과 그의 부하들은 그다지 혹독한 상황에 있지는 않았지만.

그런데 우리의 믿음을 더 한층 흔들리게 하는 또 다른 소문이 있다 — 미래의 재무 장관 알렉산더 해밀턴이 워싱턴의 아들이었다는 것이다. 해밀턴은 1755년(그보다 1757년이라는 설이 더 신빙성이 있긴 하지만) 서인도제도의 네비스 섬에서 태어났다. 그의 아버지로 알려진 제임스 해밀턴James Hamilton과 어머니 레이첼 포셋 라빈Rachel Fawcett Lavien은 둘 다 그곳의 부유한 농장주 집안 사람이었다. 워싱턴이 그와 관련된 시기에 — 혹은 그 언제라도 — 네비스에 있었다고 믿을만한 이유는 전혀 없다. 병상에 있을 때 동생 로렌스Lawrence와 함께 바바도스에서 요양을 했던 것은 사실이지만, 그때는 몇 년 전이었다 — 그리고 거리상으로 579km나 떨어져 있었다. 하지만 젊은 알렉산더가 워싱턴의 내각에 합류했을 때 장군이 그를 '아들처럼' 사랑한다고

우리가 그의 성격에 관해서는 판단을 유보하더라도, 워싱턴의 용기와 지략만큼은 의심할 여지가 없다. 워싱턴은 1754~1763년의 프랑스 인디언 전쟁에서 용감한 젊은 대령이라는 군사적 평판을 다졌다.

말한 것은 사실이긴 하다. 일각에서는 심지어 둘이 동성애 관계였다고까지 의심할 정도다 — 이것은 적어도 해밀턴이 워싱턴의 아들이었다는 것보다는 그럴싸한 이야기다.

적과의 동침?

1776년, 워싱턴의 경호원 토머스 히키Thomas Hickey가 뉴욕에서 체포되었다. 영국 충성파로서, 사령관을 납치할 음모를 꾸몄다는 혐의였다. 그 사건을 조사할 임무를 맡은 위원회는 심문 과정에서 워싱턴이 밤에 철저히 변장하고서 허드슨 강가에 있는 어떤 집을 자주 찾아간다는 것을 확증하는 목격담이 수도 없이 나오는 데 기겁했다. 장군은 아무래도 메리 기본스Mary Gibbons라는 정부를

독립 전쟁에서 없어서는 안 될 부관이었던 알렉산더 해밀턴은 뒤에 워싱턴 대통령의 재무 장관이 된다. 일각에서는 해밀턴이 자기 멘토와 서로 연인 관계였다고 시사한다―아니면 심지어 워싱턴의 사생아였다는 이야기도 있다.

"무척 아끼면서" 그곳에서 "매우 품위 있게……보살피고" 있었던 듯했다. 그러나 도덕적 의문보다 한층 충격적인 것은, 메리가 연인이 잠든 사이에 연인의 서류를 태연하게 훑어보고는 영국이 특별한 관심을 갖고 꼭 사들이고 싶어할만한 내용을 복사하기 일쑤였다는 것이었다. 히키는 어쨌거나 교수형을 당했지만, 음모의 전체 윤곽(만약 그게 사실이었다면)은 끝내 밝혀지지 않았다. 워싱턴이 정말 충성파 마타하리의 먹잇감이었을까, 아니면 이 이야기는 그저 그의 적인 친영파에서 덮어씌운 얼룩이었을까?

프렌치 커넥션

미국 혁명은 세상을 한번 들었다놓는 효과를 낳았다. 1789년에 프랑스의 군주제를 전복시킨 폭동은 미국 혁명에서 직접적인 영감을 받았다고들 한다. 그렇지만 두 혁명은 쌍방 통행이었으니, 결국 억압자들에게 반격을 개시한 것은 미국이 먼저였지만 프랑스에서는 꽤 오랫동안 폭동의 조짐이 부글부글 끓고 있었기 때문이다. 미국에 때가 왔을 때 프랑스의 급진파는 주의 깊게 지켜보고 있었고, 일부는 자유를 위한 싸움에 힘을 보태려고 대서양을 건너기도 했다. 그 중 가장 유명한 라파예트 후작 길베르

워싱턴과 마리화나

조지 워싱턴은 마리화나를 피웠을까? 그랬다고 여길만한 이유는 충분하다. 당시에 마리화나 흡연은 오늘날과는 달리 전혀 욕먹을 짓이 아니었다. 그 잎으로 마리화나를 만드는 대마는 남부 전역에서 자라고 있었다. 경작하기도 쉬웠고, 섬유질인 줄기는 밧줄에서 옷과 종이까지 온갖 것을 만드는 데 유용했다. 1765년에 쓰인 일기 도입부에서는 워싱턴이 수꽃과 암꽃을 제때 갈라놓지 못했다고 한탄하는 것을 볼 수 있다. 유일한 문제는 암꽃이 흡연에 더 좋다는 것이었다.

뒤 모티에Gilbert du Motier는 믿기지 않을 만큼 대단한 인맥을 지닌 귀족이었다 — 그는 영국 왕 조지 3세의 형제와 같이한 저녁 식사 자리에서 식민지파의 투쟁 이야기를 처음 들었다.

후작의 헌신에 감복한 의회는 후작을 소장으로 임명하여 조지 워싱턴의 부관으로 파견했다. 그렇게 함으로써 프랑스에서 군사적 지원이라는 응답이 돌아올 것을 기대했던 듯싶기도 하다. 프랑스의 군주가 혁명과 저항 세력을 키우는 데 무슨 흥미가 있었을까마는, 적인 영국이 망하는 것을 볼 수 있다는 것은 확실히 장점이었을 테니 이것이 듣기만큼 그렇게 순진한 생각은 아니었으리라. 사실, 1777년 봄에 고향으로 잠깐 돌아간 라파예트가 개인적 외교를 펼친 덕분에, 프랑스의 지원은 마침내 눈앞에 다가왔다.

사랑과 애착

전쟁의 위험과 흥분 속에서 남자들 사이에는 급속히 그리고 강력한 연대가 맺어질 수 있다. 매력적인 프랑스 후작과 미국 장군은 곧 절친한 친구가 되었다. 친구에게 역겨울 정도로 지나친 '사랑과 애착'을 담은 편지를 써 보내곤 하던 워싱턴은 친구가 프랑스로 돌아가지 않을 수 없게 되자 외로워했고, 다시 만나자 감정이 북받쳐 울음을 터뜨렸다. 두 사람의 사랑이 좀 더 육체적으로도 표출되었을까? 기록은 애매해서 후세의 역사학자들이 두고두고 의혹을 품게 만든다 — 그렇지만 두 사람은 우리가 지금 '부인否認'이라고 하는 그런 관계였을까?

지금은 그렇게 생각하는 게이 학자들이 엄청나게 많다. 그런 학자들은, 이 시대에는 남자들 사이의 성적 관계가 전혀 별다르지 않은 것으로 여겨질 수 있었다는 증거가 많다고 한다. 프러시아 태생으로 워싱턴의 참모총장을 지낸 폰 스토이벤von Steuben 남작은 평생 독신으로 살았고, 군사 원정 시절 무척 가깝게 지낸 젊은 부관 두 사람에게 자기 영지를 남겼다. 오늘날 그들 사이에 성적인 관계도 있었다는 걸 의심하는 사람은 거의 없다.

대륙 군대를 훈련하거나 그 장교들을 전략적으로 훈련하는 데 폰 스토이벤 남작보다 더 많은 일을 한 이는 아무도 없으리라. 철두철미한 군인이었던 스토이벤은 또한 남자들의 남자, 즉 요즘 말로 하면 게이였다.

존 애덤스, 1797~1801

조지 워싱턴은 대통령직을 그냥 바로 차지했지만, 그 뒤의 존 애덤스는 미국 대통령으로 선출된 최초의 남자라는 영예를 누렸다. 그렇다고 애덤스가 이것이 얼마나 역사적으로 중요하고 명예로운 자리인지 제대로 느꼈던 것 같지는 않다. 이론적으로는 민주주의에 헌신했을지언정, 당시 미국의 정치 엘리트를 형성한 그쪽 고매하신 젠틀맨들은 아직도 엄청난 수의 어중이떠중이에게 지지를 구걸해야 하는 천박한 사업을 경멸하는 경향이 있었다. 1796년 선거 초입에 애덤스 — 선거 유세에 나서거나 악수를 하거나 아가들에게 입맞춤하는 일과는 거리가 먼 — 는 그저 매사추세츠 퀸시에 있는 자기 고향에 칩거했다.

XYZ 사건에 대한 만평. 여기서 미국 — 외교적으로는 무력한 풋내기인 — 은 프랑스 교섭가들의 놀이감이다. 미국은 뇌물에 막대한 액수를 쓸 형편이 못 되었다 — 그렇지만 본격적인 전쟁을 벌일 형편은 더욱 못 되었다.

> 나는 어리석고 사악한 경쟁을 그냥 말없이 지켜보기만 하기로 마음먹었습니다.

그리고 유세에서 아무런 적극적 역할도 하지 않겠다고 고집을 부렸는데, "나는 어리석고 사악한 경쟁을 그저 말없이 지켜보기만 하기로 마음먹었습니다"라는 말을 보면 그가 얼마나 진저리를 쳤는지 느껴질 정도다.

그랬으니 애덤스가 주적인 제퍼슨의 남부 심장부로 전혀 진출을 하지 않은 것도 놀라울 게 없지만, 뉴잉글랜드의 지지만으로도 그가 안착하기에는 충분했다. 터놓고 말해서, 애덤스는 임기 동안 스캔들 사냥꾼들에게 그다지 먹잇감을 제공하지 않았다. 그렇다고 사건이 없었던 것은 아니지만 말이다. 1798년에 미국은 프랑스와 해상 전투를 벌였다. 프랑스의 혁명 정부는 미국이 이제는 폐위된 군주에게 얻어낸 융자를 갚지 않으려고 하

연방주의자 대 공화주의자

현대의 '좌파'와 '우파' 개념으로 이 초기 수십 년 동안의 미국 정치학을 이해하는 데에는 한계가 있다. 사실 오늘날 관점으로 보면, 공화당원들은 — 무척 급진적인 — 좌파였다. 그 지도자이자 영웅인 토머스 제퍼슨은 프랑스식 틀 안에서 스스로를 계몽의 사도이자 혁명가라고 인식했다. 군주제와 귀족제는 뿌리뽑아야 했고, 종교가 정치에 개입하지 못하게 엄격히 분리해야 했다 — 정치학이 성직자의 개입을 받지 않아야 하는 것과 마찬가지였다. '자유'는 공화당원들의 돌격의 외침이었지만, 아직은 시장 경제라는 개념이 거기 들러붙기 전이었다. 공화당원들은 대기업을 마음속 깊숙이 의심했다. 미국의 근간으로 떠받들어야 할 것은 견실한 소농이었다.

연방주의자들은, 매우 간략하게 말해서 높은 이상보다는 효율적인 관리를 우선하기를 염원했다. 그들은 이것이 국가적인 단위보다는 주 단위로 더 잘 실행될 수 있다고 믿었다. 정부의 역할은 국가 안보와 경제의 건전함을 수호함으로써 미국의 제조업자, 상인과 무역업자 들이 하던 일을 계속할 수 있게 해주는 것이었다. 놀라울 것도 없이, 이 철학은 한창 산업화가 일어나고 있던 매사추세츠와 뉴잉글랜드의 다른 주들에 뿌리를 내린 반면, 공화주의는 농업 위주인 남부에서 팽배했다.

는 데 격분했다.

프랑스 측 세 대리인 장 콘라드 오팅어Jean Conrad Hottinguer, 피에르 벨라미Pierre Bellamy, 그리고 뤼시엥 오트발Lucien Hauteval이 협상 책임을 맡았다. 셋은 대중적으로는 X, Y, Z로 알려졌다. 평화의 대가로, 세 사람은 25만 달러(오늘날 450만 달러)를 프랑스에 갚고, 추가로 100만 달러(오늘날의 10억 달러 이상)의 융자와 25만 달러의 보상금(결국 뇌물)을 프랑스 외무 장관 샤를 모리스 드 탈레랑Charles Maurice de Talleyrand에게 갚으라고 요구했다. 몇 년에 걸친 전투를 겪고 난 미국이 약체가 되었음을 바깥 세상은 너무나 뻔히 알고 있었다. 따라서 이것은 프랑스 측의 강탈 외교였다. X, Y, Z 사건이 뜻대로 되지 않자 프랑스는 미국 선박 300척을 나포했다.

최후에 웃은 자

애덤스는 이 망신스러운 사건을 줄곧 자기 바람과는 상관없이 말없이 지켜보아야 했지만, 결국 최후의 웃음은 애덤스에게 돌아갔으니, 그것은 공화제 지지자들이 자기들이 가진 패를 과하게 쓴 덕분이었다. 프랑스의 요구를 대중에 까발리자고 소란을 일으킨 공화당파는 대통령에게 망신을 주는 데 성공했다 — 하지만 프랑스에 대한 반발심은 불가피하게 그들에게도 해가 되었다. 공화당이 대통령을 조롱하며 닦달했다는 사실이 발각되자 사태는 오히려 공화당에게 불리하게 돌아갔으니, 공화당은 여전히 프랑스 혁명과 깊은 관련이 있는 것처럼 보였기 때문이다.

존 애덤스는 민주적 절차로 초대 선출 대통령이 되었으면서도 민주적 절차를 경멸했다. 하지만 스스로 자기 지위를 일상적 정치학의 야단법석을 벗어난 '상석에' 놓으면서, 애덤스는 자기 행정부와의 연계를 놓치고 말았다.

반대파를 죄인으로

애덤스는 그의 행정부를 뒤흔들어놓은 또 다른 스캔들도 역시 거의 지켜보기만 했는데, 그 스캔들이란 귀화법과 난동 교사법이 제정된 것이었다. 사실 애덤스 자신이 이 법을 발의한 것은 아니고 그의 측근이 한 듯한데, 두 법 다 나름대로 그럴싸한 변명거리가 있긴 했다. 귀화법은 신참 이민자들이 투표권을 획득하려면 이전까지보다 더 오래(14년) 기다려야 한다는 것이었다. 그러면 미합중국에 자기가 진정 얼마나 충성하는지를 보여주어야 할 테니까. 한편 그와 관련된 두어 개의 외국인 법이 있었는데, 이것은 정부에게 국가 전복 음모를 꾸민 혐의가 있는 이민자를 추방할 수 있는 강력한 권한을 주었다. 다 아주 좋은 이야기였다 — 단 새로 도착한 이민자들이 연방파보다는 공화파를 지지할 가능성이 높다는 것이 기록상으로 뻔히 보였다는 사실을 배제하면 말이다.

> 역사에서 흔히 있는 일로, 우리는 혁명이 거침없이 억압으로 가는 것을 보아 왔다. 사람들은 미국 혁명이 이 운명을 얼마나 아슬아슬하게 피했는가 하는 사실을 쉽사리 잊어버리는 경향이 있다.

둘째 법안에는 정부나 그 공무원에 맞서서 그 어떤 '거짓된 오명을 입히는 악의적인 저술'을 출간하는 행위를 '난동 교사'로 정의하는 내용이 있었다. 연방파 정부는 이 조항을 해석하기에 따라 종류를 막론한 모든 비판에 적용할 수 있었고, 공화파에서는 그 점을 놓치지 않고 지적했다. 역사에서 흔히 있는 일로, 우리는 혁명이 거침없이 억압으로 가는 것을 보아왔다. 사람들은 미국 혁명이 이 운명을 얼마나 아슬아슬하게 피했는가 하는 사실을 잊기 쉬운 경향이 있다. 확실히 프랑스의 공포 정치하고 비슷한 구석은 전혀 없었지만, 이 법들은 반대가 곧 배반이라는 생각을 법에 고이 새기려는 시도였다.

그렇지만 애덤스는 1800년 선거에서 졌다. 득의한 제퍼슨의 공화파는 조금도 뜸을 들이지 않고 법을 폐기했으며, 그 아래 고초를 겪은 모든 이를 사면하고 보상했다. 공화파들이 보기에 자유에 대한 이러한 공격은 목숨을 위협하는 것이나 다름없었다.

XYZ 사건에 뒤이은 해상 적대 행위에서 미국 해군 전함 콘스텔레이션 호가 프랑스 전함과 전투중이다. 운 좋게도 이 사건은 단순한 스캔들로 끝났다. 신생 공화국은 본격적인 전쟁을 치를 형편이 못 되었다.

토머스 제퍼슨, 1801~1809

심지어 대통령을 기준으로 보더라도, 토머스 제퍼슨은 그 중 스타였다. 대통령이라는 자리가 제퍼슨을 빛나게 해주었다기보다는 제퍼슨이 대통령이라는 자리를 빛나게 해주었다고 해야 할 정도다. 끝없는 정력과 총명한 두뇌를 소유한 남자였던 제퍼슨은 자유를 위해 투쟁하고 헌법을 기초하는 틈틈이 고고학에서 건축학까지, 고생물학에서 정원 관리까지 그 모든 것에 대한 중요한 저술을 남겼다. 또한 루이지애나를 매입하여 미국 영토를 확장했고(크기를 두 배로 늘렸다), 루이스Lewis와 클락Clark 탐험대를 파견해 서부의 지도를 작성하게 했다. 그렇지만 제퍼슨이 한 일은 그게 전부가 아니었고, 그 모두가 그처럼 멋들어진 것도 아니었다. 또한 오늘날 시각에서 보면 제퍼슨의 이상과 부합하기 다소 힘든 것들이기도 했다.

민주주의를 위한 결투

미국 정계가 얼마나 위험한 곳이 되어가고 있었는지를 미처 깨닫지 못했던 이들이라 해도, 1804년 7월에 일어난 사건에는 정신이 번쩍 들지 않을 수 없었으리라. 그날 새벽에 뉴저지 주 위호큰Weehawken 언덕의 인적 드문 숲속에서 울린 그 총성은 미국 정치 체제에 수십 년 동안 메아리를 울릴 터였다. 제퍼슨의 부통령 애런 버Aaron Burr가 전직 재무 장관인 연방주의자 알렉산더 해밀턴을 막 쏘아 죽인 참이었다.

미국 대통령직의 위상을 넘어서는 남자는 존재하지 않지만, 토머스 제퍼슨은 거의 맞먹을 정도까지는 갔달 법도 하다. 당대 가장 위대한 정치가였던 제퍼슨은 이상주의자이자 지성인이었고, 과학자로도 명망이 높았다.

뒤에 버와 이야기를 나눈 몇 사람은 버가 공포와 충격 속에서 총을 쏘았다고 결론을 내렸지만 다른 이들은 그가 냉혈한 살인자였다고 말한다. 적어도 부상을 입은 상대가 끝내 출혈로 죽은 것은 사실이었다.

정치가 개인화되었다는 것이 그저 하는 소리가 아니었다.

목숨을 건 결투를 통해 명예가 걸린 사적인 분쟁을 결판낸다는 개념은 자신이 특별한 기사, 전사 계급에 속해 있다고 생각하는 구세계의 젊은 귀족에게나 어울릴 법하다. 프로이센의 귀족이라면 군도로, 심지어 영국 영주라면 전투용 펜싱 검으로 결투를 할 수도 있으리라. 그렇지만 세계 최초의 현대 국가의 지도자들이 그런 일과 무슨 관계가 있단 말인가? 하지만 괜찮았다. 앞서 보았듯이, 민주주의적 가치는 기껏해야 일부밖에 뿌리를 내리지 못했으니까. 미국의 엘리트는 자신을 아직 젠틀맨으로 보았고, 거기에 상응하는 자부심이 있었다. 미국은 아직 어중간한 상태로, 당시에는 어느 한쪽으로 태도를 결정하지 못하고 있었다. 뉴저지와 뉴욕에서 결투를 불법으로 선포한 것은 바로 얼마 전이었다. 그렇지만 자기 명예가 공격을 당했을 때 자기 손으로 직접 법을 집행한다는 결심을 심정적으로 이해하는 사람이 많았다.

버와 해밀턴은 1800년 선거 이후로 끝내 화해를 하지 못했다. 양쪽 다 한 치도 양보하지 않는 치열한 선거였다. 그러나 두 사람은 선거 경주가 끝나고 나서도 진정하는 게 아니라 계속해서 상대에 대한 원한을 키웠다. 부통령은 토머스 제

퍼슨에게서 재선을 앞두고 새 러닝메이트를 찾고 있다는 말을 듣고서 1804년에 뉴욕 주지사 자리에 출마했다. 적수 필립 슐러Philip Schuyler는 해밀턴의 장인이었다. 전직 재무 장관은 전력투구했다. 적에 대한 가혹한 기사들을 연달아 써제낀 해밀턴은 버의 선출을 막는 데는 성공하지 못했지만, 버의 인내심을 바닥내는 데는 성공했다. 서로 말이 오가고, 어느 쪽도 자기 말을 철회할 의지를 보이지 않았을 때, 둘은 결투를 해야 한다는 협의에 이르렀다.

그저 서로 총을 한 방씩 쏘면 그뿐일 것 같지만, 현실은 총체적인 혼돈이었다. 해밀턴이 쏜 한 방은 멀찌감치 빗나갔다. 해밀턴은 나중에 자기가 일부러 빗맞혔다고 말했지만, 그저 자존심 때문에 한 말이었을지도 모른다 — 혹은 그게 아니면, 자기를 정통으로 맞힌 버를 두고두고 욕먹게 하기 위한 냉정한 계산에서 나온 말이

제퍼슨의 초대 행정부를 뒤흔든 스캔들은 미국 정치사에서는 다소 흔치 않은 것이었는데, 부통령 애런 버가 뉴저지 주 위호큰에서 결투를 벌여 전직 재무 장관 알렉산더 해밀턴을 죽인 사건이었다.

었거나. 해밀턴은 화기를 다룬 경험이 훨씬 더 많았고, 버에게 그가 가져온 촉발 방아쇠 권총이 얼마나 다루기 어려운 무기인가 하는 것을 알려주지 않았던 듯하다. 한편 그 뒤에 버와 이야기를 나눈 몇몇 사람은 버가 공포와 충격 속에서 총을 쏘았다고 결론을 내렸지만, 다른 이들은 그가 냉혈한 살인자였다고 말한다. 부상을 입은 상대가 끝내 출혈로 죽은 것은 사실이었다.

살인죄로 기소당한 버는 도피했다. 그러나 워싱턴은 뉴욕의 법률이 미치지 않는 안전 지대였기 때문에 버는 부통령 임기를 평화롭게 마칠 수 있었다.

종교와 급진주의

동시대인들의 눈으로 보기에 제퍼슨이 분명히 반감을 산 이유는 기성 종교에 대해 자주 경멸을 표했기 때문이었다. 현대적 사상을 지닌 수많은 당대 지식인과 마찬가지로, 제퍼슨은 '자연 신교 교도'였다 — 제퍼슨은 근원적인 신성, 우주의 질서를 만든 '최초의 근원'이 존재한다고 믿었지만, 이 신이 그의 창조물이 하는 일에 지속적인 관심을 가지고 있다는 이야기는 받아들이지 않았다.

프레리도그로 그려진 제퍼슨 대통령이 나폴레옹의 뿔에 '찔려' 서부 플로리다의 상당한 양을 게워내자 프랑스 외교관이 기쁨에 겨워 춤을 춘다. 1804년에 제임스 아킨James Akin이 그린 이 만화는 제퍼슨의 토지 매입이 손해보는 거래였다는 대중적 시각을 말하고 있다.

> 그가 보기에
> 소농들이 계속 씨를 뿌리고 거둬들이는 한,
> 국가는 자급자족을 할 수 있었다.

이 신학(이라고 해도 된다면)은 세계가 존재하는 이유는 설명해주지만, 우리가 종교로 생각하는 것의 대부분을 용도폐기해버린다. 어느 날 자기와 생각이 같은 친구 필립 마체이Philip Mazzei와 같이 외출중일 때, 제퍼슨은 한 버려진 교회를 보고서 "마구간에서 태어난 이에게 걸맞군" 하는 농담을 했다. 그 이야기는 널리 퍼져 언론에까지 들어갔다. 그리고 우리 대통령이 우리 구세주에 대해 그렇게 모욕적인 말을 할 수 있다는 사실이 미국인에게는 스캔들이나 다름없었다.

국민은 제퍼슨이 토머스 페인Thomas Paine을 미국으로 초청했을 때도 거의 그에 못지않게 충격을 받았다. 공정하게 말해

대통령의 여인

미국 대통령직의 역사는 아직 짧았지만, 영부인의 역할은 벌써부터 명확히 규정되어 있었다. 그러나 토머스 제퍼슨은 그 때문에 다소 난처한 지경에 처했다. 제퍼슨의 아내는 제퍼슨이 대통령에 선출되기 한참 전인 1782년에 세상을 떠났다. 이 일을 어쩐다? 해법은 그리 멀리 있지 않았다. 제퍼슨은 국무 장관의 아내 돌리 매디슨에게 의지했다. 매디슨은 워싱턴에서 가장 재주가 뛰어난 안주인으로 손꼽히던 터라, 찾아오는 고위 관리들을 환대하고 그 아내들을 반겨 맞아들이는 임무를 맡을 자격이 충분했다.

매디슨은 대통령에게 아내가 하는 다른 전통적 의무들도 다 했을까? 제퍼슨의 정치적 적들의 말에 따르면, 그렇다고 한다. 그들은 백악관의 섹스 스캔들을 음침하게 속닥거린다. 그리고 거기서 멈추지 않는다. 돌리의 남편 제임스 매디슨에게 흠집을 내고 싶은 애타는 열망에서, 그들은 매디슨과 제퍼슨이 사람들을 자기 편으로 매수하려고 돌리와 그 자매인 애나를 내돌리는 포주 짓을 했다고 한다.

끝내 영부인 자리에 앉지 못한 마사 웨일스 스켈튼Martha Wayles Skelton이 토머스 제퍼슨과 결혼한 것은 1772년이었다. 마사는 건강이 나빠서 그로부터 겨우 10년 뒤에 세상을 떠났지만 그 사이에 남편에게 여섯이나 되는 아이를 낳아주었고, 남편은 슬픔으로 몸을 가누지 못했다.

서, 이 영국 태생의 급진주의자는 미국에 큰 빚을 졌다.《인권》(1791)의 저자인 페인은 미국 혁명 지도자들에게 영감을 주었을 뿐만 아니라, 실제 자유를 위한 투쟁에서도 일익을 담당했다. 그러나 그 이래 상황은 변했다. 미합중국은 안정적인 민주 국가로 자리를 잡아가고 있었지만 페인의 선동적인 수사는 식을 기미를 보이지 않았다. 프랑스 공포 정치라는 충격적인 본보기가 늘 눈앞에 있다보니, 대다수 미국인은 더 이상 '혁명가'가 될 기분이 아니었다. 연방파의 언론이 페인을 피에 물든 괴물로 그렸을 때, 그들은 사실 그리 애써 독자를 설득할 필요가 없었다.

교역을 폐쇄하다

제퍼슨은 재선에 성공하긴 했지만, 미국 역사상 제 발목을 가장 심하게 잡은 법률을 통과시킨 대통령이 되고 말았다. 1807년의 엠바고 법이었는데, 이 법은 해외 무역항을 통한 모든 상품의 수입이나 수출을 금지했다. 그 동기는 정치적인 것이었으니, 대영제국과 나폴레옹의 프랑스가 전쟁중이던 당시에 미국의 중립 상태를 유지하려는 목적이었다. 정책은 아마 그것 자체만 보자면 '옳았을' 테지만, 경제적 현실을 전혀 염두에 두지 않은 것이 문제였다. 다시금, 제퍼슨은 산업과 무역이라는 문제에 무심한 태도로 자신의 혁명가적 자부심을 과시했다. 그의 관점으로 보면 소농들이 계속 씨를 뿌리고 거둬들이는 한 국가는 자급자족을 할 수 있었다. 이상적인 미국인이라면 달리 무엇을 더 원하겠는가?

그러나 이상적이고 뭐고 간에, 산업화된 북부 사람들은 훨씬 더 많은 것을 원했다. 특히 그들은 무역을 할 수 있기를, 원료를 들여오고 자기들이 제조한 상품들을 선적하기를 원했다. 그 법은 강제성이 없었다. 재화는 캐나다로 보내졌고 거기서 몰래 국경을 넘거나, 아니면 저 멀리 동해안까지 낚싯배로 밀수되었다. 그렇지만 산업과 교역은 여전히 고충을 겪었다. 뉴욕은 너무 심각한 위기를 겪고 있어서 연방에서 탈퇴하기 일보직전이었다. 제퍼슨은 결국 엠바고를 철회하지 않을 수 없었지만, 그것도 대통령 임기가 끝나기 겨우 며칠 전인 1809년에나 가서였다.

첩자 13호

제임스 윌킨슨James Wilkinson은 전쟁 영웅이었다. 독립 전쟁에서 용맹과 지략으로 싸웠다. 그렇지만 또한 가장 비열한 종류의 배신자이기도 했다. 잘못된 이상주의 때문에, 혹은 사실이든 오해에서 비롯된 것이든 어떤 원한 때문에 미친 듯 화가 나서 조국을 배반하는 사람들도 있겠지만, 윌킨슨은 자기 이득을 위해 그렇게 했다. 루이지애나 매입의 여파로 서부로 향하는 정착민들이 미시시피 밸리로 쏟아져 들어올 때, 윌킨슨은 모피와 농산물을 뗏목에 실어 강을 따라 출발했다. 그는 뉴올리언스까지 무사히 가서 화물을 팔아 상당한 이윤을 챙겼지만, 스페인 측에 충성을 판 대가로 그보다 더 큰 몫을 챙겼다. 윌킨슨은 군인이었을지 몰라도 권모술수에 능한, 매력 넘치는 인물이기도 했다. 노련한 정치가들이 그의 손바닥

아래: 영화 〈파리의 제퍼슨〉(1995)의 제작자들이 보기에 토머스와 샐리 헤밍스와의 관계는 복잡하긴 해도 애정이 있는 관계였다. 한편 비판자들은 그 관계가 처음부터 끝까지 적어도 암묵적으로는 강제적이었다고 주장한다.

오른쪽: 희망찬 혁명의 빛나는 후광을 입은 토머스 페인이 보이는데, 페인은 흔히 불을 뿜는 우민 정치의 괴물로 그려졌다. 그렇지만 대통령 제퍼슨에게 그는 늘 영감을 주는 친우였다.

현대 미국의 다문화 정신은 샐리 헤밍스와 제퍼슨의 다양한 후손들 안에 아로새겨져 있다. 그렇지만 지주와 노예 소녀 사이의 관계의 본질이 무엇이었는가 하는 중요한 물음은 아직 대답되지 않았다.

에서 놀아났다. 그는 처음에는 워싱턴의 호감을, 나중에는 애덤스와 제퍼슨의 호감을 샀다 — 그의 의심스러운 거래에 대한 풍문이 계속 들어오는 것도 문제가 되지 않았다. 군의 고위 장교로서 — 그리고 종국에는 제퍼슨의 북루이지애나 주지사로서 — 그는 엄청난 가치가 있는 국가 비밀들을 손에 넣을 수 있었다. 그러나 그가 모셨던 대통령 중에서 그가 그처럼 파렴치한 배신을 꾸밀 수 있으리라고 믿고 싶어했던 이는 하나도 없었던 모양이다. 제임스 매디슨이 대통령으로 당선되기 전까지 그는 문책을 받지 않았다. 그가 마침내 문책을 받은 것은 한참 뒤인 1811년이었다 — 그렇지만 이때조차 그는 교묘하게 빠져나가 무죄 판결을 받았다. 1813년에서 1814년에 다시금 혐의를 받았는데, 스페인에 맞선 두 차례의 군사 원정이 무위로 돌아갔을 때였다. 그러나 이번에도 그는 심문을 무사히 빠져나갔다. 그리고 1825년에 세상을 떠난 다음에야 그가 그간 줄곧 스페인의 첩자(첩자 13호)였다는 사실이 확인되었다.

노예와 가족

미국 민주주의의 아버지는 말 그대로도 아버지였다. 제퍼슨은 새 공화국의 귀족 계급 한복판에 살림을 꾸렸다. 그렇지만 아무래도 그것은 두 집 살림이었던 모양이다. 마사가 1782년에 죽고 나서 토머스는 비밀스런 관계를 시작했다. 샐리 헤밍스Sally Hemings와의 관계는 몇 가지 점에서 21세기의 우리에게 경보를 울린다. 우선 하나로, 샐리는 그 모든 일이 시작되었을 때 겨우 14세였다. 거기다 아프리카계 미국인 노예였다. 한쪽이 다른 쪽의 재산이라는 것을 생각해보면 그런 관계가 과연 얼마나 진정으로 합의에 의한 관계일 수 있을지 의문이 들 법도 하다.

물론 그것은 우리 중 가장 훌륭한 이들이 얼마나 도덕적으로 무지할 수 있는가를 일깨워주는 계기이기도 하다. 제퍼슨의 이상주의와 자유에 대한 사랑을 진정으로 의심할 수는 없다. 그렇지만 어째서인지, 그의 친구 톰 페인이 말하는 '인권'은 피부색이 다른 남자 — 아니, 바른 말로 피부색이 어떻든 여자에게는 해당되지 않는다고 여겼던 모양이다.

미국이 생겨난 지 가까스로 한 세대쯤 지난 1812년에 영국 침략군이 백악관에 불을 질렀을 때 민주주의라는 미국의 꿈은 불길에 휩싸인 듯했다. 백악관 내부는 파괴되었고 외부는 대부분 불에 그을렸다.

> 샐리는 그 모든 일이 시작되었을 때 겨우 14세였다.
> 거기다 아프리카계 미국인 노예였다.
> 한쪽이 다른 쪽의 재산이라는 사실을 생각해보면
> 그런 관계가 과연 얼마나 진정으로 합의에 의한
> 관계일 수 있을지 의문이 들 법도 하다.

민주주의는 늘 특권층의 호사였다고, 그렇게 말할 수 있을지도 모르겠다. 고대 아테네가 노예 노동으로 굴러갔다는 것이야 악명 높은 이야기니까. 그리고 오늘날까지 미국에서는 인구의 가장 빈민층이 민주주의 과정에서 제몫을 하지 못하는 경향이 있다 — 비록 터놓고 말해서 그들은 자청해서 선거권을 박탈당하고, 운명론적 무관심에 빠져 스스로 패배를 인정했지만 말이다. 건국의 아버지들은 모두 자유를 위해 목청을 높였지만, 그토록 수없이 많은 아프리카계 미국인 노예 역시 그 권리를 합법적으로 주장할 수 있다는 생각을 떠올린 사람은 그 중에 아무도 없었던 모양이다. 그래도 1776년에 누구보다도 가장 두드러진 이상주의자였던 제퍼슨이 이런 상황을 그처럼 그다지 의문 없

이 받아들였다는 점은 충격적이다.

그렇지만 그런 관계는 남부 생활에는 이미 무척 흔한, 이미 자리 잡힌 패턴이었다. 샐리의 어머니 역시 영국 선박의 선장이 누군지 모를 아프리카 여성을 취해 태어났다. 마사의 재산으로 집안에 들어온 샐리는 아마 거의 확실히 자기 주인의 배다른 여동생이었으리라 — 그것은 이 사회에 넘쳐나는 비밀의 끈이었다. 제퍼슨의 샐리와의 관계는, 좋은 건지 나쁜 건지는 몰라도 확실히 지속적이긴 했다. 38년에 걸쳐 7명의 아이들이 태어났다.

제임스 매디슨, 1809~1817

전직 변호사였던 제임스 매디슨은 미국 정치사에서 명예의 전당에 늘 한 자리를 차지할 것이다. 헌법을 기초하는 데 — 또는 헌법을 해설하는 데 — 그보다 더 많은 일을 한 사람은 없었다. 그러나 매디슨은 직업 정치인으로서는 결국 그에 못미쳤다. 그의 재임기는 확실히 미국의 가장 뛰어난 시대는 아니었다. 미국인들이 영국 대군의 방화로 백악관이 불길에 휩싸이는 모습을 보아야 하는 수모를 겪었던 것이 바로 그의 재임기였다. 그보다 심한 것은 1812년의 전쟁이 '매디슨 씨의 전쟁'으로 불리게 된 것인데, 사실 지나친 비난이라고 할 수도 없었다. 영국 해군은 그 얼마 전부터 미국의 화물 선적을 방해하고 있었는데, 주로 미국이 영국의 천적인 프랑스와 교역을 하고 있던 탓이었다. 영국은 또한 해군 탈영병들이 미국 시민권을 얻는 것을 허락하지 않고 있었다. 그로 인해 미국 선박은 그런 사람들에게 해군 복무를 하도록 '압박하지' 못하는 처지였다.

그렇다 해도 매디슨이 그런저런 도발에 반드시 대응해야 하는 것은 아니었다. 매디슨이 그러기로 마음먹은 것은 싸워서 이길 수 있다고 생각했기 때문이었다. 그의 휘하에 있던 혈기왕성한 젊은이들은 영국령 북아메리카(지금은 캐나다)의 영국 주둔군이 너무 빈약해서 공격하기만 하면 낙승은 떼놓은 당상이라고 믿었다. 매디슨은 전쟁을 위해 군사적인 준비를 하는 것보다 정치적인 준비를 하는 데 훨씬 더 공을 들였다.

'대통령의 정부들'과 그녀들의 권세를 욕하는 풍자를 보면 정치계에 만연한 여성 혐오주의가 뻔히 보이지만, 그렇다고 매디슨이 욕을 안 먹은 것은 아니었다. 매디슨은 그런 고위직에 있기에는 너무 나약한 인물로 여겨졌다.

형편없는 표본

오늘날까지의 미국 대통령 중 가장 작고 가장 말랐던 제임스 매디슨은 신장이 겨우 162cm 정도였고, 한 번도 45kg을 넘은 적이 없었다. 정신적 지위와 균형을 맞추려는 듯, 허약하고 보잘것없는 외양이었다. 태도는 조용하고 무심하고 냉정했다. 그렇지만 그처럼 답답해 보이는 외양으로도 모자랐는지, 제임스 매디슨은 발작으로 고생했다. 갑자기 얼어붙은 듯 꼼짝도 하지 못할 때가 왕왕 있었다. 사실 당시 의사들은 매디슨을 간질 환자로 진단했다. 아마도 오늘날 전문가들이라면 '간질병질 히스테리'라는 구체적 진단을 선호할 텐데, 거기에는 심리학적 요인이 있는 것으로 여겨지기 때문이다. 그 증상이 정신이 느끼는 무력함이 신체에 직접 나타나는 것임은 쉽게 알 수 있다. 젊은 시절 그 병 때문에 심각하게 괴로워했던 매디슨이 정치적 소명을 찾고 나자 자연스럽게 '발작이 뚝 끊어진 것' 같기 때문이다. 돌리가 다시금 '얼어붙은' 남편의 모습을 발견한 것은 단 한 번, 1800년대에 영국 해군이 미국 선박을 사실상 무제한적으로 공격하고 있을 때였다. 매디슨은 대응하지 못하는 자신의 무능력함 때문에 말 그대로 마비되었던 듯하다.

양측이 맞붙었을 때, 미약하고 자금도 부족하고 장비도 부족한 미국 민병대는 곧 자신들이 가망 없는 상황에 처했음을 깨달았다. 캐나다의 영국 병력은 미군보다 적었지만 전투 경험은 비교도 안될 만큼 더 많아서 재빨리 상대를 제압했다. 한편 영국 해군은 바다를 점령하고 있었다. 마음 내키는 대로 미국 선박을 찍어서 괴롭히는가 하면 동부 해안을 봉쇄하여, 경제 활동을 갈수록 방해하다 결국 아예 불가능하게 만들었다.

주위를 둘러싼 어둠 속에서 유일하게 깜빡이는 빛은 볼티모어의 로켓들의 섬광 뿐이었다 — 볼티모어 방어 성공은 미국의 국가國歌에 영감을 주게 된다. 그렇지만 영국인들은 슬슬 지쳐가고 있었다. 북아메리카는 영국에서 멀었고, 프랑스의 나폴레옹이 유럽에서 영국의 힘을 갉아먹고 있었다. 그래서 매디슨은 미국이 해외 정책에서 저지른 역사상 가장 큰 과오를 무사히 넘어간 듯했다 — 비록 후대는 더 엄한 판결을 내릴 테지만.

하지만 그래도 밝은 면을 보자면, 연기로 검게 그을린 백악관을 개축할 수 있는 기회를 얻은 셈이었다. 현재의 팔라디오풍 건물은 그 결과물이다. 그리고 돌리 매디슨Dolley Madison으로 말하자면, 새 건물을 완성하는 일을 맡기에 그녀보다 더 안성맞춤인 영부인이 또 있었을까. 미국에서 가장 접대에 능숙한 파티 주최자였던 돌리는 또한 정력 넘치는 인테리어 디자이너이기도 했다. 매디슨은 우아함과 패션 감각만이 아니라 예산의 한계에도 민감한 날카로운 안목을 갖고서 그 큰 과업을 떠맡았다. 마침내! 매디슨 행정부도 반박할 수 없는 성과를 한 가지는 기록한 셈이다!

불길에 휩싸인 워싱턴

1814년의 워싱턴 공격은 군사적으로 심각하다기보다는 상징적인 의미가 더 컸다 — 그렇지만 상징치고는 대단한 상징이었다. 백악관과 국회의사당이 불길에 휩싸이다니!

제임스 매디슨은 여기서 터럭 끝까지 정치가처럼, 확신 넘치고 권위적인 인물처럼 보인다. 그렇지만 당시의 이 판화에서는 미국의 4대 대통령이 '상황을 제대로 돌아가게 하기 위해' 겪어야 했던 끝없는 정신적, 육체적 투쟁을 엿볼 수 없다.

II
부패한 합병

미국의 부패는 무르익었다. 나라의 생존이 확보되자 정치가들은 주머니를 불리고 권세를 강화하는 일을 계속했다. 유권자들은 곧 냉소적이 되었지만, 정치가들은 계속해서 유권자의 그나마 낮은 기대마저 실망시킬 새롭고 독창적인 방법을 찾아냈다.

"가장 좋은 형태의 정부는 가장 큰 악을 가장 잘 방지할 수 있는 정부다."

백악관의 폐허에서는 아직 서서히 연기가 피어오르고 있었을지언정 위험은 지나간 듯했다. 미국은 자유를 손에 넣었고 이제는 미래를 기대할 수 있었다. 신흥 국가가 '낙관의 시대'라고 불리는 시기로 접어들면서 정치적 긴장이 눈에 띄게 완화되었다. 정치적 이견들은 — 그리고 물론, 정치적 스캔들도 — 사라지지 않았지만, 전반적으로 미국인은 그만하면 자기네 상황을 꽤나 마음에 들어했다.

조지 워싱턴(왼쪽)은 자기 세대 대다수와 마찬가지로 프리메이슨이었지만, 이미 정치 그 자체가 비밀스런 파벌이 되어가는 형국이었다. 윌리엄 헨리 해리슨William Henry Harrison(위)이 선출된 것은 민주주의에 호소한 덕분이라기보다는 그의 지지자들이 체제를 조작한 데 빚진 바가 더 컸다.

제임스 먼로, 1817~1925

제임스 먼로James Monroe는 사실 건국의 아버지였다. 먼로는 독립 전쟁에서 싸웠다. 실제로 유명한 그림 〈델러웨어를 건너는 워싱턴〉에서 깃발을 치켜들고 있는 그의 모습을 볼 수 있다. 그렇지만 그의 대통령 재임기는 그 시대와는 다른 시대에 속한 것처럼 보인다. 그 시기는 미국이 빠른 성장통에 작별을 고하고서 앞으로 달려 나가는, 젊지만 기반이 튼튼한 국가가 된 시기다. 먼로는 그 점에 관해 상당한 공로를 인정받을 자격이 있다. 느긋하고 상냥한 먼로는 갈등이나 말다툼을 피하기 위해 친구와 적을 막론하고 상대에게 몸을 숙일 줄 아는 사람이었다. 세계를 바꾼 자유를 위한 투쟁의 수사들이 버려진 지 한참 지나서, 먼로는 이제 가장 덜 나쁜 선택지를 고르라는 정치학을 외치고 나섰다. "가장 좋은 형태의 정부는 가장 큰 악을 가장 잘 방지할 수 있는 정부입니다."

그런데 그게 늘 그렇지는 않았다. 혈기왕성한 젊은 이상주의자였던 먼로는 프랑스 혁명을 엄청나게 숭배하여 파리 대사를 자원한 적도 있었다. 그러나 먼로는 조지 워싱턴의 좀 더 보수적인 시각과 충돌하면서 자기 입지가 갈수록 고립되는 것을 깨달았다. 미합중국이 영국과 제이 조약(영국과 미국의 관계 개선을 위해 맺어진 조약으로, 미국 쪽에 불평등한 조약으로 여겨졌으며 미국과 프랑스의 관계가 악화되는 계기가 되었다 ― 옮긴이)을 체결한 1794년에 말도 없이 프랑스를 떠난 그는 얼마 지나지 않아 미국으로 소환되었는데, 워싱턴은 그가 임무를 다하지 못했다고 주장했다. 격분한 먼로는 워싱턴을 비난하면서 자신이 "정신 나간 대통령에게 수치스럽고 남자답지 못한 공격"을 받았다고 했다. 거기에는 '낙관적인' 면은 전혀 보이지 않았다.

> 먼로 행정부에 끈덕지게 따라붙은 일련의 스캔들은 비록 사소하긴 했어도 미국 행정부에 뭔가 문제가 있는 것처럼 보이게 했다.

부패의 문화

미쳤든 안 미쳤든, 워싱턴은 앞서 보았듯이 비용을 청구하고 있을 때 자기가 뭘 하고 있는지 분명히 알고 있었고, 먼로도 그 점에서만큼은 전혀 불만 없이 자신의 정적을 모방했다. 워싱턴이 전장에서 주머니를 불렸다면 먼로는 백악관 재건축을 위한 (아직 완공 전이라) 전투에서 주머니를 불렸는데, 그 방법은 '가구 펀드'라는 다소 창의적인 아이디어를 이용한 것이었다. 먼로는 워싱턴과 약간 비슷하게, 자기가 개인적으로 희생한다는 점을 우선 강조했다. 너무나 고맙게도 국가에 자기 가구를 팔아주겠다는 것이었다 ― 천문학적 이윤을 남기고서. 그 다음에는 그 이외에 필요한 것들을 구매하겠다고 그 펀드에서 엄청난 금액을 회수하여 결국은 1만 1000달러(오늘날 18만 3000달러)의 적자를 남겼다.

'낙관의 시대'는 뒷맛이 쓴 시대가 되어가고 있었다. 먼로 행정부에는 비록 사소하긴 해도 미국 행정부에 뭔가 문제가 있지 않나 생각하게 만드는 일련의 스캔들이 끈덕지게 따라붙었다. 백악관이 처음 수렁에 빠진 것은 육군 장관 존 캘훈John Calhoun의

그리 좋지 않아

대농장의 분위기는 그다지 낙관적이지 못했다. 먼로는 노예제 신봉자가 아니었다 ― 그게 의미가 있든 없든. 그는 '평화적인' 단계적 이행을 선호했다 ― 비록 그것을 위해 시스템을 움직이려는 적극적인 조치는 전혀 취하지 않았지만. 평화롭게 종식되기 전까지 기존 노예제를 어떻게 해야 한다고 말한 적도 없었다. 먼로가 주인으로서 지녔던 인본주의적 본능 말고, 자기 노예들에게 뭔가 달리 큰 도움이 되었다고도 말하기 어렵다. 노예들의 삶을 더 크게 좌우한 것은 대통령의 돈 걱정이었다. 먼로의 낭비가 심한 생활방식과 고질적인 빚은 자신에게는 마음의 짐이었을지언정 노예들에게는 끔찍한 물리적 짐이었다. 먼로는 대통령이 되기 전에 빚 때문에 가족 농장을 팔아야 했지만, 그 외에도 남부 이곳저곳에 땅이 있었다. 자기 영지를 떠나 저 멀리 워싱턴에 가 있던 먼로는 그 땅을 팔면 재정적 문제를 해결할 수 있을 거라고 생각했다. 하지만 비현실적인 생각이었다. 그리고 노예들은 가혹한 감독 아래서 고된 노동을 하는 것으로 그 대가를 치렀다.

위: 재건축되고 재단장된 백악관은 '낙관의 시대'의 평화와 번영의 상징이 되기에 걸맞은 모습이었다 — 그렇지만 먼로의 자금 관리는 비관적이었다.

오른쪽: 선동적인 혁명가 시절을 머나먼 과거로 떠나보낸 제임스 먼로는 이제 편안하고 보수적인 중년에 안착했다 — 그것은 그가 당시 대통령으로 있는 나라의 정치 형편과 무척 비슷했다.

서기 크리스토퍼 밴드벤터hristopher Vandeventer 소령이 부도덕한 사돈 일라이저 믹스Elijah Mix의 손아귀에서 놀아난 탓이었다. 다시 1818년에 내부자 정보를 얻은 밴드벤터는 체사피크 만에서 정부가 건물 방호시설에 필요로 하는 화강암을 가져다 부풀린 값으로 팔았다. 그러면서 조심성 없게도 그 계약의 1/4을 자기 몫으로 챙겼다 — 캘훈이 그 거래를 승인한 것은 제정신이라고는 믿기 어려운 행위였다.

경쟁자 끌어내리기

1823~1824년에는 'AB'라는 익명의 필자가 재무 장관 윌리엄 크로퍼드William H. Crawford의 부패를 고발하는 기사를 잇달아 써제껴 행정부를 더욱 당황케 했다. 크로퍼드가 서부에서 세금을 걷기 위해 이용하고 있던 지역 은행들과 지나치게 친밀한 관계를 맺고

왼쪽: 먼로의 육군 장관 존 캘훈은 강철 같은 성실성으로 평판이 높았지만, 그 평판은 1818년의 일라이저 믹스 스캔들 때문에 심각한 손상을 입었다. 캘훈이 실제로 범죄를 저지른 것은 아니라 해도, 그 순진함은 범죄적인 수준이었다.

오른쪽: 부패 고발이 워낙 흔하다보니 가끔은 그런 고발이 무고로 밝혀진 경우도 있었다는 사실을 알면 기분이 좀 나아질지도 모르겠다. 1824년에 의회 청문회는 재무장관 윌리엄 크로퍼드의 모든 범법 혐의를 일소했다.

있다는 것이었다. 조사 결과, 크로퍼드는 무죄로 밝혀졌다. 정부의 그러한 세금 징수 방법이 좀 위태로워 보인다는 데에는 그다지 의문의 여지가 없지만, 아직도 변방 개척지였던 곳에서 은행들이 무슨 대단한 일을 할 수 있었겠는가? 'AB'는 알고 보니 경쟁자를 밟아뭉개려고 작심한 일리노이 주 상원 의원 니니언 에드워즈Ninian Edwards였다.

형제의 난

먼로 대통령 임기에 시작되었다고 할 수 있는 미국의 위대한 전통 하나가 있는데, 바로 대통령의 형제가 대통령을 망신시키는 것이다. 도널드 닉슨Donald Nixon, 샘 휴스턴 존슨Sam Houston Johnson, 빌리 카터Billy Carter, 그리고 로저 클린턴Roger Clinton은 모두 대통령인 자기 형제의 위엄을 뒤흔드는 데 한몫을 했지만, 그 전통을 시작한 것은 조지프 존스 먼로Joseph Jones Monroe였다. 그의 빚은 계속 늘어만 갔고, 형은 동생의 빚을 탕감해주어야 한다는 부담감을 떠안았다. 결국 조지프는 서부로 향하는 정착자의 물결에 합류했다. 대통령 편에서 그 길을 서두르도록 재촉을 좀 했다고 생각해도 억측이 아니리라. 조지프 먼로는 1824년에 미주리 주 하워드 카운티에서 죽었다.

존 퀸시 애덤스, 1825~1829

존 퀸시 애덤스John Quincy Adams는 2대 대통령 존 애덤스의 아들이었다. 그가 남긴 가장 오래가는 유산에는 아이러니하게도 '먼로 독트린'이라는 이름이 붙어 있다. 국무 장관으로서 애덤스는 미합중국이 아메리카 대륙 전체의 치안을 담당하며, 유럽의 개입은 그 무엇을 막론하고 미국을 향한 공격 행위로 볼 수 있다는 시각의 기틀을 처음 잡은 인물이었다. 그것은 교묘하게 계산된, '외교적인' 언어로 세계에 던지는 경고장이었는데, 그것을 보면 겉보기와는 달리 전혀 온순하거나 느긋하지 않았던 애덤스의 성격을 잘 알 수 있다.

애덤스가 대통령에 취임한 결코 평범하지 않은 방식을 보면 그런 점을 더욱 확실히 알 수 있다(애덤스의 경우는 그 자리에 '선출'되었다고 말하기가 좀 어렵다). 미국 대통령 중에는 의심의 눈길을 받으며 직위를 떠났다고 할만한 사람이 많다. 그런데 퀸시 애덤스가 평범하지 않은 것은, 그의 경우에는 사실상 직위에 오를 때부터 의심의 눈길을 받았기 때문이다. 1824년의 선거에서 다섯 후보자 중에 앤드루 잭슨Andrew Jackson 장군이 애덤스의 30.5% 대비 43.1%로 확실히 가장 많은 표를 얻긴 했지만, 본격

위: 1824년 선거를 다룬 데이비드 존스턴 클레이풀David Johnston Claypoole의 유명한 만화에서 후보자들이 결승점을 향해 달리고 있다. 나란히 선두에 선 것은 잭슨과 애덤스(가운데), 크로퍼드는 3위, 클레이는 중도 포기했다.

적인 다수표를 확보한 이는 아무도 없었다. 그렇지만 가장 낮은 표를 얻은 후보 헨리 클레이Henry Clay가 부득이하게 경주에서 이탈하는 처지가 되자 (잭슨의 숙적인) 앤드루에게 힘을 실어주었는데, 앤드루가 당선된 것은 그 덕분이었다.

> 심지어 잭슨을 그리 좋아하지 않았던 이들도 대통령의 아들이 대통령이 된다는 사실에는 못마땅해 했다.

미국의 군주?

놀랄 일도 아니지만, 잭슨과 그 지지자들은 애덤스가 대통령 자리를 '도둑질했다'고 생각했다. 그것은 '낙관의 시대'의 말기였다. 심지어 잭슨을 그리 좋아하지 않았던 이들도 대통령의 아들이 대통령이 된다는 사실에는 못마땅해 했다. 일종의 유럽식 군주제 왕조가 시작되는 게 아닌가 우려했던 것이다.

존 퀸시 애덤스의 권위적이고 거만한 태도 역시 그런 비평가들의 우려를 해소해주지 못했다. 애덤스가 광범위하고 막대한 비용이 드는 정치적 과업들을 시작한 것 역시 전혀 겸손함의 기미를 찾아볼 수 없는 행보였다. 개인적으로 부패한 것은 아니었지만, 국민은 애덤스가 주요 도로와 운하 구축 공사들을 포함해 인프라스트럭처를 개선한다는 야심찬 프로그램을 시작할만한 정통적 권한을 가졌다고는 느끼지 않았다.

오른쪽: 루이자 애덤스는 왕가의 풍모를 지녔을지 몰라도 그 자태 아래에는 불안과 질병이 있었다. 루이자는 결혼 생활 내내 편두통과 유산, 그리고 잦은 우울증의 발작으로 고생했다.

대통령의 두 아들의 행동거지 역시 사람들의 호감을 사지 못했다. 오입쟁이에다 알코올 중독자였던 조지 워싱턴 애덤스는 28살에 익사체로 발견되었고(자살임이 명백했다), 존 애덤스 2세 또한 알코올 중독이었다. 역시 겨우 31살의 젊은 나이로 죽었다. 이제 와서 보면 그토록 뛰어난 할아버지와 아버지를 본받아야 한다는 압박감이 이 젊은이들에게는 너무 컸던 게 아닌가 싶을 수도 있겠다. 그러나 동시대인들에게 그들의 행동은 지나친 특권을 가진 황태자들의 만용으로 보였다.

결혼과 한탄

영부인 루이자 애덤스Louisa Adams의 조카 메리 캐서린 헬렌Mary Catherine Hellen은 고아가 되어 백악관에 들어와 살게 되었다. 메리는 겨우 13세의 나이였지만 억누를 수 없는 자유로운 영혼을

차르와 객실 청소부

존 퀸시 애덤스는 1809년부터 1814년까지 러시아 대사를 지냈다. 그때 애덤스의 객실 청소부 한 사람이 고향에 보내는 편지에서 차르 알렉산드르 1세를 좋게 말했다. 뒤에 러시아 지배자와 대면한 애덤스 대사는 어색함을 떨치려고 그 이야기를 꺼냈다. 그러자 그 이야기에 기분이 좋아진 알렉산드르는 그 아가씨를 소개해줄 수 있겠느냐고 물었다. 그 뒤의 만남은 아마도 손발이 오그라들 정도로 어색했을 테지만, 어쨌거나 훗날 존 퀸시 애덤스가 차르에게 자기 하인들의 매춘을 알선했다는 고발을 당한 것은 억울한 일이었다. 미국인들은 사랑과 전쟁에서만이 아니라, 백악관을 위한 경쟁 역시 모든 수단이 정당하다는 사실을 서서히 배워가는 중이었다.

지니고 있었다. 그리고 2년 뒤에는 다소 무서운 10대 팜므 파탈로 성장해서 사촌오빠들을 정욕과 질투로 미치게 만들었다. 메리가 조지 워싱턴 애덤스와 약혼하면서는 그래도 평화가 찾아온 듯했다 — 비록 그전에 동생 찰스 프랜시스 애덤스Charles Francis Adams의 마음을 갈가리 찢어놓긴 했지만. 그러나 조지는 학교를 마칠 때까지 결혼을 미루라는 말에 순순히 동의했고, 메리는 고삐 풀린 위험한 상태로 백악관에 남았다.

대통령의 둘째 아들 존 애덤스 2세 역시 하버드에 가 있어야 했지만, 1827년에 퇴학당해서 아버지의 개인 비서 일을 하려고 집으로 돌아왔다. 그 일은 실제 직업이 아니라서 확실히 존은 매리와 시시덕거리고 꿍꿍이를 할 시간이 잔뜩 남아돌았고, 이때 조지는 메리의 곁에서만이 아니라 마음에서도 확실히 멀어져 있었다. 이 고집 센 한 쌍이 추파에서 잠자리로 가기까지 그리 오래 걸리지 않으리라는 사실을 잘 알고 있던 루이자는 걱정이 되어 미칠 지경이었다. 그러나 대통령은 오랫동안 머리를 모래 속에 처박고 있었다. 마침내 1828년 2월에 뜻을 관철한 루이자는 서둘러 백악관의 결혼식을 준비했다.

실연당한 두 사람이 별관에서 기다리고 있던 결혼식이었으니 가장 행복한 행사였다고 말하기는 어렵다. 하지만 어머니가 보기에는 신랑 역시 그다지 행복해 보이지 않았다. 며칠째 상심에 잠겨 잠자리에 들었던 루이자는 시간을 내어 찰스 프랜시스에게 존이 "이미 세상의 모든 걱정을 어깨에 짊어지고 있는 것처럼 보인다"라고 편지를 썼다. 그러나 대통령의 집안을 홀딱 뒤집어놓고 자기가 원하는 것을 얻은 신부는 뻔뻔할 정도로 태연했다. "신부는 여느 때와 마찬가지로 태연하고 마음 편하고 무심하다"라고 시어머니는 적었다.

앤드루 잭슨, 1829~1837

꼭 앤드루 잭슨Andrew Jackson이 아니라 해도, 정치가들은 대개 진실에 그다지 엄격한 기준을 들이대지 않는 경우가 많다. 예를 들어 통나무집에서 태어났다는 잭슨의 출생에 관한 소문은 엄청나게 과장된 것이었다. 그렇긴 해도, 잭슨은 오늘날까지 미국

존 애덤스는 대통령이라는 직책에 위압을 느끼기는커녕 지나칠 정도로 편안해 보였다. 적어도 비판자들이 느끼기에는 그랬다. 그들은 백악관에 애덤스 왕가가 들어서는 게 아닐까 우려했다.

애덤스는 귀족적인 태도 때문에 평범한 미국인 유권자에게 위화감을 주었는데, 산간벽지에서 나고 자라서 남부식 행동거지와 사고방식을 지닌 앤드루 잭슨은 존 퀸시 애덤스와의 대비 효과로 반사 이득을 얻었다.

정치계에 너무나 강력한 영향력을 발휘하고 있는 WASP 엘리트 계층과 같은 출신은 아니었다. 이해 못할 일도 아니지만, 잭슨은 존 퀸시 애덤스의 1824년 당선을 명확한 '도둑질'이라고 여기고 더욱 깊은 원한을 품었다. 상처를 핥아 아픔을 달래려고 테네시로 돌아온 잭슨은 미국 신흥 귀족들의 권세를 빼앗기로 마음먹은 '잭슨 맨' — 세상의 소금인 소농, 벌목꾼, 그리고 막노동꾼으로 이루어진 — 이라는 군대의 수장 자리에 앉았다.

그러니 특권층 집안의 가방끈 긴 아드님들이 맥주와 내스카(NASCAR, 미국 개조 자동차 경기 연맹 — 옮긴이)를 세상에서 제일 좋아하는 척하는, 미국 정치계에서 흔히 보는 전통의 원조는 바로 '올드 히코리'('완고한 늙은이', 앤드루 잭슨의 별명 — 옮긴이)라고 할 수 있겠다. 그다지 자랑할만한 명예도 아니지만 말이다. 잭슨은 그 나이 또래의 일반 노동자로 자신을 포장했다. 물론 미국 역사에 널린 심각한 범죄에 비하면 그쯤은 아무것도 아니었다. 잭슨 역시 그런 심각한 범죄를 한 가지 저질렀는데, 초선 임기 1년차에 인디언 이주법을 추인한 것이었다. 대법원은 애팔래치아 너머에 사는 미국 원주민이 현 거주지에 머무를 권리가 있다고 판결했지만, 잭슨은 법적 판결을 뒤엎는 명령을 내려 원주민 수만 명을 고향 대대로 살아온 곳으로부터 추방시켰다. 잭슨이 그토록 굳건히 옹호하던 '리틀 가이'는 오로지 백인에게만 해당되었다. 마찬가지로 자유 역시 아프리카계 미국인을 제외한 모든 사람에게 해당되는 이야기였다. 잭슨은 노예제 관련 법률을 어떤 식으로든 개정하려는 시도에 단호히 맞섰다. 소문자 d자 '민주주의자'라는 것은 그토록 뻐겼으면서도, 잭슨은 대문자 D자 민주주의에는 그다지 여지를 주지 않았다. 잭슨은 그 어떤 전임자보다도 거부권을 더 많이 행사했다.

레이첼의 명예를 지키다

앤드루 잭슨은 영부인 잭슨의 첫 남편이 아니었다 — 품위 있는

여성은 재혼을 해서는 안 되었던 시대에, 잭슨 부인은 그 사실 하나만으로도 무척 흥미를 끄는 인물이다. 더 심각한 문제는, 그녀가 전남편과 합법적으로 이혼했는지가 다소 애매하다는 것이다. 이혼이 매우 드물고, 그 자초지종이 거의 알려지거나 이해를 받지 못하던 시대였으니 당연하다면 당연했다 — 게다가 서부의 여러 신생 주에서는 아직 법이 완전히 정비되지 않았고, 기록도 제대로 보관되지 않았다. 그렇지만 최종 결론은, 잭슨과의 결혼이 이중혼으로 여겨졌다는 것이다.

1788년에 로바즈Robards에게 소박을 맞은 레이첼Rachel은 어머니가 운영하던 하숙집으로 돌아갔다. 이혼 절차가 진행중이었다는 데에는 논란의 여지가 없다. 레이첼이 1791년에 앤드루 잭슨과 사랑의 도피를 떠났을 때 깊이, 미친듯이 사랑에 빠졌음은 — 혹은 자기가 독신이라고 믿었음은 — 의심할 여지가 없다.

'올드 히코리'는 불사신이었다. 그는 13차례의 결투에서 살아남았을 뿐더러, 1835년 1월 30일에는 미국 대통령에 대한 기록상 최초의 암살 시도마저 견뎌냈다. 그의 암살 미수범은 권총을 두 자루 가지고 있었지만 둘 다 불발했다.

하지만 두 사람이 정식으로 혼인했다는 주장을 모두가 믿은 것은 아니었다. 그리고 심지어 그랬다 쳐도, 그것이 이중혼이었다고 말할 실제적인 근거가 있다. 레이첼과 로바즈의 이혼은 1792년까지는 완전히 정리되지 않았기 때문이다. 결국 두 사람은 한 발 물러서 1794년에 두 번째 결혼식을 올렸다.

하지만 그때 가서도 뒷말은 사라지지 않았다. 아내에 대한 자부심과 사랑이 강렬했던 잭슨은 레이첼의 명예에 관해 누가 한 마디만 해도 예외 없이 버럭 화를 냈다. 수도 없는 싸움이 일어났고, 공식 결투가 최소 13차례는 벌어졌다. 그리고 1806년의 결투는 치명적인 결과를 낳았으니, 변호사 찰스 디킨슨Charles Dickinson이 자기 목숨을 대가로 미래의 대통령에게 부상을 입힌 것이었다. 잭슨이 목숨을 부지한 것은 디킨슨이 요행으로 그의 심장을 아슬아슬하게 빗맞힌 덕분이었다. 잭슨의 몸은 총탄이 하도 많이 박혀서 덜그럭거렸다는 이야기가 있다.

마틴 밴 뷰런, 1837~1841

미국은 대국일지언정 그 정치학은 무척이나 좁다. 거기서 동맹과 원한과 상호관계가 태어난다고 해도 하나도 놀라울 게 없다. 그리고 유럽인들이 왜 그렇게 눈치를 못 채는지는 모르겠지만, 군주제와 세습 지위라는 개념에 작정하고 맞서 일어난 나라치고 미국은 늘 정치적인 왕조에 다소 취약한 경향이 있었다. 애덤스 부자는 앞서 보았지만, 마틴 밴 뷰런Martin Van Buren이 애런 버의

> 버는 그 즈음 막 결혼했고,
> 아내에게 홀딱 반해 있기로 유명했다.
> 그렇지만 그렇다고 못할 건 또 없었다.

사생아였다는 이야기를 우리는 도대체 어떻게 받아들여야 할까? 증거는 기껏해야 정황 증거가 전부다. 버는 밴 뷰런의 부모가 운영하는 킨더후크 태번에 드문드문 들렀다. 버는 그 즈음 막 결혼했고, 아내에게 홀딱 반해 있기로 유명했다. 그렇지만 그렇다고 못할 건 또 없지 않은가 — 그때나 지금이나 남자들 마음에는 방이 여럿 있으니까. 버가 여자들한테 인기가 많은 것은 누구나 알았다 — 그렇다면 태번 주인의 아내 역시 그에게 저항할 수 없었다는 뜻일까? 알 길은 없다. 각자 생각하고 싶은 대로 생각하는 수밖에.

문제의 아버지에게서 물려받은 건지 아닌지는 알 수 없지만, '킨더후크의 여우'가 교활하게 얼버무리는 말재간을 가진 것만큼은 사실이다. 어른이 된 밴 뷰런은 버의 자신감과 확신 넘치는 분위기, 그리고 폼 잡으며 자화자찬하기 좋아하는 성향도 어느 정도 갖고 있었다 — 경제가 어려워지자 그의 고급 양복 애호는 물론이고 더 전반적인, 화려함을 즐기는 생활양식도 논란거리가 되었다. 결국 밴 뷰런이 대통령 후보로 지명된 것은 잭슨의 '가장 아끼는 아들' 자격으로였다. 그는 국무 장관으로서, 그리고 나중에는 부통령으로서 잭슨을 충실히 수행했다.

페티코트 대통령

밴 뷰런과 그가 '잭슨의 3번의 임기' 동안 한 일을 깎아내리려 하는 정치적 경쟁자들 — 그리고 후세의 역사가들 — 은 줄을 길게 서 있다. 하지만 밴 뷰런이 승승장구한 것이 다른 각료 부인들에게 따돌림당하던 육군 장관 부인 마거릿 '페기' 오닐 이튼 Margaret 'Peggy' O'Neale Eaton에게 기사도를 발휘한 덕분이라는 이야기는 어쩌면 어느 정도는 그에게 흠집을 내려는 악의에서 나온 것인지도 모른다. 그녀는 존 이튼John Eaton과 결혼할 때는 이미

마틴 밴 뷰런은 이제 국가 사적지가 된 허드슨 밸리의 린든월드를 대통령 재임 중에 매입했지만, 1841년 백악관을 떠나기 전까지는 그 30칸짜리 집에 들어가 살아보지 못했다.

왼쪽: 언제나처럼 말쑥하게 차려입은 마틴 밴 뷰런은 내수 경제가 어렵던 시기에 좋은 양복과 우아한 생활 취향으로 다소 논란을 불러일으켰다.

과부였지만, 첫 남편이 아직 살아 있을 때부터 그와 바람을 피웠다는 소문이 돌았다. 거기서 비롯된, 1830년에서 1831년의 '페티코트 사건'은 잭슨 내각을 한 차례 휩쓸고 지나갔지만, 대통령(자신도 그런 류의 소문에 시달렸던)은 페기가 정숙한 여성이라는 고집을 꺾지 않았다. 그때까지 잭슨의 오른팔이던 존 캘훈은 주가가 떨어지고 말았다. 그의 아내 플로리드Floride가 나이 지긋한 부인들이 가담한 반대파의 주동자로 여겨졌기 때문이다. 점수를 딴 마틴 밴 뷰런은 캘훈을 밀어내고서 부통령 자리를 차지했다.

인간 본성과 인권

1838년에 잭슨이 뉴욕 항 세관장으로 임명한 새무얼 스워타우트Samuel Swartwout가 거의 225만 달러(오늘날 5400만 달러)나 되는 거금에 손을 댔던 사건이 밝혀졌다. 밴 뷰런은 칭찬할만한 결단력으로 문제에 대응해서 제스 호이트Jesse Hoyt라는 인물을 그 자리에 앉혔는데, 다만 문제는 그 역시 거기에 한몫 끼었음이 밝혀진 것이었다. 오늘날 우리는 갈수록 그런 부패에 둔감해지는 것 같지만, 안타깝게도 당대 미국인 역시 마찬가지였던 듯하다. 그렇지만 현대의 우리는 선조들과 달리 '소수자 정책'이라고 뭉뚱그려 부르는 밴 뷰런 행정부의 관점을 선뜻 받아들이기 어려울 것이다.

8대 대통령의 인디언 이주 정책이 잭슨의 정책을 계승한 것은 사실이다. 하지만 밴 뷰런은 그것을 어떤 식으로든 되돌리거나 심지어 완화하려는 의도도 보여주지 않았다. 그 악명 높은 '눈물의 길

애런 버는 여자 관계가 복잡하기로 악명이 높았지만, 그래도 제퍼슨의 부통령이 마틴 밴 뷰런의 친부였다는 설은 아무리 정치적 음모론의 기준으로 보아도 도를 넘은 듯하다.

존슨 부인

밴 뷰런의 부통령 리처드 멘터 존슨Richard Mento Johnson은 '흑인 정부' 줄리아 친Julia Chinn과 대놓고 붙어다녀 점잖은 사회에 스캔들을 일으켰다고들 한다. 그러나 모든 증거에 따르면, 공적으로 미혼이었던 존슨은 자신이 줄리아와 사실혼 관계라고 생각했던 듯하다. 줄리아는 존슨이 업무로 출타중일 때 켄터키 농장을 보살폈다. 그래도 엄밀하게 말하면 노예였고, 비록 피부색이 옅긴 했지만 공식적으로 '흑인'이라 존슨이 원하더라도 결혼할 수는 없었다.

그렇다면 존슨은 민권 운동의 초기 영웅이었을까? 글쎄, 존슨은 그 편이 자기에게 유리하다면 노예라는 여성의 지위를 여성에게 불리하게 이용하기도 했다. 줄리아가 죽고 나서 존슨은 또 다른 흑인 배우자를 맞아들였다. 그리고 그녀가 다른 남자를 만나 자신을 떠나자 존슨은 철저히 법적으로 그녀를 처리했다. 추격을 당해 붙잡힌 그녀는 경매에 내다팔렸다.

Trail of Tears' 사건은 바로 그의 재임기에 발생했다. 이것은 모두 서부에 '비어 있는' 정착지를 마련하려는 의도였다 — 단, 물론 그곳은 실제로 비어 있지 않았고 셀 수 없이 많은 미국 원주민의 고향이었지만 말이다. 1838년에 1만 8000명의 체로키 인디언이 조지아, 테네시, 사우스캐럴라이나와 앨라배마의 고향땅에서 쫓겨났다. 대략 4000명이 자기들에게 배정된 오클라호마의 새로운 고향으로 가는 길에 죽었다.

그러나 밴 뷰런이 아미스타드 선상 반란을 일으킨 노예들을 스페인 주인에게 넘기기로 결정한 것까지 잭슨 핑계를 댈 수는 없는 노릇이다. 노예들이 봉기하여 선박을 점령한 것은 그 한 해 전이었다. 선박은 북쪽으로 가던 길에 미국 해군정에 나포되어 항구로 끌려왔고, 노예들은 거기서 자기들 운명을 결정할 법적 판결을 기다리며 투옥되어 있었다. 스페인의 비위를 거스를 것을 우려한 마틴 밴 뷰런은 그 배와 노예들을 스페인에 인도하라고 명령했지만 사법부가 막아섰고, 노예들은 마침내 대법원에 의해 풀려나 자유의 몸이 되었다.

윌리엄 헨리 해리슨, 1841

잠깐이라도 한눈을 팔았다가는 윌리엄 헨리 해리슨William Henry Harrison을 빼먹고 지나칠지도 모른다. 그는 취임하고 겨우 32일 만에 세상을 떴으니까. 그것을 벌충하려는지 그는 역사상 가장 긴 취임 연설을 했다. 부관들이 중간에 끊긴 했지만, 두 시간 조금 못미쳤다. 해리슨은 그 긴 연설을 선 채로, 그것도 비를 맞아가며 하느라 감기에 걸렸는데, 감기가 겨우 며칠 사이에 폐렴으로 번졌다. 그리하여 해리슨이 얼마 못가 대통령직을 하야하는 원인이 되었다.

티페카누 전투

대통령 해리슨은 문제를 일으키고 자시고 할 틈이 거의 없었다. 대통령 임기 대부분을 임종의 침상에서 보냈으니까. 향년 68세였으니 어쨌거나 아마 정부를 두기에도, 말썽을 피우기에도 다소 너무 늙은 나이였으리라. 그렇다고 그의 젊은 시절 역시 스캔들 사냥꾼들이 그리 입맛을 다실만한 것은 아니었다. 사실 오늘날의 우리라

해리슨의 대통령 임기 중 가장 큰 업적은 바로 대통령 취임이었다 — 실제로 그게 해리슨이 대통령 임기 중에 올린 유일한 성과였다. 그는 병으로 쓰러져 취임한 지 겨우 32일만에 세상을 떴다.

면 인디애나의 원주민과 싸운 전쟁 영웅이었던 '올드 티페커누'를 무고하게 보기는 좀 힘들겠지만 말이다. 그 별명은 그가 티페커누 전투에서 승리해서 얻은 것이었다.

'올드 티페커누'란 해리슨이 1811년 전투에서 얻은 별명이다. 젊은 윌리엄 헨리 해리슨은 군대를 이끌고 테컴세Tecumseh 추장이 이끈 인디아나 부족 연합에 맞서 승리했다.

존 타일러, 1841~1845

해리슨이 죽자 미국은 충격에 휩싸였다. 작고한 대통령이 위중한 상태라는 사실이 더 널리 알려져 있던 워싱턴에서조차, 얼마 동안은 그 누구도 일이 이런 식으로 — 또는 이처럼 일찍 — 끝나리라고는 예상치 못한 탓이었다. 정말이지 전례 없는 상황이었다. 비록 부통령 존 타일러John Tyler가 임시로 우두머리의 책임을 맡아야 한다는 데 전반적으로 합의가 이루어지긴 했지만, 타일러가 스스로 대통령직에 오르리라고 생각한 사람은 거의 없었다. 그보다 더 분명한 적임자는 해리슨이 휘그당(현대화와 경제 보호주의를 선호하는) 경선에서 가까스로 물리친 상대 헨리 클레이였다. 클레이는 꼭 본인이 대통령이 되지 않더라도 '막후의 권력자' 정도는 되겠지 하는 기대를 받았다. 그러나 그 결정은 급작스레 그의 손을 떠나게 된다.

스스로 대통령직에 오르다

타일러는 생각이 달랐다. 그가 순전히 배짱으로 대통령직을 차지했다고 해도 너무 심한 과장은 아닐 듯싶다 — 그의 행동은 해리슨의 죽음 못지않은 충격으로 워싱턴을 강타했다. 사람들이 미처 깨닫기도 전에 타일러는 대통령 취임 연설을 마쳤다. 못마땅하든 말든, 이제는 실제로 대통령이었다. 상원과 하원이 할 수 있는 일은 그저 그의 직위를 인정해주고 〈헤일 투 더 치프〉(대통령에게 바치는 노래 — 옮긴이)의 후렴구를 열창하는 것뿐이었다.

지금은 부통령을 대통령과 아주 가까운 자리로 보지만, 대통령이 임기 중에 사망하면 부통령이 자동적으로 그 자리를 승계한다는 생각은 비교적 최근에 생겨난 것이다. 그것은 1967년의 수정 헌법 25조를 통해 재가됨으로써 법제화되었다. 물론 타일러가 스스로 대통령 자리에 오른 것은 훗날 부통령들에게 일종의 선례를 수립한 것이 되었지만, 그렇다고 그의 쿠데타가 뻔뻔하지 않았다고 하기는 힘들다.

타일러에 대한 반발은 가라앉지 않았지만, 그에 대한 공격은 각도를 달리해야 했다. 클레이가 끝끝내 타일러를 용서하지 않은 것은 놀라운 일도 아니리라. 1837년에 경제를 뒤흔들어 놓은 것과 같은 주식 시장의 공황을 방지하려는 의도로 휘그당이 내놓은 국립 은행 설립안에 대통령이 거부권을 행사하자, 분노의 불길에 휩싸인 클레이는 그를 휘그당에서 축출하려는 움직임에 나섰다. 타일러는 동요하지 않았지만, 그의 잇따른 거부권 행사는 시간이 지나면서 점점 더 의구심을 불러일으켰다 — 그것은 거의 확실히 비민주적이었는데, 가뜩이나 애초에 투표로 당선된 대통령도 아니었으니 더욱 그러했다. 결국 전직 대통령 존 퀸시 애덤스가 탄핵을 요구했다. 그러나 그 사건에서 타일러는 어떻게 해서인지 태풍을 잠재웠다. 타일러는 무척이나 차분하게 대통령의 거부권이 헌법에 명시되어 있음을 지적했다 — 대통령으로서 가진 힘을 사용해서는 안 될 이유가 있는가? 정적들은 타일러가 뉴욕 세관에서 벌어진 대규모 사기로 추정되는 사건을 조사하려고 사적으로 사람을 사고 보수를 지불한 행동이 부적절했다고 고발했지만 그것은 더욱 뜻대로 되지 않았다. 그가 법을 받들겠다는 헌법상 의무를 지키지 않았단 말인가?

오른쪽: 존 테일러는 거의 쿠데타에 맞먹는 방식으로 대통령의 권좌를 차지했다. 그러나 그로써 재임자가 죽으면 부통령이 자동적으로 대통령직을 승계하는 전통을 세우기도 했다.

아래: 뉴욕 세관은 대대로 부패 관료들의 짭짤한 수익원이었다. 타일러의 비판자들은 타일러가 유죄인 이들을 문책하는 데에서 그 자신이 거기에 영합했다고 비판했다.

III
분열된 국가

미국은 급속히 성장하고 있었다. 속속 도착하는 이민자로 인구가 불어났고, 서부 정착지와 함께 지리적 경계가 넓어졌으며, 경제력과 정치력도 성장중이었다. 불가피하게, 미국의 정치적 복합성 역시 자라고 있었다. 그토록 많은 성패가 달려 있었으니, 권력을 둘러싼 암투는 갈수록 심해져만갔다.

"임무를 충실하고 양심적으로 수행하는 대통령에게 여가 시간이란 존재하지 않는다."

1845년에는 나라가 조그만 무역 도시나 농업 공동체로 뿔뿔이 흩어져 있던 시절을 아직 기억하는 사람들이 많이 생존해 있었다. 13곳 식민지는 실상 사람의 발길이 닿지 않은 방대한 내륙이 두려워 대서양 해안에만 들러붙어 있었다. 사실 아무리 잘난 척 뻐겨도, 신생국 미합중국 역시 마찬가지였다. 1803년의 루이지애나 매입을 통해 우리가 지금 '중서부', 그리고 '최남동부 지역'이라고 불리던 곳이 미국의 손아귀에 들어왔다 — 적어도 이론상으로는 그랬다. 그렇지만 '소유권'은 점유와 동의어가 아니었다. 19세기가 흘러가면서 "서부로 가자, 젊은이들이여!"라는 함성이 높아졌고, 새로운 영토로 가려는 정착자들의 물결이 애팔래치아 산맥을 넘어 흘러들었다. 미국은 모든 면에서 급격히 성장중이었지만, 나라가 커질수록 정치적 간극도 더 커지는 것처럼 보였다 — 그리고 부패의 규모도 따라서 커졌다.

제임스 포크, 1845~1849

이제 더는 공화국에 이상주의자들이 필요하지 않다고 여겨지는 시대에, 제임스 포크(왼쪽)에게 필적할 경쟁자는 없었다. 프랭클린 피어스(위)는 점잖은 남자였지만, 그가 대통령직에 오를 가능성은 추호도 없었다 해도 무리가 아니다.

역사의 큰 부분은 '암흑'이다. 우리 지도자들은 가장 고귀한 목적을 추구하기 위해 야만적일 만큼 현실적이어야 할 때가 더러 있었다(그냥 가장 뻔한 예로, 제2차 세계대전을 생각해보라). 우리 지도자들의 목적이 늘 이상적이었다는 것은 아니지만 — 그렇

지 않으면 이와 같은 책이 뭐 하러 나왔겠는가? — 아무래도 현실 세계에서 좋은 정부는 늘 아름답지만은 않다. 그렇지만 이따금씩, 외교 정책상의 결정에서 보이는 냉소주의는 너무나 뻔뻔해서 못본 척하기가 힘들다. 가끔은 그 뻔뻔스러움이 거의 경탄을 자아낼 정도다.

1846년에 멕시코 '공격' 법이 멕시코와 미국 사이의 전쟁의 핑계거리로 사용된 것이 바로 그런 사례다. 미국 병력은 의도적으로 멕시코 영토를 기습하면서 남부로 향했고, 멕시코 병력은 감히 그들을 막으려고 했다. 미국 언론들은 그런 정당한 이유 없는 공격은 참아줄 수 없다며 극도로 분노하여 짖어댔다. 누구나 알듯이, 그 뒤를 따른 것은 두 나라 사이의 전쟁이었다.

물론 두 나라 사이에는 그 몇 년 전부터 문제가 있었다. 1820년대 이래 미국 식민주의자들은 워싱턴의 노골적인 격려를 받으며 저 먼 국경 지방 테하스Tejas로 몰래 침투해 봉기를 일으켜 독립 텍사스 공화국을 선포했다. 앨러모 방어 작전은 천박한 기회주의가 용감한 군인들의 자기 희생 덕분에 미화된 가장 좋은 사례다.

멕시코와 미국의 전쟁은 토지 약탈 그 이상이 아니었다 — 그러나 토지 약탈 치고는 참으로 대단했다! 그 불운한 나라는 그때까지 그저 텍사스만이 아니라 오늘날 '미국' 서부와 남서부(와이

미국인들이 포를 사용해 더 큰 멕시코 육군을 무찌른 부에나 비스타의 승리(1847년)는 제임스 포크의 승리를 넘어 장차 후임자가 되는 재커리 테일러의 승리이기도 했다. 그는 그날 전장에서 미 육군을 지휘했다.

오밍, 네바다, 유타, 콜로라도, 캘리포니아, 그리고 애리조나와 뉴멕시코의 다수)의 대부분을 포함했더랬다. 군사적 시각에서 보면, 사실 그대로 말해서 그것은 아기 손에 든 사탕을 뺏어먹는 것이나 다름없었다. 멕시코는 정치적으로나, 경제적으로나 만성적인 위기 상태였다.

완벽한 대통령?

그리하여 포크James K. Polk는 핑계거리를 지어내어 미국을 전쟁으로 이끌었다. 우리라면 그것을 스캔들로 볼지 몰라도, 당시 국민은 그렇지 않았다. 포크는 공적 발언들로 늘 오해를 사는 것으로 정평이 나 있었다 — 그렇다고 뭔가 새로울 것이 있는가, 아니면 이상할 것이라도? 정치가라면 당연한 것 아닌가! 포크의 경우에 전통적인 스캔들에 가장 가까웠던 것은 그의 행정부가 정부 돈 — 즉, 국민 세금 — 3만 5000달러(오늘날 100

노예제를 위한 투쟁

포크가 전쟁을 일으키기 위해 한 짓은 도덕적으로 볼 때 분명히 무고하달 수 없지만, 포크는 그 사건이 일종의 스캔들로 보도되는 것을 보았다면 놀랐을 것이다. 오늘날 그 서부 주들에 살고 있는 거주민들 역시 그곳이 원래대로 멕시코 소유지였다면 더 나았을 거라고 생각하지는 않을 것이다. 그렇지만 우리가 도저히 용납하기 어려운 점이 하나 있다. 노예 노동력을 이용하는 백인 지주들의 권한을 지켜주려는 욕망이 포크의 강력한 동기가 아니었나 하는 점이다. 노스캐롤라이나에서 태어난 포크는 가족 농장과 더불어 대략 50명의 노예를 상속받았다. 그리고 평생 노예 소유주이자 열렬한 노예제 옹호자로 살았다. 텍사스 주의 식민지 주민들이 멕시코에 불만을 품은 것은 주로 멕시코가 1821년에 노예제를 폐지했기 때문이었다. 또한 그곳은 노예제가 존재하는 주에서 도망친 노예들의 성역이 된 터라, 그러한 움직임은 남부 전체에 심대한 불안 요소로 보였다.

남부의 노예제에서 잔인함은 떼놓을 수 없는 요소였다. 노예 수천 명이 절박한 심정으로 도망쳤다. 미국은 학대 행위를 근절하는 게 아니라 도망 노예들의 성역을 폐쇄하는 조치를 취했는데, 그것이 멕시코와 미국 전쟁의 주된 동기였다.

만 달러)를 민주당 지지 신문인 《워싱턴 글로브》에 흘려보냈다는 것이었다. 심지어 그때조차 대통령은 한 세기 뒤에 등장하는 이른바 '진술 거부권'에 대한 본능적 감각을 과시하면서, 자기가 그런 결정에 전혀 관여하지 않았거나 관련 문서를 전혀 보지 않았다는 점을 확실히 했다. 자, 여러분이 보시는 그대로다. 거의 완전히 추문과는 관련이 없는 정치가 제임스 포크. 완벽한 대통령? 어쩌면 그럴지도 모른다. 비록 특별히 흥미로운 인물은 못 되었지만 말이다. 좋은 남자? 동의할 사람이 그리 많지는 않으리라…….

재커리 테일러, 1849~1850

미국 대중은 늘 군인 출신 정치가를 좋아했다 — 그것도 단순히 그들이 자기들의 원칙과 용기를 가장 압박이 심한 공간인 전장에서 이미 선보였기 때문이 아니었다. 그들이 전형적으로 직업 정치인들의 생리로 보이는 얼버무리기와는 거리가 멀며 직선적이고 사무적인 사람, 어찌 보면 사업가처럼 보였기 때문이다. 가장 최근의 그러한 예는 콜린 파월Colin Powell이다 — 1990년대에 대통령 후보로 전망이 좋아 보였던. 가장 유명한 예는 아마도 아이젠하워겠지만 말이다. 물론 그 전통이 워싱턴과 더불어 시작했다는 주장도 근거가 있긴 하지만, 워싱턴은 '시대의 영웅'이었을지언정 훗날의 계승자들과는 달리 '신선한 새 바람'은 아니었다. 한편으로 미국인들은 아직 민주당과 정치인들에게 일상적인 환멸을 느낄 기회가 없었고, 다른 한편으로 워싱턴의 비용 청구는 '물욕이 없는' 것과는 멀찍감치 떨어져 있었다.

그러나 '거칠고 날쌘' 재커리 테일러Zachary Taylor는 실로 무고했다. 1788년, 혁명 이후에 태어난 그는 정치에는 뚜렷한 관심 없이 군인으로 자랐다. 1812년 전쟁과 그 뒤의 몇 차례 애국적 갈등에서 복무했는데, 가장 유명한 것은 블랙호크와 세미놀 족과의 전쟁에서 원주민 부족과 싸운 것이었다. 1847년 2월, 그는 북멕시코의 살티요에서 국민 영웅으로 자리매김했다. 거기서는 얼마 안 되는 육군을 이끌고 거대(비록 총은 엄청나게 모자랐지만) 멕시코 육군에 맞서 승리했는데, 그것이 멕시코와 미국 전쟁의 전환점이 되었다.

부에나비스타의 승자인 재커리 테일러는 자신을 그 모든 기득권의 '짐'을 지지 않은 독립적인 직업 군인으로 내세움으로써 대중의 지나친 칭송을 정치적으로 자신에게 유리하게 이용할 수 있었다.

그때까지 테일러는 정치적 견해를 그냥 혼자만 품고 있는 데 만족했다. 1848년에 62세로 대통령 후보가 되기까지 심지어 투표도 한 번 해본 적이 없었다(투표를 할 만큼 한 지역에 오래 머무른 적이 없었다). 친구에게 보낸 편지에서 테일러는 자기가 그런 결정을 내린 이유를 설명하면서 "나는 성취해야 할 개인적 목표가 없네"라고 했다. "당을 설립할 계획도 없고, 응징해야 할 적도 없지 — 그저 내 조국 말고는 섬길 것이 없다네." 그에게 처음 충격 요법을 주어 신념을 밝히게 만든 것은 국가 재정의 위기였다. 그는 12년 전에 앤드루 잭슨이 미합중국 제2은행이 무너지도록 방치한 데 분노했다.

역설적으로 테일러의 순진함은 정치가로서 그의 장점이었다. 그는 단도직입적이었지만, 그러면서도 얼버무릴 줄 알았다. 그는 노예를 소유한 주인이었지만 노예제를 서부로까지 확장하는 것은 좋아하지 않았다 — 비록 수많은 북부인이 그랬듯이, 도덕적 바탕에서라기보다는 실용적인 이유에서였지만. 그는 각 주의 권리를 지지함으로써 이미 분리주의적 분위기가 자라나고 있던 남부의 지지를 얻었지만, 북부에서는 미국인들이 한데 뭉쳐야 한다고 주장해 큰 호응을 얻었다. 일부러 작정하고 기만하려고 하지 않고도, 그는 모든 유권자의 모든 바람을 충족시킬 수 있었다. 물론 무엇보다도 인민의 영웅이기도 했고 말이다.

> 그렇지만 '거칠고 날쌘' 재커리 테일러는 실로 무고했다. 1788년 혁명 이후에 태어난 그는 정치학에는 뚜렷한 관심 없이 군인으로 자랐다.

갤핀 집안의 주장

테일러 대통령이 너무 늙고 물욕이 없어서 이전 시대의 유물로 보였다면, 우리는 그에게 오명을 입힌 대형 스캔들을 어떻게 받아들여야 할까? 조지아 주의 갤핀Galphin 집안이 정부에 총 4만 3599달러(오늘날 130만 달러)의 금액을 청구했는데, 그 일의 유래는 영국 지배 시대로 거슬러 올라간다. 무역업자였던 그들의 선조 조지 갤핀에게 크리크와 체로키 부족이 그만큼의 빚을 졌다고 했다. 그리고 영국이 이 부족 사람들이 내어준 땅을 팔아서 얻은 수익금으로 그 빚을 갚아주기로 합의했다는 것이었다. 독립 전쟁이 지나가고 조지아의 원주민은 오랜 고향에서 쫓겨났지만, 갤핀 집안은 여전히 돈을 받고 싶어했다. 1848년에 미국 정부가 결국 이 빚을 인정해주었다는 사실을 — 그리고 더욱

선거를 눈앞에 둔 1848년에 백악관을 둘러싼 싸움에서 재커리 테일러의 우위가 워낙 확실해서, 한 만화가는 투표 결과가 공개될 틈도 주지 않고 그를 '우두머리 수탉'으로 선포했다.

중요한 것은 지불했다는 사실을 — 알면 놀랄 사람이 적지 않을 것이다. 그 가족이나, 73년어치 이해관계가 걸린 전투에 동의한 — 지불이 완료되면 50%를 받는다는 조건으로 — 변호사 조지 크로퍼드George W. Crawford에게는 그것으로 충분하지 않았다. 테일러 밑에서 크로퍼드가 육군 장관으로 임명되자 이해관계의 갈등은 너무나 뚜렷하게 모습을 드러냈다. 크로퍼드는 동료 각료인 재무 장관 윌리엄 메레디스William Meredith에게 그 지불을 승인하라고 했다 — 그렇지만 담당 관료는 그 요청을 거부했다. 그리고 크로퍼드는 다시금 메레디스에게 압박을 가함으로써 조금이라도 용인할만한 한도선을 한참 넘어버렸다. 재무 장관은 이번에는 그저 자기의 감사자를 무시하고 처리를 감행했고, 갤핀 가족은 자기 이득을 얻고 크로퍼드는 10만 달러(오늘날 290만 달러)를 챙겼다.

안타깝지만, 불가피하게도 이 소식이 새어나가자 테일러 대통령은 심각한 타격을 입었다. 그의 부하 직원들이 무슨 일을 꾸미고 있는지 그가 알고 있었다고 생각한 사람은 아무도 없었지만, 이 문제는 그의 업무 처리 능력과 판단력 양쪽에 의문을 제기했다. 그의 연로함과 순진함은 그를 때리는 막대가 되었다. 갑자기 그는 현실 감각이 없고 무기력한 사람처럼 보였다.

대통령 독살?

나이는 들었을지언정, 1850년 독립 기념일 공식석상에 앉아 간식으로 차가운 우유에 체리를 먹고 있는 재커리 테일러는 완벽하게 건강해 보였다. 그러나 그 뒤 몇 시간 사이 모여든 대중으로부터 다른 간식거리를 얻은 테일러는 곧 아무것도 먹을 수 없게 되었고 심각한 병증을 보였는데, 분명히 급성 위장염인 듯했다. 그는 7월 8일에 세상을 떠났다. 너무 급작스런 일이어서 추측을 피할 수 없었다. 공식 기록도 도움이 안 되는 게, 그가 어디를 갔었고 무엇을 했고 심지어 무엇을 먹었느냐조차 아주 개략적으로밖에 남아 있지 않았다 — 아무도 그런 것들이 문제가 될 줄은 생각도 못했던 것이다. 소문은 사그라지지 않아서, 1991년에 실제로 비소 검사를 하기 위

> 공식 기록도 도움이 안 되는 게, 그가 어디를 갔었고 무엇을 했고 심지어 무엇을 먹었느냐조차 무척 개략적이었다—아무도 그런 것들이 문제가 될 줄은 생각도 못했던 것이다.

해 그의 무덤이 다시 파헤쳐졌다. 우리는 이제 재커리 테일러가 독살당하지 않았다는 것을 확실히 안다 — 혹은 적어도 비소로 독살되지 않았다는 것은 분명하다. 가장 그럴싸한 설명은 그가 마신 우유가 상했으리라는 것이다. 그렇지만 원인을 설명할 수 없는 죽음을 맞을 때마다 음모 이론은 꽃을 피운다. 그리고 오늘날까지도 조금도 수그러드는 기미가 없다.

밀러드 필모어, 1850~1853

테일러가 1850년에 급사하고 나자 부통령이 서둘러 후임 선서를 했다. 밀러드 필모어Millard Fillmore는 대통령직을 맡았던 인물 중에서 다소 흐릿한 축에 속한다. 후대 사람의(그리고 당대 북부 폐지론자들의) 시각에서 보면, 전임자의 도망 노예법을 그가 열성적으로 지지한 것은 스캔들 감이었다. 그 법은 노예 소유주가 도망 노예를 사냥하고, 양심상 그 사냥에 협조하기를 거부한 공무원을 처벌할 권리를 굳건히 다져주었다. 정녕 스캔들 감이었다. 필모어 본인이 개인적으로 입에 거품을 문 인종주의자가 아니라 그저 조용한 삶을 추구할 뿐인 냉담한 행정가였다고 하면 더 나을까, 아니면 더 나쁠까?

밀러드 필모어와 영원히 엮여버린 1850년의 도망 노예법은 도망친 노예를 체포하는 것을 공적 '의무'로 만들었다. 적극적으로든, 수동적으로든 도피를 도왔다고 여겨지는 공무원들은 법으로 처벌할 수 있었다.

밀러드 필모어는 미국에서 가장 따분한 대통령이라는 지위에 도전장을 던질만하다. 그 명성에 대한 주된 반박거리는 그가 백악관에 최초로 욕조를 설치했다는 것이다. 그리고 재미있게도 그 이야기조차 사실이 아니다!

필모어는 친구에게 보낸 편지에 "내가 노예제를 혐오한다는 것은 하느님이 아신다네"라고 썼다. "하지만 그것은 이미 존재하는 악일세⋯⋯. 그리고 우리는 그것을 견뎌내고 헌법이 보장하는 바 그것을 수호해야 하지."

욕조 이야기

필모어는 아마도 익살꾼 멘켄H. L. Mencken이 '욕조 농담'을 지어내기에 가장 안성맞춤인 대통령이었으리라. 다른 대통령들의 경우에는 실제로 그 농담보다는 더 눈길을 끌만한 진짜 화려한 사건이 몇 가지 있었으니까 말이다. 1917년에 멘켄은 순전히 장난삼아 《뉴욕 이브닝 메일New York Evening Mail》에 가짜로 지어낸 욕조의 역사를 기사로 내보냈다. 멘켄은 욕조가 미국에 도입된 것은 아주 최근, 1850년이며, 더러움과 굳게 결연한 사람들이 거기에 크게 반발했다고 주장했다. 또한 목욕이 건강에 위험하다는 의사들의 무서운 경고 역시 그것에 타격을 입혔다 — 의사들은 목욕이 온갖 방식의 류머티즘을 비롯한 질병을 촉발한다고 말했다. 그런 태도를 바꾸려면 대통령의 정치적 개입이 필요했다. 그리하여 필모어는 백악관에 최초의 욕조를 들여놓았다. 특히 멋진 종류로, 납으로 가두리를 치고, 조각한 대리석으로 겉을 감싼 것이었다.

그다음은 누구나 아는 이야기⋯⋯가 아니라, 물론 그것은 사실이 아니었다 — 비록 멘켄은 희대의 역사 날조자 중 하나로 남긴 했지만. 멘켄은 오래 살았고, 1949년에 "신문에서만이 아니라 공적인 문서를 비롯해 가장 전문적인 척하는 문헌들조차" 얼마나 철저히 무비판적으로 자기 이야기를 "헛소리가 아니라 사실로" 받아들였는가를 자부심과 경이감(약간은 당황스러운)으로 돌이켜보았다. 인터넷이 등장하기 한참 이전 시대였으니만치, 엉뚱한 엉터리 생각이 역사로 받아들여지고, 틀림없이 그런 데 속아서는 안 될 연구자들에 의해 널리 퍼진 것은 그리 놀라운 일도 아니었으리라.

프랭클린 피어스, 1853~1857

역사적으로 보면 '미남 프랭크'가 대통령으로서는 실패자였다는 것이 전반적인 여론이다 — 심성이 나쁘거나 멍청하지 않은 괜찮은 남자였지만, 다만 자기 키보다 깊은 물에 빠진 것이다. 그리고 그것도 보통 깊은 물이 아니었다. 수십 년 동안, 이른바 미'합중'국은 노예제와 각 주의 개별적 권리를 둘러싼 심각한 의견 대립으로 분열되어 있었고, 그 대립은 내전으로 천천히 힘겹게 빠져들고 있었다. 테일러와 필모어는 자신들이 양측을 다 만족시키기 위한 모순적이고 험난한 길을 가야 하는 처지임을 깨달았다. 그렇지만 처음부터 타협된 후보자였던 프랭클린 피어스Franklin Pierce는 취임 선서도 하기 전부터 이미 실패한 남자나 다름없었다.

정치인 치고는 느긋하고 온화한 피어스는 유쾌하고 사교적인 성격이었고 달변이었지만 좀 수줍은 구석이 있었다. 그리고 놀랍도록 소심한 제인 애플턴 피어스Jane Appleton Pierce를 아내로 두었는데, 제인은 남편이 공인이라는 사실에 행복했던 적이 한 번도 없었다(뒷소문에 따르면, 남편하고도 행복한 적이 없었다고 한다). 부부는 미국의 '제1 커플'이 되기에 가장 걸맞고 가장 당연한 선택지는 아니었던 듯하다.

제인 피어스는 철도 사고로 셋째 아들을 잃은 비극에서 끝내 회복되지 못했다. 그 사건으로 인해 피어스의 대통령 임기는 시작도 하기 전에 궤도를 벗어나고 말았다.

쿠바를 후려치다

1854년에 피어스 행정부 일각에서는 당시 스페인 식민지였던 쿠바를 매입하기 위한 계획을 세우려 했다. 대가로 1억 1100만 달러를 제공할 계획이었는데, 카리브 해에서의 전략적 중요성은 별도로 치고, 그곳의 담배 농장만 해도 그보다는 훨씬 값이 나가는 섬이었으니 어지간히 헐값이었다. 만약 마드리드가 협조적으로 나오지 않는다면 노예로 인한 불안을 핑계로 무력으로 개입하여 섬을 차지할 심산이었다. 그러나 막상 일을 벌이려 했을 때, 그러한 낌새를 챈 노예제도 폐지론자들이 쿠바가 노예제 주로 남부 연맹에 합병되어 정치적 균형을 어지럽힐 것을 걱정하는 바람에 그들의 위장은 벗겨져버렸다. 그 결과 매체에서는 법석을 떨면서 피어스를 모험심 넘치는 도둑으로 그렸는데, 그다지 공정한 처사는 아니었다. 그 계획이 실행에 옮겨졌더라도, 고작 10년 전 포크의 한 멕시코 공격보다 더 심한 해적질은 아니었을 테니까.

쿠바는 설탕과 담배 때문에 더 욕심나는 곳이기도 했지만 전략적 중요성 또한 막대했다. 쿠바가 연방에 편입되면 노예제를 가진 주들의 세력이 더욱 강화될 터였다.

어쩌면 둘 다 경계선적인 우울증이었을 수도 있다. 부부는 아들을 셋 두었는데, 그 중 둘은 어려서 죽었고, 셋째 벤저민Benjamin, '베니'는 두 사람이 보는 앞에서 죽었다. 열차가 철로를 탈선해 매사추세츠 앤도버의 둑으로 굴러떨어지는 바람에 승객이었던 부부는 아들이 짓뭉개져 죽은 모습을 목도해야 했다. 두 사람보다 훨씬 강인한 부부라도 능히 쓰러뜨리고도 남았을 이 모든 일은 프랭클린 피어스가 취임 선서를 하기 겨우 2개월 전에 일어났고, 이 부부는 상실감을 극복하거나 심지어 충분히 애도할만한 시간도, 여지도 전혀 없었다.

술의 힘으로

사별의 충격에다 영부인이라는 원치 않는 신분 상승까지 떠안은 제인은 거의 맞서 싸우기를 포기했다. '백악관의 그림자'는 공적 생활에서 거의 철저히 물러났다. 모든 일을 떠맡은 프랭클린은 엄청난 알코올의 도움을 받아 임무를 그럭저럭 완수했다. 프랭클린과 제인 사이는 갈수록 멀어지기만 했다. 제인은 술을 안 마셨을 뿐더러, 금주 운동 회원으로서 음주에 심하게 부정적인 시각을 가지고 있었기 때문이다. 게다가 대통령은 사람들에게 동정을 사긴 했지만, 한편으로 워싱턴에서 다소 놀림감처럼 되고 말았다. 대통령이 술에 취하지 않은 모습을 본 사람이 거의 없다는 것이 정설이었다. 당시에는 핵폭탄 방아쇠가 없었지만, 그렇다 해도 대통령직은 고주망태인 사람에게 안심하고 맡기기에는 부담이 너무 큰 자리로 여겨졌던 것이다. 그러니 피어스가 그 결과 재선 후보로 지명되지 못했다고 해도, 또는 그 사실에 대해 이렇게 유쾌한 반응을 보였다고 해도 하등 놀라울 것도 없으리라. "이제 할 일이 뭐 있습니까……. 술이나 마셔야지요."

제임스 부캐넌, 1857~1861

엄정한 역사적 기준으로 보면, 제임스 부캐넌James Buchanan 재임기의 주된 '스캔들'은 남부의 분리주의라는, 고름이 나는 상처를 봉합하지 못한 것이었다. 전임자들과 마찬가지로 부캐넌은 연방을 깨뜨리지 않고 지켜내는 데 너무 절박해서 너무 많은 것을 놓아버리지 않았나 하는 혐의가 있다. 그렇지만 선거에 기여한 데 대한 보답으로 정부 계약들을 나눠준 것 또한 대통령으로서 부캐넌의 실책이었다. 그런 부정 이득은 유서 깊은 것이었지만, 그 규모는 전례 없는 수준이었다. 특히 호화로운 것은 출판 계약들이었다. 행정부의 친구들은 사소한 일에 대해서 도를 넘는 액수를 건네받았다. 사실상 돈을 찍어내라는 면허를 받은 것이나 마찬가지였다.

부캐넌 자신은 그런 허튼짓에 상당히 소극적으로만 참여한 듯하다. 대통령이 소극적이었다는 것이 무슨 말이냐고 궁금해할만도 하지만 말이다.(그리고 '정직한' 존 코보드John Covode가 이끄는 하원 위원회를 냉대한 것을 도대체 어떻게 정당화할 수 있겠는가? 위원회의 합법적인 비판은 미국 대통령제를 흔들어놓으려는 비애국적 공격으로 치부되었다.) 가장 심하게 도를 넘은 것은 그의 육군 장관 존 플로이드John B. Floyd의 거래였던 듯하다 — 비록 그는 본격적인 도둑이라기보다는 나약하고 지나치게 선심쓰기 좋아하는 남자였던 것 같지만. 도무지 거절을 못 하는 장관이었던 그는 자기 지지자들의 얼마 안 되는 땅을 정부에서 엄청난 가격으로 매입하게 했고, 심지어 아직 존재하지도 않던 군사 매입 계약들에 대한 채권을 판매했다. 그렇지만 그는 소극적이었어도 집요했다. 당황한 부캐넌이 그의 고삐를 틀어쥐려고 하자, 그는 그러거나 말거나 끝내 사임하도록 설득당할 때까지 하던 일을 계속했다. 그리고 심지어 그때가서조차 원칙의 문제로 사임한다고 주장할 정도로 뻔뻔했다.

부캐넌의 육군 장관 존 플로이드는 비록 기묘하게 결백한 동시에 고질적으로 부패한 인물임이 드러났지만, 자기가 한 거래가 얼마나 더러운 것이었는지를 끝내 완전히 이해하지 못한 듯하다.

게다가 사람들이 동정심을 품긴 했지만, 대통령은 워싱턴에서 웃음거리 비슷하게 되고 말았다. 대통령이 말짱한 정신으로 있는 모습을 본 사람이 없다는 것이 정설이었다.

그렇지만 우리는 부캐넌 집무실의 코끼리(뻔히 보이는 무언가를 못 본 척하거나 이야기하지 않는 것을 가리키는 '방 안의 코끼리'라는 표현에 빗대어 말한 것 — 옮긴이)라고 불릴 법한 사건을 아직 이야기하지 않았다. 그의 성적 정체성에 대한 커다란 물음표이다. 대통령 중 유일하게 결혼 전적이 없는 부캐넌은 정치에 발을 들일 무렵인 1819년에 잠깐 약혼한 적이 있었지만, 약혼녀는 파혼을 하고 이내 세상을 떠났다. 그 아가씨 — 부유한 사

업가의 딸이었던 앤 캐럴라인 콜먼Ann Caroline Coleman — 이 자살을 하지 않았나 의심하는 사람들도 얼마간 있다. 주치의는 앤이 아편 약물(아편과 포도주의 혼합물로, 당시 수면 보조제로 널리 쓰였다)을 과용했다고 믿었다. 부캐넌은 결혼을 하지 않음으로써 그녀에게 정절을 지키겠다고 맹세했다. 고귀한 자기 희생이었을까, 아니면 편리한 핑계였을까?

> 나이든 앤드루 잭슨은 루퍼스를 '미스 낸시'라고
> 지칭했고, 다른 이들은 '미스 팬시'라고 했다.

왜냐하면 부캐넌이 워싱턴의 잇따른 사회적인 행사에서 여성들과의 가벼운(그리고 자주 추파를 주고받는) 관계를 계속해서 즐겼으면서도, 누군가와 좀 더 친밀한 관계로 발전한 듯한 기미는 한 번도 보이지 않았기 때문이다. 실제로 살림을 꾸린 상대는 다른 남자, 앨라배마의 상원 의원이자 나중에는 미국 상원 의장 대행이었던 윌리엄 루퍼스 킹이었다. 기묘하지만 확실히 서로에게 충실한 커플이었던 두 사람은 15년 동안 같은 집에서 살았는데, 유일하게 떨어져 있던 기간은 부캐넌이 대통령으로 백악관에 들어갔을 때였다(부캐넌은 조카딸 해리엇 레인Harriet Lane을 데려다 영부인의 접대 임무를 맡겼다). 당대인들은 두 남자의 관계의 본질을 거의 의심하지 않았다. 나이 먹은 앤드루 잭슨은 루퍼스를 '미스 낸시'라고 불렀고, 다른 이들은 '미스 팬시Miss Fancy'라고 불렀다. 한편 부캐넌의 우정공사 총재 애런 브라운Aaron V. Brown은 친구들에게 '부캐넌과 그의 아내' 운운하곤 했다. 한편 대통령은 그런 조롱에 분개하기는커녕 오히려 재미있어 했던 듯하다. 루퍼스가 공식 업무로 프랑스에 가야 했을 때, 부캐넌은 편지를 써서 외롭다고 불평했다. "이제 집에 동반자가 없으니 고독하고 외롭군. 몇몇 신사 양반에게 구애를 하러 갔었지만 소득이 없었다네……."

미국의 15대 대통령이 '게이'였을까? 누구에게 묻느냐에 달렸다. 그리고 확실한 것은 절대 알 수 없으리라. 루퍼스와 룸메이트로 지낸 그 세월 동안 두 사람의 잠자리 배치가 어땠었는지는 누설되지 않았다. 역사가들은 두 사람의 관계를 너무 자세히 해석하지 말라고 경고한다. 남자가 독신으로 사는 것은 어떻게 보아도 비정상이 아니었다고 역사가들은 말한다.

1861년의 이 만화에서 분리주의자였던 사우스캐럴라이나의 주지사 프랜시스 피큰스Francis Pickens가 막 발사하려고 하는 대포 앞에 서서 대통령 부캐넌에게 말하고 있다. "내가 쏘지 않으면 내가 날아가게 생겼어요."

JAMES BUCHANAN,
DEMOCRATIC CANDIDATE FOR FIFTEENTH PRESIDENT OF THE UNITED STATES.

당대 사람들은 확실히 부캐넌의 사생활에 관해 이러저런 생각이 없지 않았다. 그렇지만 우리의 시각으로 보면 흥미로운 점은 오히려 당대 사람들이 거기에 얼마나 흥미가 없었는가 하는 점이다 ― 어느 지점을 넘어서까지. 자기들 대통령의 사생활을 존중하는 것이 그들에게는 전혀 어려울 것 없는 일이었다.

지금의 관습은 그렇지 않지만, 당시 남자들은 서로에게 감정을 표현하는 경우가 더 흔했다. 지금보다 훨씬 더 서로에게 노골적으로 감정을 표현했다. 급진주의적인 게이 학자들은 이렇게 응수한다. 동성애는 19세기 미국에 널리 퍼져 있었으며 엄청나게 많은 남자 ― 일부는 엄청난 요직과 권위층에 있었던 ― 가 동성애자였다고. 당시는 아직 그래도 점잔을 빼던 시대였고, 대중은 자기네 정치적 엘리트의 사적인 행실에 대해 내놓고 옳으니 그르니 하는 이야기를 듣고 싶어하지 않았다. 매일 언론에서 그들의 더러운 속옷을 보는 것은 그들이 기대하는 일이 아니었다. 결과는 이런 종류의 '개방된 비밀들'이 쉽게 용인되었다는 것이다. 남들이 개입해 평지풍파를 일으키는 것은 옳지 않았다.

미끄럼을 타다

하긴 사람들은 그 이외에도 신경을 쓸 데가 많았다. 미국은 어떻게 보나 분열로 가는 미끄러운 내리막길을 가고 있는 듯했다. 거의 한 세기, 어쩌면 그보다 더 오랜 세월 동안 대통령들을 이런저런 길로 잡아당기고 있던 긴장들이 마침내 일종의 임계점에 도달한 것처럼 보였다. 사우스캐럴라이나의 분리와 뒤이은 내전에 부캐넌의 탓이 얼마나 되는가를 콕 집어 말하기란 쉽지 않다. 이 장에 나온 모든 대통령에게 동일한 비난을 가할 수 있다. 그들은 결국 조각날 운명인 것처럼 보였던 연방을 한데 붙잡아두는 데 실패했다.

그 일에서 발휘할 수 있는 부캐넌의 능력과 영향력은 어떻든 간에 미약했다 ― 그는 1860년의 민주당 회합에서 실상 그저 관중의 일원일 뿐이었다. 당 동료들이 그 한복판에서 두 파로 갈려 있었으니, 선거에서 공화당파의 상대가 될 수 없었다. 그들은 에이브러햄 링컨이라는 유달리 패기 넘치는 지도자만이 아니라 코보드 위원회의 보고(부캐넌 대통령의 탄핵 가능성을 조사한 보고 ― 옮긴이)라는 치명적인 무기까지 가지고 있었다.

그냥 좋은 친구일까, 파트너일까? 윌리엄 루퍼스 킹은 제임스 부캐넌과 15년 동안 같이 살았다. 두 사람은 '부캐넌과 그의 아내'라고 조롱을 당했지만, 혹시 두 사람 역시 실제로 자신들을 그렇게 보았을 수도 있을까?

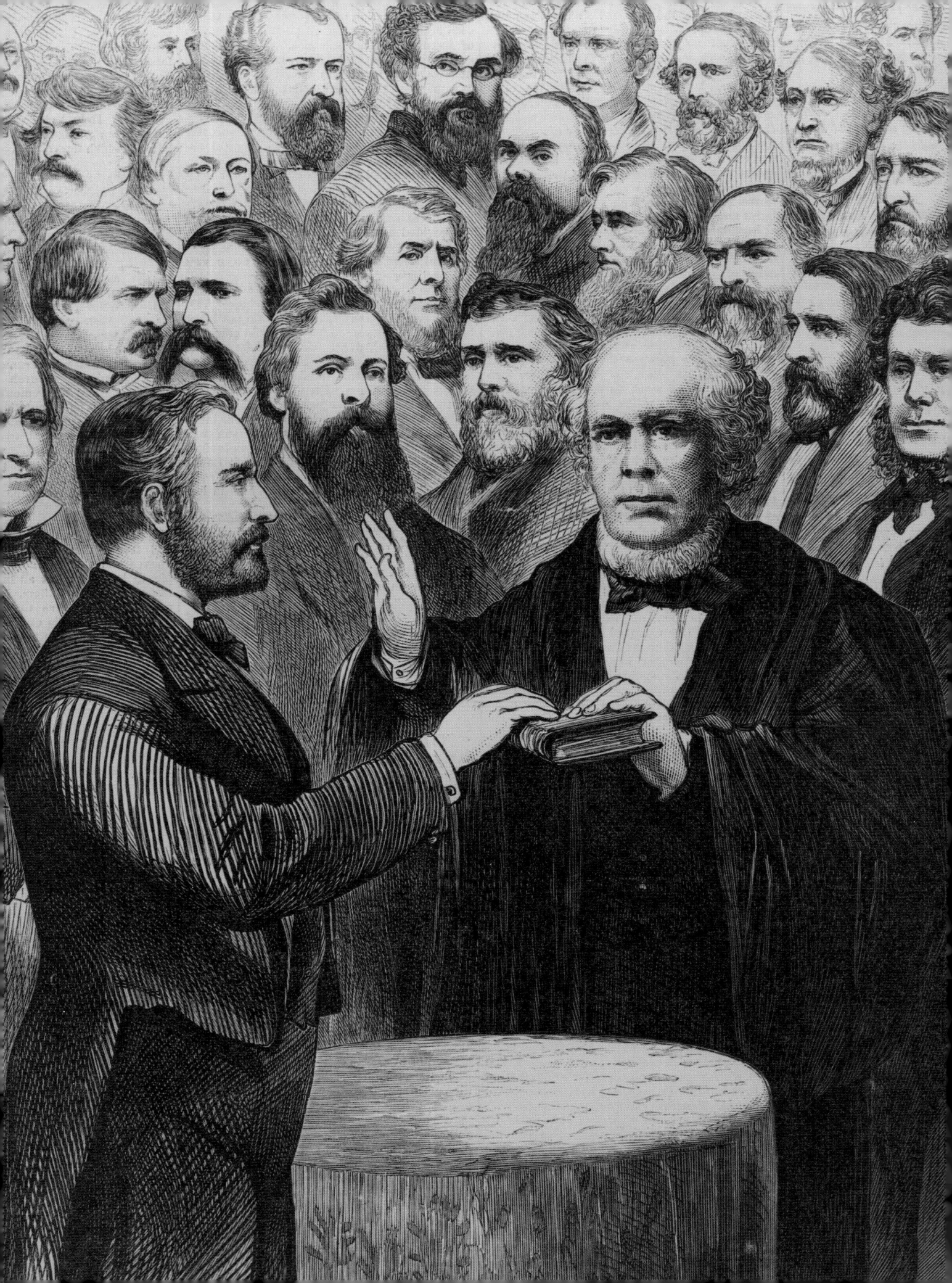

IV
내전과 재건

국가의 가장 어두운 시간이자 새 시대의 새벽이었던 내전은 미국 역사에서
하나의 전환점이었다. 그러나 스캔들은 계속되었다. 미국의 위기는 사기꾼에게는
곧 기회였고, 약삭빠른 갈취꾼에게 남부 재건 사업은
곧 돈을 찍어내라는 면허나 다름없었다.

"내가 두 얼굴을 가진 사람이라면 이 얼굴을 하고 있겠는가?"

내전은 1861년 4월 12일에 일어났다. 그 갈등은 미합중국을 찢어놓았다. '최초의 현대식 전쟁'으로 자주 일컬어지는 내전은 그저 '형제가 서로에게 등을 돌리는' 것을 넘어 산업적으로 생산된 군수품과 속사 권총들로 무장하게 했다. 50만 명도 훌쩍 넘는 인명이 희생되었고, 헤아릴 수도 없이 더 많은 남자와 여자가 부상당하고 장애를 얻었으며 고향 마을들이 외상을 입었다. 그것은 국가적 비극이었고, 거기서 평소의 정치적 야바위는 뒤편으로 물러났다.

율리시스 그랜트는 취임식에서 인상적인 대통령의 존재감을 보여주었다(왼쪽), 그렇지만 그 이후로는 끝까지 줄곧 내리막길이었다. 에이브러햄 링컨(위)는 부패를 막기 위해 응당 했어야 하는 것보다 더 느린 행보를 보였다.

하지만 그렇다고 인간 본성이 그동안 억제되었다고 하기는 어렵다. 전투의 북소리 뒤에서, 부패한 일상은 계속되었다 — 실은 갑절로 불어났다.

전쟁은 하늘이 내린 불법 소득의 기회다. 내려지는 결정들을 엄밀하게 검토할 여유가 없기 때문이다. 엄청난 주문이 쇄도했다 — 말들, 식량, 배급, 무기, 탄약, 배낭……무엇이든 가리지 않았다 — 그리고 나면 계속해서 재보급이 필요했다. 대규모 계약들이 색종이 조각처럼 흩날렸다. 여기저기 조금씩 부풀린다고 눈에나 띄겠는가? 그렇지만 절박한 시기는 또한 말도 안 되는 도둑질을 불러오기도 한다. 이 시기에 체결된 수많은 조달 계약은 실제보다 훨씬 더 부풀린 것이었다. 역사가 토머스 베일리Thomas A. Bailey는 서부 요새 세 곳을 짓는 계약에 19만 1000달러(오늘날 480만 달러)라는 막대한 비용 — 그 일에 필요하다고 추정되는 액수의 세 배나 된다 — 이 들었다는 사실을 짚었다. 그리고 보스턴의 한 구매 대리인은 한 주일에 2만 달러(오늘날 50만 2000달러)의 수수료를 거둬들였다고 한다.

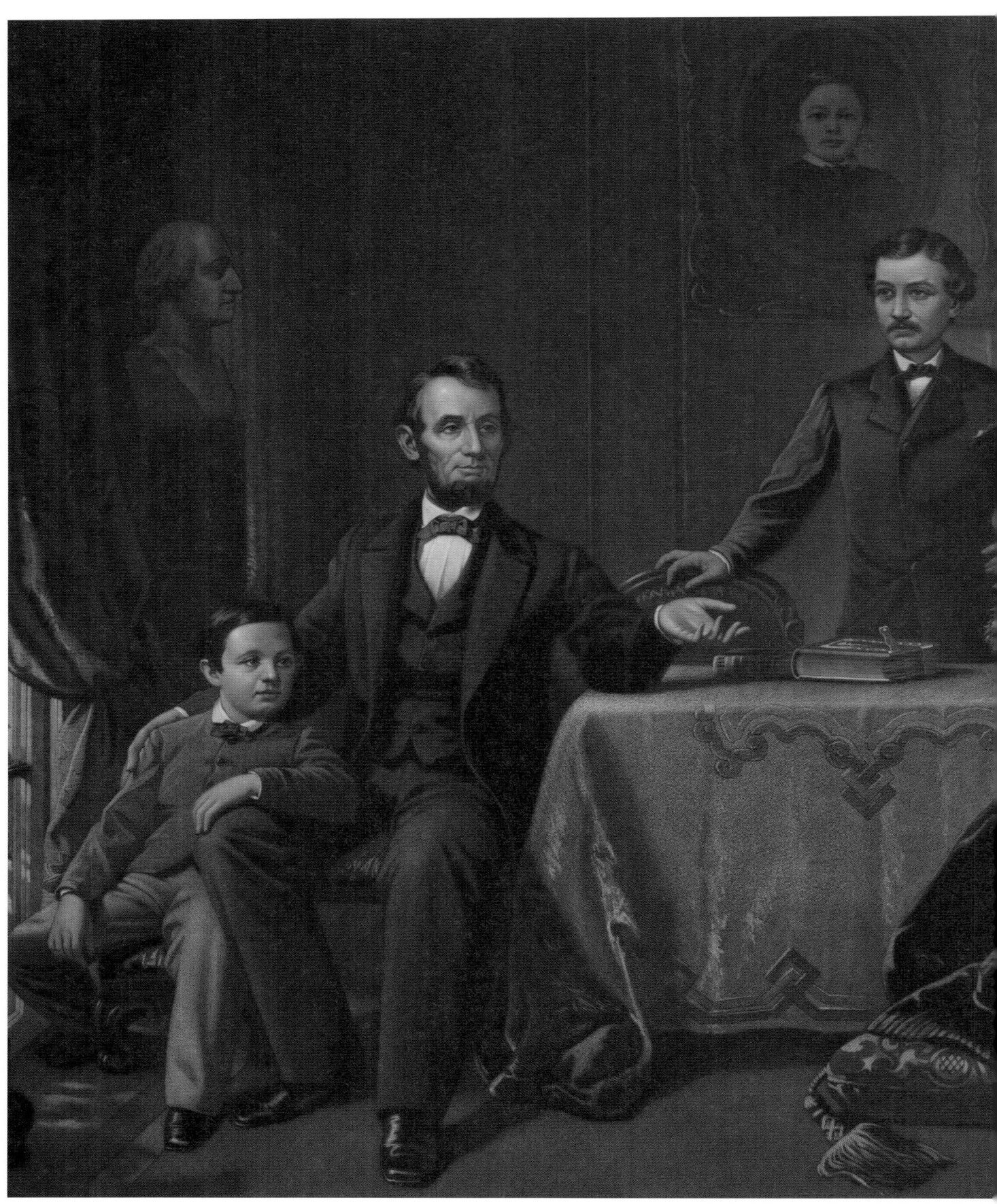

에이브러햄 링컨, 1861~1865

링컨Abraham Lincoln의 적들은 링컨이 대통령이라기보다는 '독재자'였다고 공격한다. '인민의, 인민에 의한, 인민을 위한 정부'의 옹호자가 민주주의를 독재 정치로 돌려놓았다는 것이다. 그리고 그 말을 부정하기란 쉽지 않다. 링컨이 직위에 올라 처음 취한 행보 중의 하나는 '하베아스 코르푸스Habeas Corpus' — 앵글로 색슨 시대부터 영국 법률에 존재하던 '빼앗을 수 없는 권리'를 유예하는 것이었다. 그 라틴어는 '몸을 가지고 있다'는 뜻이고, 말 그대로 국가가 누군가를 체포할 때 체포할지 말지를 빨리 결정해야 한다는 뜻이었다 — 단시간 동안 구금하든가, 아니면 풀어주어야 한다는 뜻이었다. 그렇지만 이제 링컨의 정부는 '코퍼헤드Copperheads' — 북부 주들에 있는, 연방에 동조하는 측 — 로 의심되는 이들을 몰아다가 기소나 재판 없이 무기한으로 구금할 수 있었다. 확실히 민망하긴 했던지, 대통령은 적어도 일종의 '응당한 절차' 같은 것이 이루어지는 모양새라도 갖추려고 특수 군사 법정을 도입했다. 그렇지만 그로부터 한 세기하고도 반이 지난 뒤에 관타나모 재소자들을 '재판'하기 위해 열린 조사 위원회와 마찬가지로, 이 법정들은 엄격한 밀실에서 행해졌고, 들먹여진 '증거'는 한 번도 밝혀지지 않았다.

민주주의에 내린 신의 선물(대통령 링컨을 말함 — 옮긴이)은 또한 양당 사이를 왔다갔다하는 중요한 주들의 투표를 '감시하기' 위한 조치를 취했다. 사나워 보이고 철저히 무장한 링컨 공화당파의 문지기들이 보는 가운데, 유권자들은 자기들이 어느 쪽에 투표할 생각인지를 드러내는 유색 카드를 가지고서 그 앞을 통과해야 했다. 남부를 지지하는 신문들은 폐간되었고 편집자들은 체포당했다. 늘 그렇듯이, 그런 일들은 그저 입에 재갈이 물린 이들에게만 직접적으로 영향을 미친 것이 아니었다. 링컨의 정부는 진정한 공포 분위기를 조성했다.

추잡한 장관

1862년 1월 11일, 대통령은 사이먼 캐머런Simon Cameron에게 "자네의 능력과 애국심과, 대중의 신뢰에 대한 충성을 믿는다"는 내용의 편지를 썼다. 육군 장관 캐머런은 그다지 부드럽지 않게 사임 압박을 받았고, 실제로 외교적인 개집이나 다름없는 러시아

링컨 집안은 통일 전선을 표방하지만, 백악관은 어느 정도는 분리되어 있었다. 메리는 남부 고향과 남부 연합의 혈족들과 등을 돌리기 위해 값비싼 대가를 치러야 했다.

에 대사로 보내질 터였으니, 링컨이 몇 마디 친절한 말을 들려준다고 그리 비싼 값을 치르는 것도 아니었다. 그렇다 해도, 자신과 자신이 봉사한 행정부에 그토록 심한 모멸을 떠안긴 이에게 보내기에는 놀라울 정도로 빛나는 추천사였다. 그의 관리 아래서는 부패가 무르익었다. 이것이 '정직한 에이브'가 한 가장 부정직한 대사 중의 하나라고 말해도 무리가 아니리라. 비록 그보다 더 큰 조직적인 부정을 짚어내는 역사가들도 있지만 말이다.

하필이면 위기의 시대에 캐머런이 그런 자리에 앉은 것이 큰 피해를 초래했다는 증거는 넘쳐나지만, 링컨은 놀라울 정도로 대처하기를 꺼렸다. 링컨은 심지어 거만할 정도로까지 누구보다 자기 확신에 넘치는 남자였으면서도, 이 일에 대해서는 동료들과 관료들에 떠밀려서 마지못해 행동을 취했다. 그리고 캐머런이 떠난 뒤에도 그를 옹호하려고 무리를 했다.

링컨 자신이 부패했다고 믿을만한 이유는 하나도 없지만, 어떤 기준으로 보아도 링컨은 복잡한 남자다. 육군 장관의 구린 부분에 그 역시 어느 정도는 발을 담갔으리라고 추측하는 사람들이 그때도 있었고 지금도 있다. 캐머런은 매력적인 남자였다. 또한 영국에서 쓰는 표현을 빌리자면, '기회주의자'이기도 했다. 무신경하고 경솔하며 느긋하고 양심의 가책을 모르는 그의 성격은 링컨 같은 꼿꼿하고 치밀한 사람들에게는 호기심의 대상이었으리라.

위대한 느림보

위대한 해방자? 음, 그럴 수도 있고 아닐 수도 있다. 링컨은 연합의 노예들을 해방하는 일에 발을 질질 끌었다 — 그 이유는 어느 정도, 실제로 법을 집행할 수 있기 이전에는 해방 선언이 무의미한 제스처라고 느꼈기 때문이었다. 내전 초기에 자유를 얻은 노예들은 스스로를 해방했다

> 이 자기 확신이 강하고 심지어 거만하기까지 한 남자는 동료들과 관료들에게 떠밀려 마지못해 행동을 취했다. 그리고 링컨은 캐머런이 떠난 뒤에도 그를 옹호하려고 위험을 감수했다.

— 기본적으로 도망쳐서 북부로 향한 것이었다. 비록 연합의 위기가 갈수록 뚜렷해지는 상황이 그들을 격려한 것은 분명하지만 말이다. 대통령이 노예 해방을 위해 오랜 세월 진정으로 노력해왔음을 의심할 수는 없지만, 그의 해방 선언에는 이간질을 하기 위해 서두른 듯한 느낌이 없지 않다. 그는 안티탐 전투가 끝난 1862년에 해방 선언을 했는데, 그 전투에서 북군은 승리를 거두긴 했지만 확실히 상처를 입었다. 링컨은 상황이 완전히 자기 뜻대로 돌아가지 않고 있다는 생각에 이 지점에서 노예 해방이라는 카드를 꺼내든 듯하다. 그는 상황을 남부에 더 어렵도록 몰아가야 했다. 그리고 그 점에 관한 한, 그 전술은 효력을 발휘했다. 전역에 국지적 폭동들이 빈발해 남부 경제는 심한 타격을 입었다. 그리고 20만도 넘는 과거의 노예가 북부의 깃발 아래 전쟁에 뛰어들었다.

남부의 심령론자들

영부인은 명확히 특권적인 자리이긴 했지만, 그 소임을 다하는 것은 쉽지 않았다. 내전 시기에는 그만큼 훨씬 더 어려웠다. 특히 나라의 수도가 서로 대립하는

열정적이기도 했지만 원래 복잡한 사람이었던 메리 링컨은 내전 때문에 양측에서 사랑하는 사람들을 잃는 아픔을 견뎌야 했다. 물론 승리가 찾아왔을 때는 남편을 잃었다.

두 진영 사이의 단층선에 있었으니 더욱 그랬다 — 실제로 그 갈등의 최전선에 있다는 것이 바른 말이었다. 그리고 대통령의 아내는 양쪽 모두와 이어져 있었다. 켄터키 주 렉싱턴 출신인 메리 토드 링컨Mary Todd Lincoln은 남편과 금슬이 좋았고 남편을 굳건히 지지했지만, 다른 진영에 있는 가족들과 친구들과도 강력한 연대가 있었다. 그 중에는 목숨을 잃은 사람도 있었고, 메리는 자기 자신의 슬픔이나 연합에 있는 자기 피붙이들의 슬픔을 정당하게 보상하지 못하는 무력함을 깨달았다. 특히 자신과 남편이 이미 셋째 아들 윌리엄 월리스William Wallace, '윌리'의 죽음을 애도하고 있었으니까 — 그는 내전 전날 밤에 발진티푸스에 걸려 죽었다. 둘째 아들 에디 역시 죽었기 때문에 — 11년 전 윌리의 생일 바로 직전에 — 그녀는 전쟁의 첫 총성이 울리기도 전부터 이미 사별로 큰 아픔을 겪고 있었다. 그녀가 죽은 이들의 영혼과 교신하고자 처음 강신술에 발을 들이게 된 것이 아마도 슬픔에 말 그대로 미쳐버린 듯한 메리 링컨은 남편을 잃고 갈수록 더 괴짜가 되어갔다. 강박적으로 돈 걱정에 시달리던 전 영부인은 낡은 자기 옷가지를 경매에 팔려고 내놓았다.

이때였던 것 같다 — 백악관에서 열린 이런 교령회에 적어도 몇 번은 에이브러햄도 참석했다는 주장이 있다.

전쟁의 상흔은 알고 보니 너무 컸고, 메리는 깊은 우울증으로 빠져들어 며칠씩 지속되는 두통에 시달렸다.(두통의 기원은 심리적이었던 듯하다. 비록 마차 사고가 났을 때 머리에 심각하게 타격을 입은 것도 거기에 한몫 했겠지만. 그 사고는 남편을 겨냥한 초기의 암살 시도였던 듯한데, 남편은 그때 메리와 함께 있지 않았다.) 우울과 더불어 기분의 급작스런 변화도 찾아왔다(가끔은 난폭해지기도 했다). 어떤 때는 남들 앞에서 대통령과 대판 싸우는 일도 있었다. 상황이 그렇다 보니 쇼핑으로 기분 전환을 한다는 것이 꼭 나쁜 생각은 아니었을 수도 있지만, 메리가 백악관에서 쓴 비용은 일각에서 비난을 끌어냈다. 유독 화려한 직물에 대한 취향이 있던 메리는 거기에 6000달러(오늘날 13만 2000달러)나 소비하는 쾌거를 달성했다.

사랑하는 남편이 1865년에 암살당하자 그녀는 자기가 감당할 수 있는 사별의 한계를 넘어섰다. 그리고 그 6년 뒤에 막내 아들 토머스 '태드' 링컨마저 죽었다. 메리는 거의 말 그대로 슬픔에 미쳐버려서 몇 번이나 자살을 시도했다. 이런 절망의 도가니에서 자기 남편이 국가에 한 기여를 제대로 인정받아야겠다고 굳게 마음먹은 그녀는 자기가 응당 받아야 할 권리라고 여긴 연금권을 확보하기 위해 길고, 때로는

에이브의 다른 사랑?

링컨은 젊은 변호사였던 1837년에 스프링필드의 상점 주인 조슈아 프라이 스피드Joshua Fry Speed를 만났고, 미래의 대통령은 그 가게 위에 있던 아파트에서 그와 한 방을 썼다. 둘은 가까운 친구가 되었고, 훗날 대통령 자리에 오른 링컨은 친구를 설득해 행정부에 한 자리를 맡기려 했지만 스피드는 좀 더 뒷배경에 남는 편을 선호했다. 몇 년 뒤에 두 남자가 연인이었음을 입증하는 편지가 발견되었다는 주장이 나왔지만, 이 증거(만약 그게 증거였다면)는 아직 모습을 드러내지지 않았다. 링컨과 스피드가 서로에 대한 '사랑'을 도를 넘게 표현했다는 보도들을 너무 깊이 읽어서는 안 될 것이다. 이때는 남자들이 아직 화성에서 오기 전이었고, 자기 감정을 표현하는 방식이 지금과 무척 달랐다. 또한 그들이 유세를 위해 외유중일 때 같은 침대를 썼다는 사실이 밝혀졌다고 눈썹을 치켜뜰 일도 아니다. 미국은 아직 개척자 사회였다. 숙박 장소가 부족했고, 사람들은 이런 류의 일에 무척 실용적인 시각을 취했다.

링컨과 그의 '벅테일 병사Bucktail soldier' 관련 이야기에 관해서도 같은 조언을 제시할 수 있다. 그렇지만 대통령의 데이비드 데릭슨David Derickson 대령과의 관계는 당시에 말이 나오기에 충분할 정도로 가까웠다. 한 부관의 아내의 말을 따르면, 1862년에서 1863년 사이에 경호원으로 대통령을 모셨던 대령은 그의 주인에게 '헌신적이며' 링컨 부인이 출타할 때마다 그와 침대를 같이 쓴다고 했다. 조슈아 스피드보다도 링컨과 더 깊은 사이였던 빌리 그린Billy Greene은 둘 다 아직 20대였던, 세일럼에 살던 옛 시절에 한 침대를 같이 썼던 일을 회상했다. 공정하게 말해서, 미래의 대통령은 (그린의 표현대로) "자신의 허벅지가 인간 허벅지의 가장 완벽한 형태"였다는 사실을 몰랐을 수도 있으리라. 하지만 그 이야기를 들으면 아무래도 그런 잠자리 배치에서 꼭 양측 다 완벽하게 무고하지는 않았을지 모른다는 생각이 드는 것이 사실이다.

조슈아 프라이 스피드는 링컨이 일리노이에서 변호사를 하던 젊은 시절부터 링컨의 절친한 친구였다. 일부 학자들은 두 남자가 연인이었다고 믿기도 한다. 두 사람은 확실히 무척 가까웠다.

링컨의 암살자 존 윌크스 부스John Wilkes Booth는 이단아나 실패자가 아니라, 미국에서 가장 성공한 배우 중 하나였다. 그럴지만 그는 또한 남부와 그 이상을 굳건히 옹호한 활동가이기도 했다.

썩 보기 좋지 않은 시위를 펼쳤다. 엄청나게 헤픈 동시에 어마어마할 정도로 구두쇠였던 그녀가 '그들이' 자기 재산을 빼앗아갈 거라는 공포에 질려서 페티코트에다가 5만 6000달러(오늘날 100만 달러)의 국채를 꿰매두고 늘 감시했다는 것은 악명 높은 이야기다.

그 시대의 수많은 사람들과 마찬가지로, 그녀는 '먼저 간' 이들과 교신하려는 욕망에 사로잡혀서 심령술 운동에 그 어느 때보다도 더 깊이 관여하게 되었다.

앤드루 존슨, 1865~1869

링컨의 계승자는 우리가 좋아하는 건 고사하고 존경하기도 힘든 부류의 정치가였다. 그는 흑인을 백인과 동등한 지위에 올려놓으려는 시도 비슷한 것만 보아도 적극적으로 격노하는, 부끄러운 줄 모르는 인종주의자였다. 그가 링컨의 러닝메이트로 채용된 것은 남부인으로서 연방을 지지한다는 흔치 않은 입지 덕분이었다. 물론 그가 대통령이 되는 것은 예상 밖의 일이었다 — 암살당하는 것은 링컨의 계획이 아니었으니까. 존슨Andrew Johnson은 남부의 분리에 진정으로 격노했다. 아버지가 죽고 나서 가난 속에서 자란 존슨은 지배 계급인 대농장주들에게 뜨거운 분노를 불태웠다 — 하지만 다른 점에서 그는 어쩔 수 없이 자기 사회의 산물이었다. 그는 자기 나라가 1861년에 갈등의 소용돌이에 말려들었을 때 이렇게 저주했다. "빌어먹을 검둥이들. 내가 자기들의 주인들, 이 배신자 귀족들과 싸우고 있는데 말이지."

> 아버지가 죽고 나서 가난 속에 자란 존슨은 지배 농장주 계급에 격렬한 증오를 불태웠다 — 하지만 다른 면에서 그는 어쩔 수 없이 자기 사회의 산물이었다.

교육의 부족

그가 몇 년에 걸쳐 한 일련의 연설을 보면, 아프리카계 미국인들에 대한 그의 애정 없는 시각을 상세히 알 수 있다. 그는 1844년에 이런 수사학적 질문을 던졌다. "검둥이들을 해방시킨다면 도대체 다음 단계는 뭡니까?" 그의 대답은 뭐였을까?

그가 1857년에 말했듯이, 백인과 "조국을 발전시킬 능력이 없는……열등한 부류의 인간" 사이에서는 주인-노예 관계야말로 유일하게 적절한 관계였다. 존슨은 한 번도 그 어떤 종류의 교육도 받지 못해 17세가 되어서야 읽기와 쓰기를 독학으로 배웠지만, 자신의 무식함을 자랑거리로 두르고 다니는 부류의 편견이 심한 인물이 되었다. 당시 상황을 감안하면 선량한 척하는 양키 엘리트 계층에 대한 그의 증오를 꼭 이해 못할 것만도 아니지만, 검은 동료 국민들에 대한 경멸은 지금으로서는 봐주기가 쉽지 않아 보인다.

싸움이 끝났을 때, 그리고 연방이 안전하게 복구되었을 때 그는 재빨리 남부 사람으로 돌아섰다. 그는 백인이 지배하는 이전 연방을 끌어안으려고 한 발 물러섰다. 북부 공화파는 남부가 충분히 개전의 정을 보였으며 과거는 과거로 흘려보내야 한다는 그의 결정이 지나치게 때이른 것이라고 느꼈다 — 비록 공정히 말하자면, 관용을 선호한 것은 링컨도 마찬가지였지만 말이다. 그러나 1866년에 존슨이 이전 노예들의 시민권 획득을 막기 위해 대통령의 거부권을 사용한 것은 너무 도를 넘은 행보였다. 그가 지명한 이들이 들고 온 '흑인 조례Black Codes'는 그 대신 아프리카계 미국인들에게 2등 국민이라는 지위를 부여했다. 그들은 심지어 동등해지려는 꿈조차 꿀 자격이 없었다 — 그것이 이제 법이었다. 존슨은 또한 빈곤 상태에 남겨진 해방 노예에게 연방의 도움을 제공하려는 시도도 막아섰다.

왼쪽: 조지 워싱턴의 초상화를 자기 옆 테이블에 둔 앤드루 존슨이 그가 할 수 있는 가장 정치가다운 포즈를 취하고 있다. 존슨은 자신을 워싱턴의 전설을 계승할 인물, 종전 뒤 통합을 일구어낼 지도자로 내세웠다.

아래: '흑인 조례'를 보면 흑인들이 그저 가장 이론적인 형태의 자유밖에 손에 넣지 못했음을 알 수 있다. 흑인은 토지를 소유하거나 투표를 하거나 지역 토지주들이 요구하는 노동을 거부할 권리를 허락받지 못했다.

재건과 그 불만들

'재건'이라는 단어는 여러 가지를 가리킨다. 남부가 정치적으로, 그리고 행정적으로 어디까지 자신을 재건해야 하는가는 논란의 대상이었다 — 실로 존슨 대통령은 1865년 종전 몇 달 안에 재건이 완료되었다고 공식 선언해도 되겠다고 느꼈다. 노예는 해방되었고, 주지사들이 새로 임명되었고⋯⋯더 바랄 게 뭐가 있단 말인가? 한편 의회의 북부 공화파들은 전혀 동의하지 않았고, 존슨이 국회의사당의 이른바 지지자들과 말 그대로 전쟁 상태에 있는 지금, 그들은 북부의 '뜨내기'들과 남부 연합파의 '불한당'들로 구성된 새로운 주 행정부를 만들어냈다. 양쪽 모두 도덕적 원칙이나 재정적 정직성이 의심스러운 이들이었고, 재건비로 쓰일 막대한 자금(철도, 고속도로, 학교⋯⋯)이 물 쓰듯 흘러넘치는 상황에서 불법 소득의 기회는 끝도 없었다. 불만에 찬 남부인들이 부패의 혐의를 제기하는 것은 당연하다면 당연하지만, 그 결과 다 같이 나눠먹기가 벌어졌다는 것을 믿지 않는 역사가들은 거의 없다.

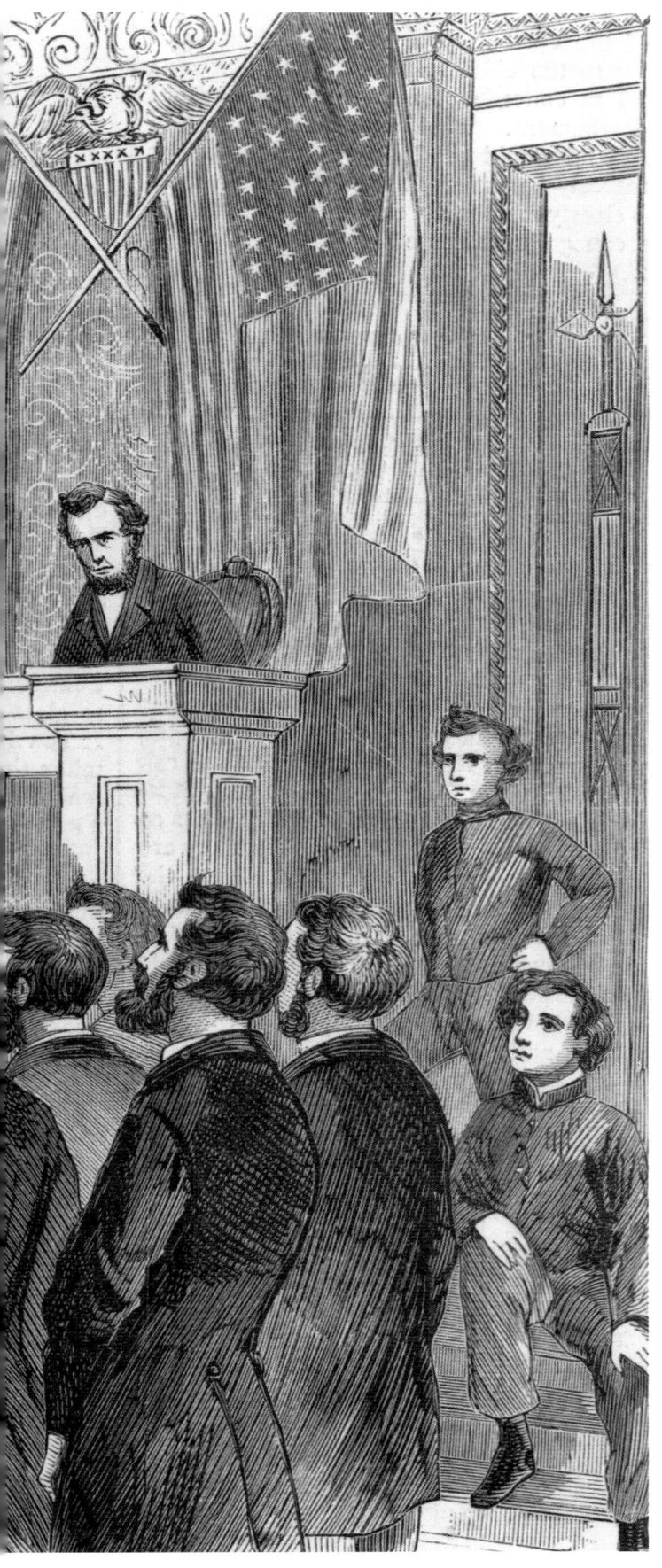

> 물러서기에는 너무 고집이 셌던 그는 당시 일어나고 있던 정치 과정과 전적으로 동떨어져 있었다. 그의 고집은 결국 그의 약점이 되었다. 존슨은 1866년에 '한 바퀴 돌기' 행사를 통해 자기 지위를 다시 다지려고 했다.

대통령 자신은 그저 방관자의 역할을 넘어서지 않은 듯하다. 애초부터 이 '제2의 재건'은 그의 의도가 아니었다. 그 점에서 그는 역사의 사면을 받았다. 그렇지만 어떤 면에서 그는 이 모든 일의 진행을 감독했다. 적어도 그 일들이 대통령이 보는 앞에서 이루어졌다는 것만큼은 말할 수 있다. 양보하기에는 고집이 너무 셌던 그는 당시 일어나고 있던 정치 과정에서 다소 멀리 격리되어 있었다. 그의 고집은 결국 약점이 되었다. 존슨은 1866년에 북부의 주요 도시들을 순회하는 연설 행사 '한 바퀴 돌기 Swing Around the Circle'를 통해 자기 입지를 다시 구축하려고 노력했다. 이것은 듣기보다 훨씬 급진적인 행보였다.

태디어스 스티븐스는 존슨의 탄핵 절차를 거의 성사시킬 뻔했다. 지칠 줄 모르는 대통령 기소의 예봉이었던 스티븐스는 병이 깊어지자 다른 사람들의 도움을 받아 의회로 실려오기도 했다.

유대인 탓하기

그랜트가 악명 높은 일반 수칙 11조를 작성한 것은 술에 취해서였다고 생각하는 편이 차라리 나을지 모른다. 비록 실제로 그렇지는 않았던 것 같지만 말이다. 그것은 빅스버그(Vicksburg, 미시시피 강변의 작은 도시로, 남북 전쟁의 전략적 요충지였다 — 옮긴이) 원정이 최고조에 이른 1862년 11월에 발효되었다.

그 내용은 테네시 군부가 통제하는 지역에서 유대인을 추방해야 한다는 것이었다. 그 지역에서 연방의 전쟁 노력이 암시장 거래 때문에 약화되고 있다는 것이 '정당화'를 위한 평계였다. 오랫동안 그래왔듯이, 그랜트는 유대인 장사꾼을 탓했다. 나중에 링컨은 그 명령을 철회했다. 그리고 그랜트 자신은 1868년 대통령 유세 때 그것을 철회했다. 그랜트는 반유대주의자였을까? 글쎄, 분명히 그 칙령이 스스로 그렇게 말하고 있다. 그렇지만 동시에, 그는 개별적 유대인과 진정한 우정을 오래도록 이어나갔다. 그 중 일부는 그가 정치에 발을 들이기 한참 전에 시작되었으니 쉽사리 기회주의로 치부할 수 없는 노릇이다. 그런 친구 중에는 금융가 제스 셀릭먼Jesse Seligman과 조지프 셀릭먼Joseph Seligman이 있는데, 후자는 그랜트가 재무 장관으로 지명한 첫째 후보였지만 개인적 이유로 그 직위를 고사했다.

이런 유세로 세력몰이를 하는 것은 심지어 대통령 후보들에게도 흔한 일이 아니었다.

그랬으니 보직중인 대통령이 이런 '서커스'를 벌이는 것은 적절치 못해 보였다. 그리고 그것은 대통령에게 할 수 있는 가장 나쁜 방식으로 역효과를 미쳤다. 일각에서는 대통령이 술 취한 상태로 연설을 하러온 적도 있었다고 했다(그게 정당한 이야기인지, 우리는 알 수 없다). 그의 선동적인 수사는 북부 대중을 유화하는 데 아무런 역할도 하지 못했고, 그가 방해꾼들에게 벼락 화를 낸 것은 대통령의 존엄성에 더 큰 손상을 입혔다.

탄핵

존슨은 육군 장관 에드윈 스탠튼Edwin M. Stanton을 자르고서 그보다 만만한 로렌조 토머스Lorenzo Thomas 장군을 앉힘으로써 권위를 회복하려 애썼다. 그러나 의회는 그의 결정을 기각했고 존슨이 그들의 기각을 다시 기각하자, 스탠튼은 꿋꿋이 버티면서 자기 자리에 말 그대로 바리케이드를 쳤다. 과거 존 타일러의 탄핵은 그저 주장 수준이었지만(64~65쪽 참조), 존슨 대통령에 대한 절차는 실제로 시작되었다. 그리고 사실 거의 완결될 뻔했지만, 존슨은 결국 겨우 한 표 차로 사면되었다. 몇몇 상원 의원이 돈이나 영향력 있는 자리를 제공받아 실제로 매수를 당했다는 증거가 끊임없이 나왔다.

율리시스 그랜트, 1869~1877

내전에서 연합이 이기는 데 율리시스 그랜트Ulysses S. Grant 장군보다 더 큰 역할을 한 사람은 아무도 없었고, 그보다 더 남부에 승리를 납득케 한 인물도 없었다. 재건 시대에 아프리카계 흑인들의 권리를 지켜주고 큐클럭스클랜KKK을 무찌르기 위한 원정에서 육군을 이끈 것이 바로 그였다. 그랬으니 그가 북부에서 그토록 영웅이었던 것도, 그리고 1868년 선거에서 그토록 승리를 휩쓸며 그 자리에 오른 것도 놀라울 게 하나도 없었다. 그러나 불행하게도 대통령으로서 그의 기록은 군 복무가 결출했던 것만큼이나 음울할 터였다. 애석하게도 특수 명령은 부패였다.

하지만 이상한 일은, 그랜트가 처음에는 군인으로서도 그다지 뛰어나지 못했다는 것이다. 그는 웨스트 포인트(West Point 미 육군 사관학교 — 옮긴이)를 졸업했지만 학기 중간까지밖에 다니지 않았다. 멕시코-미국 전쟁에서 그의 기록에는 전혀 잘못된 것이 없었지만, 그의 경력은 그 이후로 부진해졌다. 외딴 서부 주둔지에서 그는 음주벽을 키웠다. 그것이 정도를 넘어서서 1854년에는 군사 재판을 피하기 위해 사임해야 했다. 그리고 결국 고향으로 돌아와서 아버지의 가죽용품 판매점 일을 돕게 되었다.

내전은 율리시스 그랜트의 가장 좋은 모습을 보여줄 기회였다. 그렇지만 안타깝게도, 강인했던 군인은 나약하고 무력한 대통령이 되어 자신이 가까이 불러들인 부패한 일당에게 너무도 만만하게 조종당했다.

7년 뒤에 내전이 발발하지 않았다면 그는 계속 거기 있었으리라. 연방군은 이제 까다롭게 고를 형편이 아니었다. 대령으로 자원한 그는 앞장서 활약을 펼쳤고 재빨리 계단을 밟아 올라가 장군이 되었다.

그는 그래도 아직은 다소 위태로운 줄타기를 하고 있었는데, 전장에서 승리를 거두는 사이사이에 한 차례씩 술판을 벌여 여러 날(과 권위)을 보내버리곤 했기 때문이었다 — 그의 상관들 눈 밖에 날만한 일이었다. 더불어 그는 건강에 나쁜 또 한 가지 습관을 얻었는데, 하루에 20개비나 시가를 피워대는 것이었다. 하지만 전투에서 묵묵히 시가를 씹고 있는 그의 모습은 부하들에게 엄청난 안도감을 주었고, 그 이후로 그랜트에게 시가는 일종의 트레이드마크가 되었다. 그것은 이제 부적처럼 보였다. 그랜트는 계속 인상적인 승리들을 쌓아갔고, 1864년에는 총사령관으로 임명되었다. 심지어 지금도, 알코올은 여전히 문제거리였다. 미래의 영부인 레이디 줄리아가 전장에 있었는데도 — 일설에 따르면 남편을 단속하려고 — 그는 정기적으로, 그리고 말

도 안 되게 술을 마셔댔다.

그랜트의 행정부는 잇따라 이어질 스캔들의 첫 타를 맞았을 때 겨우 8개월째였다. 비록 피스크/굴드 추문은 일반 상식으로 보아 정부의 부패와는 아무런 관련이 없었지만, 제임스 피스크James Fisk와 제이 굴드Jay Gould라는 두 금융가의 순수하게 개인적인 모험 사업, 그것은 정부가 뒷받침해줄 금 비축량 없이 막대한 지폐를 발행했다는 사실에 착안한 독창적인 계략이었다. 정부의 그러한 행보는 내전이라는 상황에서 위기 대응책으로 거의 분명히 정당화될 여지가 있었지만, 이제 평화가 복구된 이상 정부는 그것을 도로 사들여야 하는 처지였다. 피스크와 굴드는 만약 자기들이 금 시장을 장악할 수만 있다면 마음대로 값을 매길 수 있으리라고 생각했다.

계략이 성공하려면 정부가 금 매각에 나서서는 안 되었으므로, 모사꾼들은 그랜트의 사돈인 아벨 코르빈Abel Corbin을 포섭해야 했다. 코르빈은 정부에서 금을 매각할 생각을 하지 않도록 로비를 펼칠 통로를 확보해줄 수 있었고, 심지어 대통령을 설득해 자기들이 고른 인물을 재무 장관보로 임명하게 만들 수 있었다. 대니얼 버터필드Daniel Butterfield 장군은 이미 매각에 대해 반대 주장을 펴기로 합의했고, 만약 정책이 변경되면 음모가들에게 귀띔을 해주기로 했다. 굴드가 금을 매입하기 시작했지만, 그랜트는 바보가 아니었고 무슨 일이 일어나는지 알아차렸다. 그는 매각 명령을 내렸고 금 시장은 무너졌다. 이 조치는 주식 시장에서 더 전반적인 공황을 촉발했다. 그렇지만 굴드와 피스크는 미리 귀띔을 받았고, 아벨 코르빈이 망하면서 그랜트 자신의 명성이 심각한 타격을 입었다는 것은 아이러니한 일이다.

> 행정부 내외부의 몇몇 양심 없는 관료는 그랜트의 느긋한 관리 방식을 마음껏 부패를 저지르라는 초대장으로 해석했던 듯하다.

그랜트와 불법 소득

행정부 내외의 수많은 비양심적인 관료 패거리는 그랜트의 느긋한 관리 방식을 마음껏 부패를 저지르라는 초대장으로 읽은 듯하다. 엠마 은광이 바로 그런 사례였다. 유타에 있던 그 광산은 이미 폐광된 지 오래였으나, 협잡꾼들은 그것을 영국에 있는 어리바리한 투자자들에게 팔아넘기려 했다. 고전적인 사기였다 — 다만 모략꾼들이 자기들 관리 감독으로 런던 주재 미국 대사 로버트 솅크Robert C. Schenk를 고용함으로써 약간의 신용을 추가로 매입했다는 것이 다른 점이었다. 대사의 이름은 신용의 보증서였다.

1864년 셔먼의 바다를 향한 행군(남북 전쟁에서 북군 측 셔먼 장군의 군대가 애틀랜타를 점령하고 나서 동부의 대서양 해안으로 향한 것을 말한다. 셔먼 장군은 현대전에서 거의 최초로 적 후방의 전쟁 지원력을 무너뜨려 적의 전쟁 의지를 꺾는다는 전술을 사용했다 — 옮긴이)은 전장을 남부 전역으로 옮겨서, 남부 전선 한참 뒤에 있는 지역까지 유린했다. 그런 행위들은 내전 기간을 단축시키긴 했지만, 오래 가는 원한을 유산으로 남겼다.

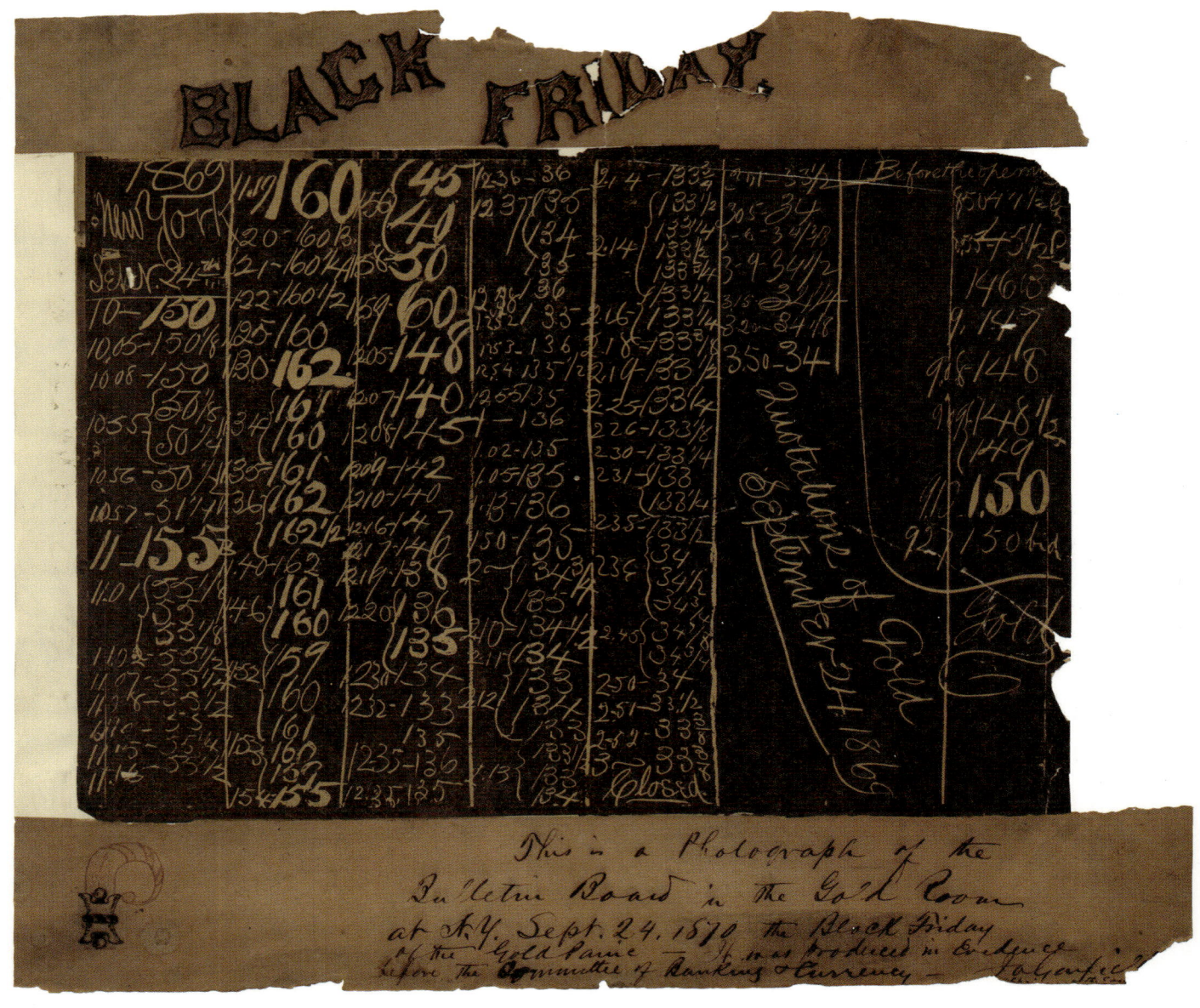

그랜트는 상황을 파악하고서 대사에게 회사와의 관계를 끊으라고 경고했다. 대사는 그 말에 따르긴 했지만, 그 전에 짭짤한 이윤을 얻고 자기 주식을 팔아넘긴 다음이었다.

크레디트 모빌리에Crédit Mobilier 스캔들은 만들어지기까지 여러 해가 걸렸다. 맨 처음 사기는 에이브러햄 링컨의 시대로 거슬러 올라간다. 하필이면 그랜트의 재임기에 그 전모가 드러나기 시작한 것은 그저 운이 나빴던 탓이었다. 크레디트 모빌리에는 유니언 퍼시픽Union Pacific 철로를 대리해 서부 철로 건설을 맡기 위해 세워진 회사였다. 그것은 포로 고객(captive client, 불리함을 감수하고라도 어떤 재화와 용역을 사용할 수밖에 없는 고객을 말함 — 옮긴이)이 있어서 원하는 대로 값을 매길 수 있었기 때문이다. 거기서 벌어들인 돈은 유니언 퍼시픽 주가를 사들이는 데 쓰였는데, 액면가에 구매된 그 주식은 주식 시장에서

이 숫자들은 1869년 블랙 프라이데이의 금값 붕괴를 말해준다. 이 흑판 — 뉴욕의 골드 룸Gold Room에서 나온 — 은 이후에 의회 위원회에서 증거로 제시되었다.

액면가의 몇 배에 팔려 크레디트 모빌리에의 이사들과 친구들에게 어마어마한 소득을 안겨주었다. 한편 회사는 사들인 주식의 액면가로 이윤을 기록했기 때문에, 공식 수익은 비록 전혀 나쁘지는 않았지만 보통 정도였다. 경고의 휘파람을 불만한 이들은 재빨리 '매수되었다'. 국회의원과 관료들은 주식을 액면가로 사고서 역시 시장 가격으로 매각해 소소한 재산을 축적했다. 황금알을 낳는 거위를 굳이 죽이고 싶어하는 사람은 아무도 없었다.

그랜트는 어쩌면 그 사건에서 결백했을지도 모르지만, 그렇다고 해서 그가 유능한 공직자였다는 뜻은 아니다. 이듬해에 그가 자신과 동료들의 봉급을 크게 인상한 것은 그다지 영리한 행보가 아니었다.

결국 내부의 이야기가 언론에 밝혀지게 된 것은 이사들 사이의 아귀다툼 탓이었는데, 그 때가 하필이면 그랜트의 1872년 선거 유세와 딱 맞아떨어졌다. 밝혀진 바, 회사는 유니언 퍼시픽 철로를 짓는 데 사용했던 것보다 전부 해서 2000만 달러(오늘날 2억 6200만 달러)를 더 매겼다. 돈은 결국 부패한 금융가, 관료 및 정치가의 호주머니로 들어갔다.

봉급 인상

그랜트는 그 사건에서 정직했을지 모르지만, 그렇다고 해서 그가 유능한 공직자였다는 뜻은 아니다. 그 다음 해에 그가 자신과 의회의 동료들의 봉급을 대폭 인상한 것은 영리한 행보라 하기 힘들다. 그 자신의 봉급이 2만 5000달러(오늘날 46만 2000달러)에서 5만 달러(92만 5000달러)로 뛰는 한편, 상원과 하원 의원의 봉급은 5000달러(오늘날 9만 3000달러)에서 7500달러(오늘날 13만 9000달러)로 뛰었다 — 소급 '보너스' 5000달러는 덤이었다. 법률로 대통령의 봉급은 재직중에 인상할 수 없었기 때문에, 그랜트의 봉급은 그의 첫 임기와 둘째 임기 사이에 비는 나흘 동안 가까스로 조정되었다. 의회의 '보너스'는 이 거래에 그저 '감미료'였던 듯하다. 설상가상으로 법안은 비밀리에 통과되었고, 언론 제보를 통해서야 대중에 공개되었다.

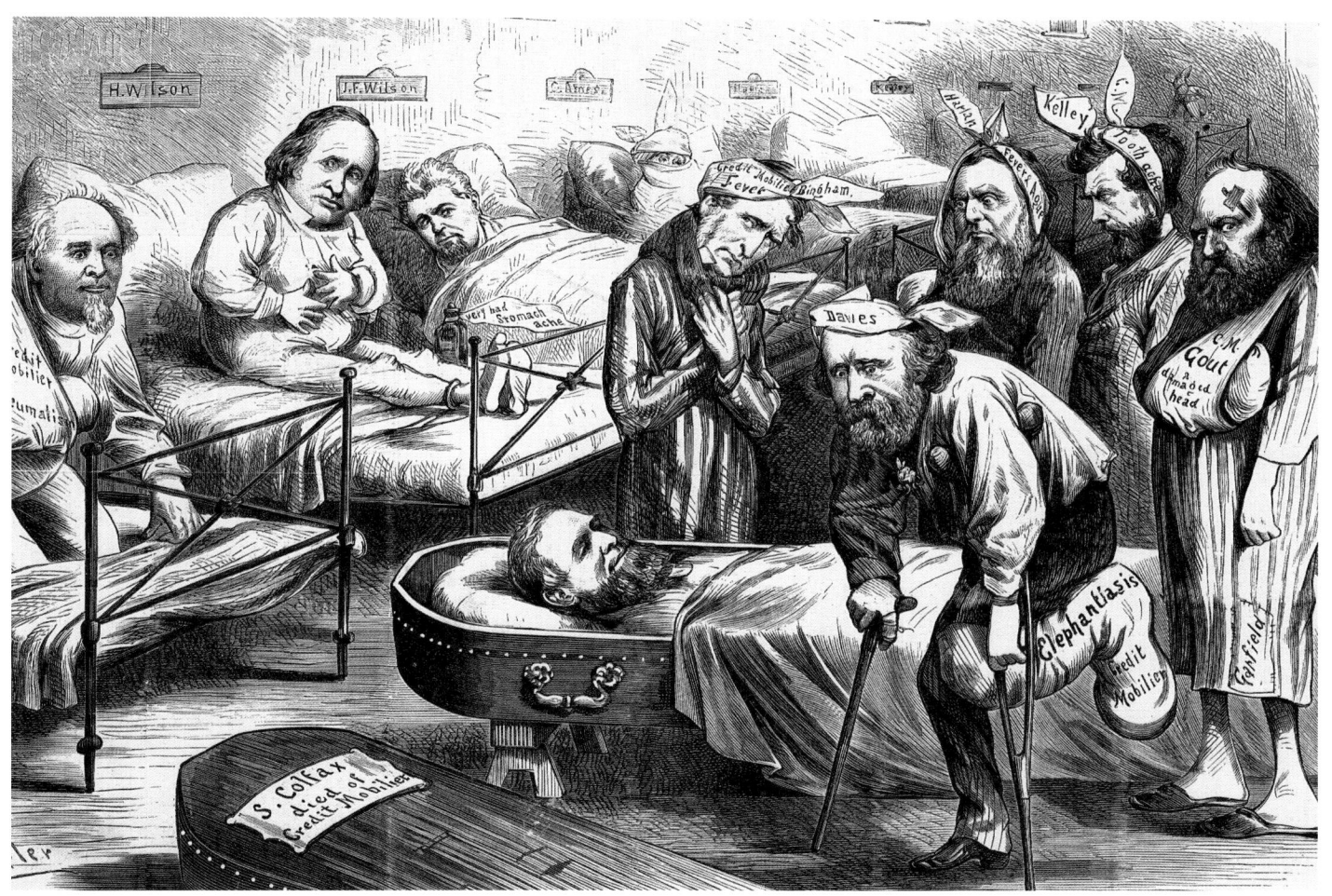

<크레디트 모빌리에 병동에서 죽은 자와 죽어가는 자와 불구가 된 자>, 조지프 케플러 Joseph Keppler가 그린 만화. 민주적인 제도에 대한 존경심은 그 범법 행위의 규모가 밝혀지면서 어느 때보다도 극심하게 곤두박질쳤다.

위스키 링 재판은 마침내 1875년에 미주리 주 제퍼슨 시티의 법정에서 열렸다. 연방 정부는 그 몇 년 전부터 수백만 달러를 갈취당했다.

"죄지은 자가 도망치지 못하게 하라"

율리시스 그랜트의 '8년 동안의 스캔들'의 연대기를 기록하려 하는 사람이 있다면, 아마도 한 가지 잘못이 어디서 끝나고 어디서 시작되는지를 분간하기가 어렵다는 이유로 골머리를 앓지 않을까. 부패는 진정 고질병이 되었던 모양이다. 보통 그렇듯이 대통령 본인은 그다지 유죄가 아닌 것처럼 보이면서 면피를 하긴 하지만, 그렇다고 그다지 무죄인 것 같지도 않다 — 왜냐하면 아무리 눈이 멀고 어리석다 해도 그토록 오랫동안 몰랐다는 것이 말이 되는가? 법무 장관이 여럿 거쳐갔다 — 조지 윌리엄스George H. Williams는 1875년에 에드워드 피어포인트Edward Pierrepoint에게 자리를 내주었다 — 그렇지만 전반적인 분위기는 늘 금융가와 관료들의 부정 행위에 우호적인 듯했다.

1875년에 위스키 링Wiskey Ring 사건이 발각되었다. 간략히 말해서, 중서부 주들의 증류주 생산자들이 10년도 훨씬 전부터 세금을 포탈하고 있었던 것이다. 그들은 재무부 관료들에게 뇌물을 제공해 눈을 감게 하여 수백만 달러를 절감했다(그리고 미국 납세자들을 강탈했다). 대통령은 진정 충격을 받은 것 같았다: "죄 지은 자들이 도망치지 못하게 하라." 그는 벼락을 떨어뜨렸다……. '죄 지은 자' 중에 자신의 개인 비서이자 친구인 오빌 밥콕Orville E. Babcock이 포함되었음이 밝혀지기 전까지는 그랬다. 심지어 그때조차, 정부의 진정성이 걸린 상황에서 그랜트의 본능은 일치단결, 친구를 보호하려는 것이었다. 밥콕은 재판정에 섰지만, 그랜트는 그때 일어나고 있던 일의 심각성을 깨닫지 못했던 듯하다. 검사측 증인들은 뇌물을 받았고, 그랜트는 밥콕의 인품을 증언하려고 개인적으로 증인석에 앉았다. 밥콕은 사면을 받았지만 대통령은 진흙탕으로 끌려들어갔다.

오빌 밥콕은 1876년에 사업 계약들을 둘러싼 불법 소득 건으로 다시금 투자자들의 달갑지 않은 이목을 끌었다. 사기꾼들이 고용한 가짜 첩보 요원들이 그 기소의 선봉에 선 검사의 집으로 침입해 금고 안에 유죄를 입증하는 날조된 증거를 심었다. 그리고 다음 단계로, 역시 고용된 강도들이 그 집에 침입해 금고를 열었다. 미리 심어둔 증거를 '찾아낸' 그들은 다른 사람, 즉 사기꾼들을 기소하는 데 도움을 주고 있던 일반 시민 콜럼버스 알렉산더Columbus Alexander의 집으로 갔다. 거기서 그들은 '첩보 요원들'에게 체포당해, 자기들이 금고에서 가져온 것을 넘기고 알렉산더가 검사의 집에 침입해 금고를 열고 그 안에 든 것을 가져오라고 돈을 주었다고 말했다. 정교한 계획이었다. 하지만 어쩌면 지나치게 주도면밀했던지, '강도들' 중 하나가 의심을 품은 검찰 측에게 설득을 당해서 주 정부쪽 증인으로 돌아섰고, 그러자 영 그럴싸하지 않았던 카드로 만든 집은 통째로 무너져내렸다. 그랜트는 이제 상황을 파악하고서 자신의 이전 비서를 말 그대로 상당히 '멀리'하여 플로리다의 모스키토 인렛 등대 건축을 감독하러 보냈다. 그렇지만 그 모든 행위는 친구에 대한 그의 의리가 흐려지지 않았으며, 그리 머지않아 한지로부터(아니, 이 경우에는 열대의 열기로부터) 다시 데려오겠다는 뜻을 담고 있었다. 그렇지만 밥콕은 모스키토 인렛 부지를 조사하던 도중에 타고 있던 보트가 태풍에 뒤집혀, 향년 48세로 익사했다.

그랜트는 어느 지점에서 자신의 난처한 처지를 감지했던 듯하다. 그는 의회에 보낸 서신에서 자신의 실패의 원인이 '의도가 아니라 판단력의 잘못'이었다고 호소했다. 그러나 또 다른 면에서 보면 그는 도무지 아무것도 몰랐던 듯하다. 만만한 돈줄이 끊어질까봐 애가 달은 정치적 연합군들은 그를 3선에 출마하게 만들려고 노력했다. 그러나 의회는 대통령 임기를 2회로 제한하는 법률을 통과시킴으로써 재빨리 빗장을 걸어버렸다. 심지어 그러고 나서도 몇 년 뒤에 유럽(그가 아직 전쟁 영웅으로 추앙받던)에서 순방 연설 행사를 벌이던 중에, 그랜트는 권좌로 돌아가서 다시 행복한 나날을 시작할 수 있으리라는 희망을 버리지 않고 있었다. 그랜트 자신은 — 착한 소년으로, 적극적으로 부정직하지는 않았지만 수동적으로, 무의식적으로 부패했던 — 전쟁에서 그토록 훌륭하게 복무했던 자신이 조국을 얼마나 실망시켰는가를 끝내 제대로 깨닫지 못했다.

불편해 보이는 공중 곡예사, 대통령 그랜트가 심복들을 버텨주고 있다. 위스키 링 스캔들은 그의 행정부에게 버티고 설 자리 하나 남겨주지 않았다. 그를 버텨주는 것은 수치를 모르는 직원들에게 그가 지킨, 잘못된 의리뿐이었다.

V
잃어버린 대통령들: 사기와 어리석음

우리는 그들의 업적을 찾으려면 여기저기 헤집어야 하고,
심지어 그들이 누구였는지조차 머리를 쥐어짜야만 떠올릴 수 있다.
그렇지만 '잃어버린 대통령들'은 적어도 자신들이 대통령으로 해야 할
한 가지 역할은 바로 알았다. 그들은 추잡함의 기준으로는 부족함이 없었다.
그건 확실하다.

"나는 사상(과 원칙)은 급진적이되 방법(과 행동)은 보수적이다."

내전의 격동과 재건의 원한에 한 차례 휩쓸리고 난 미국은 조용한 삶 말고는 아무것도 바라지 않았다. 그리고 어느 지점까지는 바라는 바를 얻게 된다. 사실 그 정도를 넘어서, 1870년대 후반에서 1890년대 초반까지 재임했던 일련의 지도자는 흔히 '잃어버린 대통령들'로 일컬어진다. 그러나 그들은 알고 보면 특히 대통령의 추문의 역사에서는 잊혀질만한 인물들이 아니었으니, 그들의 재임기에 벌어진 일들의 일부는 그 전임자와 후임자들 못지않게 지저분했기 때문이다.

체스터 아더(왼쪽)는 정부를 대규모 도적질과 동격이라고 본 뉴욕 공공 행정 체계가 낳은 괴물이었다. 그는 제임스 가필드(위) 밑에서 부통령을 지내던 시절에 부패에 대한 수업을 마쳤다.

러더퍼드 헤이스, 1877~1881

그랜트 대통령의 난장판이고 비루한 통치를, 미국 역사상 가장 논쟁적이고 혼란스러운 선거가 뒤따른 것은 아마 그리 납득 못할 일도 아니리라. 하지만 역설적이게도 헤이스Rutherford B. Hayes는 누구보다도 정직한 남자로 오랜 평판을 쌓아왔다. 그게 그에게 표를 던진 이들에 대한 그의 호소였다. 그리고 너무 오랫동안 굳건히 자리를 지켜온 유독한 부패에 대해 헤이스가 미국에 필요한 항생제 역할을 해줄 수 있으리라고 본 수십만 인구가 그에게 표를 던졌다. 그렇지만 내전에 복무하는 동안 용맹으로 찬탄을 받은 그는 모든 면에서 단순한 군인으로 남았다 — 과묵하고 양심적인. 비록 법률가 공부를 하고 오하이오 주 정계에서 사회 생활을 시작했지만, 그는 여전히 상당히 이방인처럼 보였다 — 좋은 면에서 그랬다.

그랬으니 그의 인기는 놀랍지 않았다 — 하지만 그것만으로 남의 도움 없이 백악관까지 가기는 부족했다. 사실 어떤 명확

한 척도로 보아도 승리는 상대편의 것이었다. 뉴요커이고 민주당원인 새뮤얼 틸든Samuel J. Tilden은 자기 고향에서 부패와 맞서 싸웠다고 하여 존경을 얻은 터라, 그 역시 그랜트의 후임을 맡기에 '좋은 남자'로 보였다. 전체 투표수에서 그는 1위를 차지했다 — 25만 표를 더 얻었다. 물론 인사이더들의 말에 따르면, 절대로 그렇게 간단한 일이 아니었다. 그렇지만 틸든은 또한 선거인단 투표에서도 다수표를 확보했다 — 헤이스의 165표 대비 184표였다. 압승이 되기에 아주 약간만 모자랄 뿐이었다.

대통령 선거를 관리하기 위해 의회가 꾸린 선출 위원회는 미국 민주주의 운용의 달갑지 않은 면을 드러나게 했다. 특히 그 결과가 아직 결정되지 않은 남은 4주(오리건, 플로리다, 루이지애나, 사우스캐롤라이나) 때문이었는데, 그 중 셋은 남부였다. 그곳은 여전히 연방군이 좌우하고 있었다 — 그리고 공화파 관료들은 자기들에게 불리한 표를 무효표로 만들고 투표자들을 겁주면서 아직도 부지런히 선거 결과들을 요리하고 있었다. 남부 민주당파라고 더 나을 것도 없었다. 감히 투표를 하러 올 정도로 용감한 아프리카계 미국인들은 난폭한 폭도들의 태형(gauntlet, 가운데로 사람을 지나가게 하면서 양쪽에서 매질하는 형벌 — 옮긴이)을 감수해야 했다. 아직도 감정은 사그라들지 않았고, 남부 양쪽의 정치가들은 이기기 위해 무슨 짓을 하든 정당화될 수 있다고 생각하는 것이 보통이었다. 따라서 선거에서는 부정이 무르익었다.

놀랍지 않게도, 선출 위원회는 당의 계파에 따라 갈렸다. 헤이스의 공화당원 여덟 명은 민주당원 일곱 명보다 유리했다. 위원회의 결론은 확실하지 않았지만, 헤이스는 재건을 끝내고 연방군을 남부에서 철수시키겠다는 약속을 내걸어 반대파를 이겼다. 그리하여 '사기꾼 각하'는 대통령으로 선포되었다 — 그리고 틸든은 내쳐졌다. 일각에서는 2차 내전을 들먹였지만 더 현명한 조언들이 득세했고, 민주당파는 기왕 벌어진 잘못에서 최대한 좋은 결과를 뽑아내자고 마음먹었다.

그리고 결국, 그들이 자기들이 추구한 목표인 재건과 남부의 자치권 회복을 손에 넣었다는 점을 생각해보면 정말이지 그리 심하게 나쁜 상황은 아니었다. 또한 더없이 정직한 대통령은 자기 지위에서 절대로 편안함을 느끼지 못하면서 '8대 7 씨'라는 자신의 호칭에 끊임없이 민망해야 할 터였고, 그들은 그 대통령을 두들길 어마어마하게 귀중한 회초리도 가지고 있었다.

러더퍼드 헤이스는 나무랄 데 없이 훌륭한, 대통령직의 기준으로 보면 개인적 진정성의 모범이었다. 그러나 아무리 애써도 그는 미국의 공적 생활에 고착된 듯한 부패를 뿌리뽑지는 못했다.

공직 횡령자

대통령으로서 헤이스는 자기가 약속한 만큼 모든 면에서 신뢰할만했다. 그의 임기 중에는 두드러지게 심각한 어떤 스캔들도 밝혀지지 않았다. 영부인 '레모네이드 루시'의 성정을 배려하여 헤이스 백악관은 조용했다(해외 지도자들 한둘의 방문을 제외하면). 독실한 감리교도인 루시 헤이스는 매일 아침 기도회를 열어 남편의 동료들을 초대했으며, 일요일 밤에는 가족과 함께 찬송가를 불렀다.

미국에 의무를 다하겠다는 생각의 증거로, 러더퍼드 헤이스는 취임 전에 그 어떤 상황에서도 재선에 나서라는 설득에 굴하지 않겠다고 맹세하는 선언서에 서명했다. "당을 가장 잘 섬기는 이가 나라를 가장 잘 섬길 수 있습니다." 그가 취임 연설에서 한 말이었다. 재선 임기에 대한 유혹이 그것을 불가능하게 만든다는 것이 그의 굳은 생각이었다. 재선을 확보하고 싶은 대통령이 어떻게 대중을 만족시키는 포퓰리즘 정책들을 세우려는 생각에 흔들리지 않을 수 있겠는가? 그런 남자가 어떻게 힘든 결정들을 내리겠는가?

> 그는 재선에 대한 유혹이 그것을 불가능하게 만든다고 굳게 믿었다. 재선을 확보하고 싶은 대통령이 어떻게 대중을 기쁘게 하는 포퓰리즘 정책들에 흔들리지 않을 수 있단 말인가? 그런 남자가 어떻게 힘든 결정을 내릴 수 있단 말인가?

철도 파업을 깨뜨리다

헤이스가 자리에 오른 지 겨우 몇 달도 안 되어 수만 철도 노동자들이 파업에 돌입하면서 미국 경제 — 이미 4년간의 불황으로 고생했던 — 는 다소 총체적인 폐업의 위기를 맞았다. 볼티모어와 오하이오 철도는 재빨리 두 차례의 임금 삭감을 연달아 단행했고, 다른 철도의 노동자들은 그들을 지지하려고 연장을 내려놓았다. 미국 노동자들은 전반적으로 자기들이 목소리를 내지 못하고 있다고 느꼈다. 논란을 빚은 헤이스의 선출 방식은 그저 그들에게 공화당파 엘리트들이 미국을 자기들 멋대로 운영할 거라는 확신만 줄 따름이었다. 그들에게는 시급보다 훨씬 더 많은 것이 걸린 일이었다. 그렇지만 헤이스의 시각에서 보면, 철도의 운영보다 더 많은 것이 걸린 일이었다. 파업 노동자들이 파업 방해자들이 이용하지 못하도록 열차를 봉쇄하고 있었기 때문에 원료와 완제품의 운송이 멈

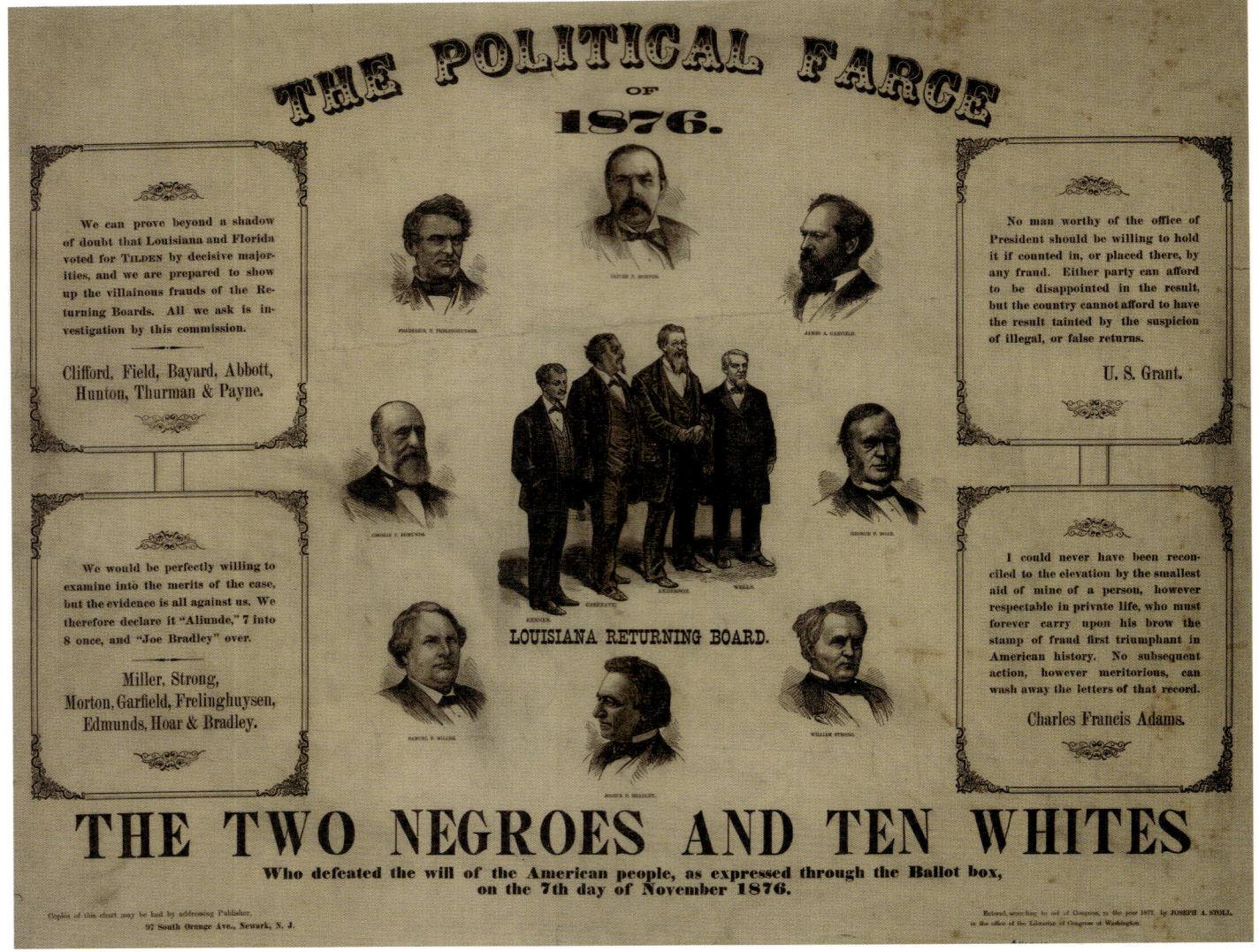

1876년의 선거를 '도둑질해' 헤이스를 당선시킨 죄인들로 여겨지는(어느 정도는 그런 비난을 받아 마땅한) 인물들의 이름을 거론한 민주당 포스터. 부패를 모르는 헤이스는 결코 그 선거 수준에 맞게 자기 삶의 수준을 떨어뜨릴 수 없었다.

취 있었고, 다른 산업 노동자들도 공감을 표명하고 있었으며 경제 활동은 점점 느려지다 멈춰버릴 것 같았다.

대통령은 단호한 태도를 취했다 — 심지어 무자비했다. 그는 책임자들에게 파업의 무리를 진압하고 다시금 기차가 움직일 수 있는 길을 내라고 명령했다. 그렇지만 지역 경찰력들은 자기들이 복무하는 공동체에 뿌리를 두고 있어서 친구와 이웃들에게 발포하는 것을 그다지 달가워하지 않았다. 대통령의 단호한 말은 도리어 그 자신을 더 무력하게 만들 뿐이었다. 주 병력이 투입되었지만, 대다수 경우에 그들 역시 폭력을 사용하기를 꺼려했다. 철도 파업이 강제로 종료된 것은 연방 군이 파업의 중심부로 파견된 이후였고, 45일의 시간이 지나고 70명 정도의 사망자를 낸 뒤에야 질서가 — 충격적인 폭력의 현장에서 — 복구되었다.

우편 부정 행위

헤이스의 백악관 재임 기간에는 다른 스캔들은 거의 하나도 없었다. 그는 직원들을 잘 선택했고, 그들은 뭔가 부정한 짓을 저지를 정도로 철없는 사람이 아니었다. 그렇다고 현장에서 부패가 완전히 사라질 수는 없었다. 1879년에 엄청난 우편 보조금이 횡령당한 사실이 밝혀졌다. 동부와 중서부 여러 주에서 편지들은 이제 우편으로 대량 운송되어 표준화된 절차를 거쳤다. 하지만 더 멀리 서부에서는 '스타 루트'가 있었다(특수성, 무엇보다도 한시성을 나타내는 별표가 붙어 있어서 그렇게 불렸다). 거기서 우편은 마차, 포장마차나 말을 탄 사람이 운반하는 것 같은 방식으로 배송

수 족의 교착 상태

내분이 너무나 고통스럽게 정리된 뒤에 미합중국은 마침내 여유를 얻어 미국 원주민들에게 맞서 전쟁을 벌일 수 있게 되었다. 이제쯤 무대는 대대로 라코타 수Lakota Sioux 족의 고향인 대평원으로 옮겨간 참이었다. 1866년에서 1867년 사이의 지독한 전쟁에서 레드 클라우드Red Cloud의 전사들은 분명히 자기 부족 사람들이 다코타 고향에 남을 권리를 확보했지만, 1874년에 커스터Custer 장군의 원정대가 블랙힐스에서 금을 발견했다. 정부는 그로 인해 물꼬가 트인 금광 러시를 멈추는 대신에 라코타가 길을 내주어야 한다고, 어퍼 미주리 밸리의 새로운 영토를 향해 서부로 이주해야 한다고 고집했다. 레드 클라우드는 유연한 태도를 보이려고 애썼다 — 공정하게 말해서, 헤이스 자신도 그랬다. 그러나 두 남자 다 곁에 있는 좀 더 호전적인 지지자들을 자기들 뜻을 따르게 만들지 못했다. 한편으로 크레이지 호스Crazy Horse와 시팅 불Sitting Bull은 원칙이 위기에 놓여 있으며, 죽음으로 맞서 싸울 가치가 있다고 느꼈다. 다른 한편으로 군대에 있는 많은 이들은 수 족을 순전히 힘으로 밀어내야 한다고 느꼈다. 헤이스가 열심히 타협점을 찾는 사이, 문제는 점점 더 그의 손을 벗어났고, 이내 양측은 리틀 빅혼(Little Bighorn, 이 이름의 강가에서 벌어진 원주민과 백인 사이의 전투를 말한다. 남북 전쟁의 영웅이었던 커스터 대령이 여기서 적의 세력을 과소 평가하여 목숨을 잃었다 — 옮긴이)으로 이어질 길을 닦아놓았다. 그리고 그것은 결국 운디드니(Wounded Knee, 사우스 다코타 주 남서부의 마을 이름으로, 여기서 백인들에 의한 원주민의 대량 학살이 벌어졌다 — 옮긴이)로 이어졌다.

미국 정부 관료들은 1868년에 포트 래러미Laramie에서 라코타 쪽 대표들과 협정을 체결했지만, 이른바 수 조약은 결국 서부에서 급속히 전개되던 상황을 해결하기에는 부족했다.

기도와 찬송에 열심인 데다 금주 캠페인까지 펼친 '레모네이드 루시' 헤이스의 엄격한 가정 관리 때문에 백악관의 매일의 일상은 거의 희극적으로 올바랐다.

운하 건설 부패

좀 더 노골적인 범죄 행위가 문제시되자 헤이스는 단호히 대처했다. 그는 해군 장관 리처드 톰슨Richard W. Thompson을 조금도 망설이지 않고 잘랐다. 사실상 헤이스로서는 달리 선택할 수 있는 대안이 없었다. 그는 이미 톰슨에게 구체적으로 파나마 운하에 관련해 페르디낭 드 레셉Ferdinand de Lesseps과 얽히지 말라고 요구했었다. 그 프랑스인은 근래에 수에즈에서 거둔 성공 때문에 들떠서 파나마 운하를 당연한 다음번 단계로 보았다. 헤이스는 반대하지는 않았지만, 그런 공사에 굳이 미국의 깃발을 날리고 싶은 마음은 없었다. 그는 자기 수하들이 어떤 식으로든 그 계획에 가담하는 것을 금지했다. 하지만 톰슨은 미국 '자문 위원회' — 기본적으로 미국 측의 우려를 누그러뜨리기 위해 만들어진 로비 단체였다 — 의 위원장을 맡는 대가로 레셉이 제안한 2만 5000달러의 봉급(오늘날 55만 5000달러)을 거절하지 못했다. 헤이스는 그것을 트로이 목마로 보았고, 톰슨이 그 제의를 수락한 것을 확실한 불복종으로 보았다. 그는 망설이지 않고 해군 장관을 해고해버렸다.

정작 아무도 그 시점에서는 운하를 건축하려 — 적어도 완공하려 — 하지 않았다. 그 누구의 예측보다도 더 도전적인 프로젝트였던 그것은 사반세기 뒤에 테디 루스벨트의 추진력 덕분에 완공을 보게 된다.

되었다 — 쉽게 말해서 할 수 있는 모든 방법을 사용해서, 근본적으로 임기응변식이었다. 확실히 부패의 범위는 엄청났고, 양심 없는 우편국장들이 철저히 사리를 취했음이 밝혀졌다. 납세자들이 고의적으로, 그리고 체계적으로 사취당한 이 사건에서 헤이스의 잘못은 그 사실을 너무 늦게야 눈치챘다는 정도일 듯하다 — 그는 오랫동안 그 문제를 누구의 잘못도 아닌, 그저 어쩔 수 없는 비효율과 낭비의 문제로 보았던 모양이다.

파나마 운하 건설은 언젠가는 진정한 역사적 업적이 될 터였다. 그렇지만 거기에는 수십 년의 고된 도전이 필요할 터였다 — 그저 기술과 재정만이 아니라 공직 윤리 면에서도.

제임스 가필드, 1881

가필드James Garfield는 겨우 199일 동안 대통령직에 있었지만, 그 정도면 부정직한 행위에 아무런 죄의식도 없는 남자가 백악관 스캔들의 역사에 자기 몫을 보태기에는 충분한 시간이었다. 그는 그랜트 행정부 때 크레디트 모빌리에 추문에 연루되었던 국회의원 중 하나였으니, 이미 이런 면에서는 인상적인 기록을 세운 셈이었다. 가까운 지인 토머스 브래디(Thomas J. Brady, 이후에 미국 우편국의 고위직에 임명되는)는 1879년의 스타 루트 스캔들에 연루된 인물이었다. 가필드는 또한 워싱턴의 도로 포장용 목재 자갈의 공급 계약을 따내고 싶어하는 한 회사에 법적 자문을 해주고서 상담료로 5000달러(오늘날 11만 1000달러)를 챙기기도 했다. 그렇지만 스스로 말했듯이, 그 계약이 성사된 것은 어떻게 보아도 그 덕분이 아니었다.

그의 선출 과정 역시 논란이 있었다 — 비록 그가 헤이스 후임자로 상당히 만만한 후보였을 뿐더러, 그가 저지른 죄 이상으로 비난을 받았다고 말하는 것이 공정하긴 할 테지만. 사실상 그의 지지자들은 명백히 표를 사들이기 위한 목적으로 비자금을 모았고, 현장 조사를 하겠다면서 사업가들을 협박했고, 공직 관료들을 철저히 수색했다 — 만약 자리를 유지하고 싶으면 협조하는 편이 낫다는 사실을 명확히 한 것이다. 그의 러닝메이트 체스터 아더Chester A. Arthur는 부통령직의 '부'자를 부패의 '부'로 여겼는지, 평소 민주당파인 인디애나 주에서 공화당이 어떻게 표를 매수했는가를 화도 안 날 만큼 내놓고 말하고 다녔다.

제임스 가필드의 대통령 임기는 물론 가능한 가장 잔인한 방식으로 짧게 끝났지만, 그래도 그는 그 전에 이미 미국 대통령 중 가장 부패하고 냉소적인 인물의 하나로 자리를 굳힐 수 있었다.

루크레샤 루돌프 가필드는 남편에게 무시당하면서 우울한 결혼 생활을 했던 듯하다. 남편은 애정에서나 장래 계획에서나 아내를 최우선시하는 척조차 하지 않았고, 부부는 대부분 따로 시간을 보냈다.

그러나 동시에, 가필드는 확실히 민주당의 '더러운 술수'의 희생양이었다. 그 술수에는 그가 마치 캘리포니아와 미국 전반의 노동 비용을 떨어뜨리기 위해 중국 출신 이민자 규제 철회를 지지하는 것처럼 보이게 하려고 반대파에서 그의 편지를 날조한 사건도 포함된다. 게다가 헤이스와는 달리, 선거 결과가 나왔을 때 그는 다수표를 획득했다고 주장할 수 있었다(비록 900만 대 9000이었지만). 선거인단 득표는 더욱 확정적이었다(민주당 경쟁자의 155표에 비해 그는 214표를 얻었다). 그러니 그의 대통령 직함은 전임자에 비하면 훨씬 더 안정적이었다. 비록 인품 면에서는 분명히 의심스러웠지만 말이다.

아내는 나를 이해 못합니다

가필드의 결혼은 타협이었다. 영부인 루크레샤 루돌프 가필드Lucretia Rudolph-Garfield는 지성인이었다 — 그리고 약간 꼿꼿했다. 미래의 대통령은 약혼 초기부터 줄곧 그녀에 대한 양가감정을 떠들고 다녔다. 1854년에 매사추세츠의 윌리엄스 컬리지에 약혼자의 졸업을 축하하러 온 루크레샤는 다른 여자가 그와 함께 있는 것을 보고서 충격을 받아, 사랑에 빠진 여인의 분노를 고스란히 보여주었다. 가필드는 자기가 레베카 셀렉Rebecca Selleck과 바람을 피웠다고 실토했지만 — 루크레샤의 냉정함 때문에 위축된다는 것이 그의 불만이었다 — 두 사람은 상처를 치유하고 4년 뒤에 결혼식을 치렀다. 그러나 신랑은 자신과 이른바 소울메이트 사이에 거의 결혼 직후부터 거리를 두기 시작했다. 오하이오 주 입법부의 대표 일을 맡아 바빴던 — 그리고 잠시 틈이 날 때도 전혀 귀가길을 재촉하지 않았던 — 가필드는 결혼 초 6년 동안 겨우 6주만 아내와 함께 보냈다. 루크레샤는 까다로운 시어머니는 물론이고, 더 부살이하던 남편을 맹목적으로 사랑하는 옛날 가정교사 알메다 부스Almeda Booth까지 모시고 독수공방하는 데 질려버렸다.

그렇지만 뒤이어 1863년 초엽에 남편이 내전에 육군으로복무하러 나가 있는 동안 《뉴욕 타임스》의 젊은 기자 루시아 캘훈Lucia Calhoun과 바람을 피웠다는 사실이 발각되자 루크레샤는 더욱 속이 뒤집혔다.

가까운 동료들

몇 개월 뒤에 가필드는 하원에 자리를 얻어 워싱턴을 향했다. 그때부터 부부는 각자가 있을 자리를 찾은 듯했다. 부부는 루시아 캘훈과의 불륜이 들통난 일도 극복했는데, 가필드가 죄책감

찰스 기토가 가까운 거리에서 대통령을 총으로 쓰러뜨리자 기차역 대합실의 무고한 행인들이 충격으로 얼어붙은 채 서 있다. 암살자는 고전적인 부적응자였다. 외톨이, 떠돌이이자 괴짜였다.

에 못 이겨 그 사실을 고백했던 모양이다. 어느 편인가 하면, 그것은 오히려 두 사람의 관계를 돈독하게 해주었는데, 드문 일도 아니었다. 루크레샤는 남편의 자산이 되었다. 꿋꿋한 지지자이자 가까운 동료가 되었다. 영부인으로 그녀는 매우 성공적이었다 — 적어도 처음 며칠 동안은 그랬다. 그러나 불행하게도 몇 주 지나지 않아 그녀는 심각한 말라리아로 쓰러졌고, 그로 인해 얼마 남지 않은 남편의 임기 동안 자신이 맡은 소임을 다할 수 없게 되었다.

물론 7월 2일에 찰스 기토Charles J. Guiteau가 가필드를 쏘는 바람에 가필드의 임기는 잔인하게 중단되었다. 기토는 역에 매복했다 기습했는데, 가필드가 그곳에 간 것은 뉴저지로 가서 루크레샤와 얼마간 같이 있어주기 위해서였다. 가필드는 3달 간 사력을 다해 버텼지만(일설에 따르면, 기토의 총탄보다는 무능력한 의사가 그에게 더 큰 해를 끼쳤다고 한다) 1881년 9월 19일에 세상을 떠났다.

> 가필드가 오하이오 주 입법부 대표로 일하느라 바빠서 — 그리고 확실히 여가 시간에 귀가를 서두르지도 않아서 — 부부는 결혼 초 6년 동안 겨우 6주만 함께 지냈다.

기묘한 암살자

찰스 기토는 얼마 전부터 가필드 대통령을 (오늘날 쓰는 말로 하자면) 스토킹했다. 그는 심지어 백악관 리셉션에 갑자기 나타나 영부인에게 말을 걸기도 했다. 그는 1857년에 미시건 대학교에 입학하는 데 실패하고 나서 당시 미국 사회에서 특이한 경로를 밟았다. 그의 아버지는, 공정하게 말해서 찰스 자신보다도 더 기묘한 인물이었던 듯하다. 그는 아들에게 뉴욕 북부의 오나이다 공동체 관련 문헌들을 폭탄처럼 투하했다. 이 이상한 '교회'는 존 험프리 노이스John Humphrey Noyes가 1848년에 창시했다. 노이스는 자기 양떼에게 그리스도의 천국 같은 통치는 지상에 실현 가능한 것을 넘어 반드시 실현되어야만 한다고 설교했다. 그의 공동체는 지상 낙원이었다. 하지만 그리스도 자신이 부활 이후에 결혼은 없을 것이라 하지 않았나?(마태오 복음서 22장 30절) 이러한 이유로 오나이다에는 '자유 연애' 풍습이 있었다. 나이든 여자들이 성년이 된 소년들의 성인식을 맡았고, 노이스 자신은 처녀들의 성 교육을 맡았으며, 그 뒤에 누가 누구와 함께 자야 하는가를 결정하는 권한을 행사했다.

찰스 기토는 1860년대 초반에 공동체에 가입했지만, 불행하게도 그와 자고 싶어하는 사람은 아무도 없는 듯했다. 또한 기토는 남성 신도가 응당 해야 하는 육체 노동도 하고 싶어하지 않았다. 1865년에 공동체를 나온 그는 소득 손실에 대해 공동체를 고소하려 했다 — 비록 어떤 노동에 대한 소득이었는지는 아직 전혀 확실하지 않았지만 말이다. 처음에 기토는 시카고에서 변호사로 나섰다.

불행히도 그는 다음번 직업에서도 그 직업과 비슷한 성과를 거두게 되는데, 다음은 부흥론 설교사였다. 1874년 무렵에

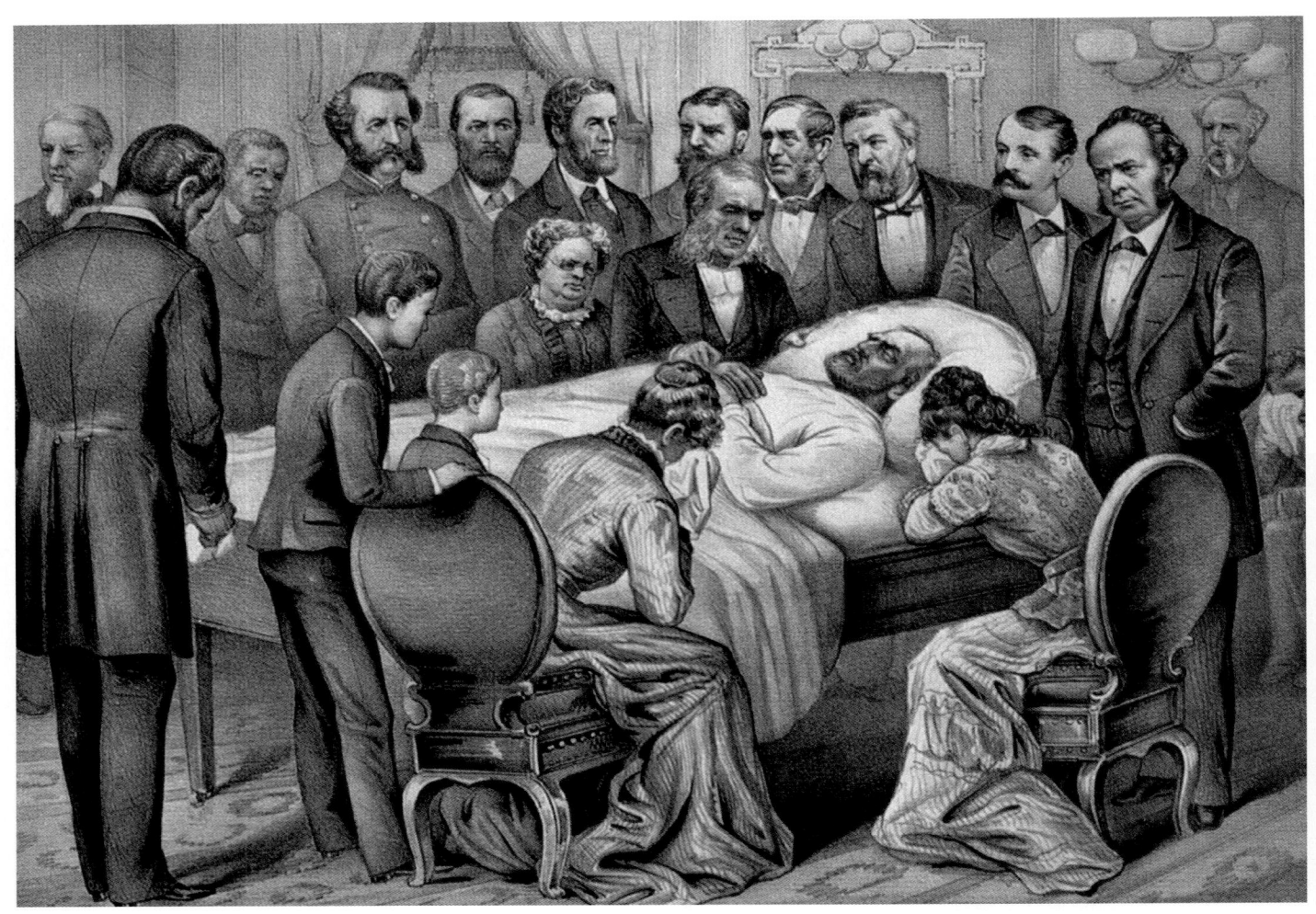

기토의 공격은 급작스럽고 난폭했지만 가필드는 천천히 느린 죽음을 맞았다. 일각에서는 그가 암살자의 총탄이 아니라 의사의 치료 때문에 종말을 맞았다고 시사한다.

그는 결혼을 한 번 했다 — 그리고 이혼을 했는데, 창녀와의 관계에서 매독을 얻어서였다. 그 10년이 끝나갈 무렵, 워싱턴에서 그의 전망은 어두워 보였다. 공무원을 여러 차례 못살게 군 결과, 그는 처음에 자신이 정부 공무원직을 약속받았다는 잘못된 믿음을 가졌고, 그 다음에는 그 일자리를 얻지 못하게 된 것이 가필드 행정부 때문이라는 단호한 확신을 갖게 된 듯하다. 오래지 않아 그는 신이 가필드를 죽이기를 원하신다는 결론에 이르렀다.

심지어 암살자치고도 그는 별난 인물이었다. 어느 날 대통령을 철도역까지 뒤쫓은 그는 대통령을 쏠 수 있는 위치까지

어느 날 대통령을 철도역으로 뒤쫓아간 기토는 대통령을 쏠 위치에서 손을 거둬들였는데, 가필드 부인이 아프기 때문이었다. 그럴 때 남편을 죽이는 것은 배려가 없다는 생각이었다.

다 가서 손을 거둬들였는데, 그 이유는 부인이 와병중일 때 남편을 죽이는 것은 배려가 부족한 짓이라고 생각해서였다. 그의 재판이 다가올 즈음, 모든 상식으로 볼 때 현실에서 너무나 멀어져 있던 그는 자신이 풀려나리라고 기대했다.

그리고 출옥하자마자 대통령 선거에 출마하겠다고 작정했다. 정작 그가 올라간 곳은 유세 연단이 아니라 교수대였지만, 그나마 조금은 닮은 구석이 있었다고 할까. 그는 1882년 6월 30일에 교수형을 당했다.

체스터 아더, 1881~1885

가필드가 아내를 대하는 태도에서 도덕적인 전환을 보여주긴 했지만, 그것도 체스터 아더Chester Arthur의 변화에 비하면 아무것도 아니었다. 유세에 더할 수 없는 냉소적인 태도를 보였던 그는 뉴욕의 실세 로스코 콘클링Roscoe Conkling의 후원을 받아 정치에 발을 들여놓았고, 율리시스 그랜트 밑에서 뉴욕 항 세관장으로 승진했다. 콘클링은 아더의 경력 내내 막후에 존재했다 — 콘클링의 힘이 어찌나 강했던지, 심지어 그가 '클라이언트'를 통치자로 내세우고 자기가 막후에서 힘을 행사할 수 있도록 가필드의 암살을 꾸몄다는 추측이 있을 정도였다. 기발한 이야기이긴 하지만, 우리가 보았듯이 찰스 기토는 다른 이의 격려나 지시가 필요치 않았다. 또한 콘클링 — 또는 아더 — 이 아무리 부패했어도, 사람을 죽일 의도까지 있었다고 생각할 까닭도 없다.

사실 아더가 멘토로부터 배운 것 중에서 가장 중요한 것은 정부의 부패와 정부가 어떻게 작용하는가에 대한 포괄적인 이해였던 듯하다. 물론 그는 세관에서 기술을 배웠다. 공직자들은 정기적으로 공금에 손을 댔다. 그가 이윤의 일부를 건네받기만 하는 한 문제될 것이 없었다. 그가 개인적인 소득에 관심이 있었던(혹은 관심만 있었던) 것은 아니었다. 당 역시 중요했다. 정치는 권력이 핵심이었기 때문이다 — 그리고 권력이 가져다줄 수 있는 모든 이득과 더불어. 그는 공무원이 인민이 아니라 정치가에게 봉사하기 위해 존재함을 알았다. 그리고 자리를 얻은 대가로 그들은 당 기금에 젖줄을 대어야 했다.

'듀드 대통령Dude President'이 호화로운 마차를 타고 있다. 물론 아더의 이런 우아함은 비싼 값을 치러야 했지만, 이 시기에 뇌물과 뒷거래는 공적 생활에서 떼놓을 수 없는 일부로 받아들여졌다.

오래된 관습은 쉽게 죽지 않는다. 그리고 오래된 우정은 끊기가 어렵다. 부패한 관습들은 아더의 대통령 재임 기간에도 지속되었다. 그렇지만 '엽관자spoilsman'는 놀랄거리를 숨겨놓고 있었다. 1882년에 그들이 핵심 하원 의원 선거구 몇 곳에 1800만 달러(오늘날 3억 9000만 달러) 규모의 이른바 '수로 개선' 계획을 도입했을 때, 아더는 빤히 표와 영향력이 필요한 곳에 새로운 일자리와 공직들을 만드는 것이 목표인 그 '포크 배럴(포퓰리스트 정책을 이르는 표현 — 옮긴이)' 정책에 거부권을 행사했다. 의회는 그 거부를 철저히 무시하고 재투표를 하여 입법을 통과시켰다. 하지만 대통령은 다가올 변화를 알리는 역할을 했다.

밀렵꾼이 사냥터지기로 완전히 바뀐 것은 어마어마한 충격을 안겼다. 아더가 펜들턴 법Pendleton Act에 대통령직의 무게를 온전히 실은 것이다. 1883년에 통과된 이 법은 정부 부패를 직접적으로 공격했다. 범위는 한정적으로 연방 직책에만 적용되고 좀 더 풍부한, 더 멋대로 남용되고 있던 주 공직에 대해서는 적용되지 않았지만 그것은 예로부터 고고했던 '엽관 체제'의 종말의 서두를 알렸다. 이 자리들은 새로 선출된 행정부를 위한 선물이 아니라 미덕으로 오를 수 있는, 영구적인 공무원의 자산이 될 터였다. 검증 시스템 덕분에, 중요한 직위들은 가장 자격을 갖춘 후보자들에게 갈 수 있을 것이다.

물론 부패는 늘 길을 찾을 테고, 미국의 정당들은 자금줄을 찾아낼 것이다. 개인들에게 기부를 해야 할 인센티브를 제공하지 못하게 된 그들은 그 대신에 기업들로 눈을 돌려 온갖 종류의 의심스러운 거래를 체결했다. 그렇지만 펜들턴 법은 적어도 그 의도를 보면 중요한 선언이라고 할 수 있다. 정부가 판매품이어서는 안 된다는 통고였다.

《퍽》 잡지에서 '마술사 대통령' 아더는 정치적 지지 대상이 다른 그 모든 유권자들을 유인해 선거에서 자기를 지지하게 만들 방책을 찾아내는 탁월한 솜씨로 모든 관람객을 놀라게 했다.

승자에게 전리품을

펜들턴 법 이전에, 미국 공무원직은 엽관 제도에 따라 운용되었다. 승리한 당이 주요 직책에 자기네 편 사람을 임명했다. 우리가 보기에, 이것은 보통 부패한 정도가 아니라 공공연한 부패다. 하지만 그것을 바꾸어야 한다는 생각은 많은 이에게 정말로 도전적으로 보였다. 왜 부유하고 중요한 사람이 아무런 보답도 기대하지 않고 유세를 위해 자기 돈과 영향력을 내놓거나 빌려주겠는가? 공공 기관의 직위는, 터놓고 말해서 돈을 벌 기회로 여겨졌다. 합법적으로 거둬들일 요금이 없는 경우라면 뒷거래 뇌물이 있었다.

추가 부담금 시스템levy system을 뒷받침하는 논리가 그거였다. 만약 어떤 남자가 공화당이나 민주당에서 얻은 직위 덕분에 돈을 억수로 벌어들이고 있다면, 당 기금을 기부하는 것도 당연하게 여길만하지 않은가? 그리고 그것은 그런 식으로 스스로를 고착화하며 악순환되었다. 공무원은 자기들이 당연히 횡령을 할 권리가 있다고 느꼈고, 정치가들은 자기 몫을 차지할 권리가 있다고 느꼈다.

그로버 클리블랜드, 1885~1889, 1893~1897

그래서 불법 소득의 시대는 가버렸을까? 잠시 동안은 그런 것처럼 보였다. 하지만 그로버 클리블랜드Grover Cleveland는 도덕성에 맞서는 다른 방식을 찾아냈다. 1870년대에 버펄로에서 변호사 공부를 하던 그는 독신이라는 조건을 가장 잘 이용하여 바와 살롱에서 대부분의 시간을 보냈다. 그리고 매력적인 젊은 과부 마리아 햅핀Maria Halpin과의 관계에서 자식을 얻었다 — 어머니는 그를 오스카 클리블랜드Oscar Cleveland라고 불렀지만, 클리블랜드는 아이의 아버지가 자신이라고 끝내 확신하지 못했다. 그러나 그는 자기 책임을 인정하고서 — 비록 아버지 역할은 아니라도 — 마리아가 갈수록 심각해지는 알코올 중독으로 어머니의 임무를 다하지 못하게 되자 그녀를 병원에 입원시키고 사내아이가 고아원에 들어갈 수 있도록 돈을 댔다.

1871년과 1874년 사이에 에리 카운티의 보안관으로 잠시 활동한 것을 제외하면, 클리블랜드는 아무런 정치적 야심 없이 40세의 나이에 이르렀다. 그러나 44세가 된 1881년에 그는 주위의 권유를 받아 민주당의 개혁 시장으로 버펄로의 공직에 출마할 결심을 굳혔다. 뒤이은 그의 성장세는 마치 유성과도 같았다 — 유권자들은 지역 수준에서 불법 소득과 싸우는 그의 능력에 너무 깊은 인상을 받았고, 이내 더 큰 무대에서 그 능력을 선보이라는 부름이 잇따랐다. 다음 단계는 1882년에 올바니에서 주지사로 당선된 것이었다. 다시금 그는 부패를 말끔히 쓸어내는 새 빗자루가 되었다. 1884년에 그는 대통령 후보 지명을 확보했다 — 공화당의 적수는 제임스 블레인James G. Blaine이었다.

앞선 헤이스와 마찬가지로, 클리블랜드는 자신의 경험 없음을 미덕으로 만들 수 있었다. 그는 워싱턴이나 그곳의 방식에 영향을 받거나 더럽혀지지 않은 아웃사이더였다. 블레인은 그 동네에 조금은 너무 오래 있었다. 또한 대형 철도 회사들과 가깝게(그리고 짭짤하게) 관련되어 있다는 소문이 있었다. 공화당원들은 클리블랜드의 '고아' 아들의 이야기를 들먹이는 데 주저하지 않았고, 사실 그건 대중의 흥미와 입맛을 당기는 스캔들이기도 했다. 클리블랜드는 자기 실수를 인정할 만큼은 정직했다 — 그리고 덮으려 해도 소용없음을 알 만큼 영리하기도 했다. 그 사실을 정직하게 인정한 덕분에 클리블랜드는 엄청난 존경을 얻은 듯하다. 만일의 경우에, 사람들은 공공의 선을 지켜주리라고 믿는 사람을 선출하기 위해서라면 개인적 위반을 간과할 준비가 되어 있었다.

> 클리블랜드는 잘못을 인정할 만큼은 정직했다. 그리고 덮으려 해도 소용없음을 알 만큼은 영리했다. 정직하게 인정한 덕분에 그는 커다란 존경을 산 듯하다.

선한 자 그로버?

"엄마, 엄마, 아빠는 어디 있어요? 백악관으로 가렴, 하, 하, 하!" 클리블랜드가 백악관에 들어갔을 때 펜실베이니아 애비뉴에서는 이런 즐거운 노래가 울려퍼졌다. 과거의 잘못이 무엇이었든, 그는 백악관에 있었다.

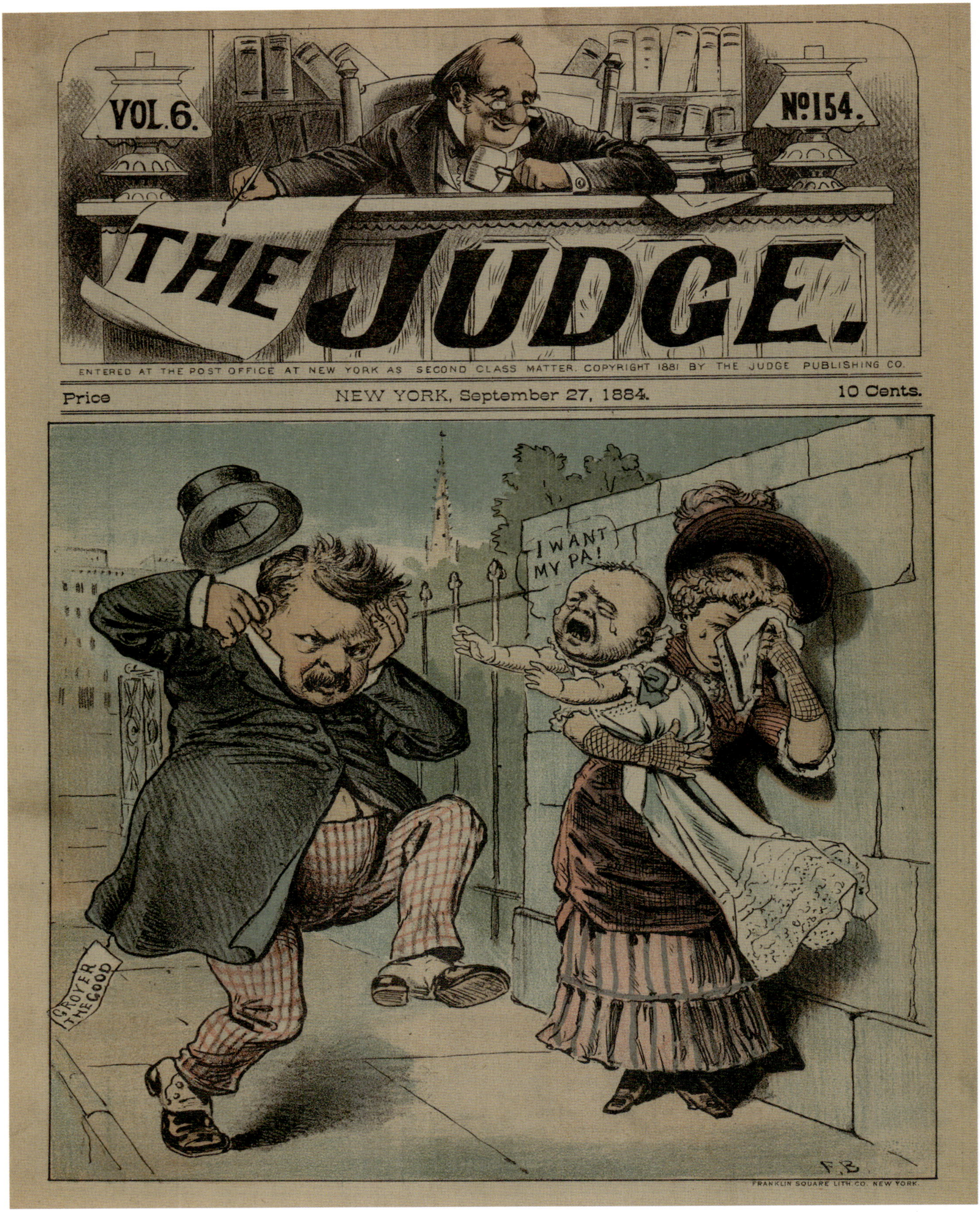
VOL.6.
Nº154.
THE JUDGE.
ENTERED AT THE POST OFFICE AT NEW YORK AS SECOND CLASS MATTER. COPYRIGHT 1881 BY THE JUDGE PUBLISHING CO.
Price
NEW YORK, September 27, 1884.
10 Cents.
I WANT MY PA!
GROVER THE GOOD
F.B.
FRANKLIN SQUARE LITH. CO. NEW YORK.

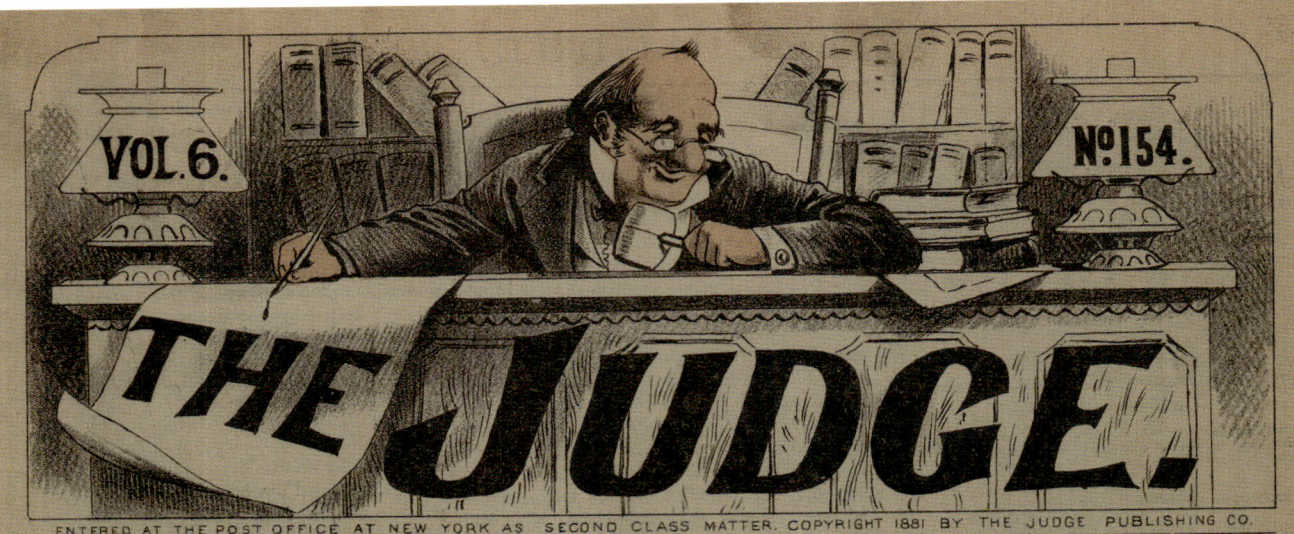

왼쪽: "우리 아빠를 원해요!" 사내아기가 소리친다 — 그렇지만 그가 과거에 어떤 잘못을 하고 어떤 범칙을 저질렀든, 유권자들 역시 클리블랜드를 원했다. 1892년에 유권자들은 그에게 압도적인 표를 던졌다.

위: 군인들이 1894년 풀먼 파업에서 무력을 과시하고 있다. 클리블랜드는 원칙을 기준으로 고용주에 승리를 안겨주었다 — 국가 안보가 무슨 위험에 처해 있다는 것인지는 알 수 없는 일이었지만.

당시 그의 잘못이라면 아마도 상상력과 동정심이 부족했던 것이었으리라. 포크 배럴을 치워버리고 유권자들의 돈이 낭비되지 않게 하려는 그의 욕망은 때때로 너무 도를 넘었다. 1887년에 그가 가뭄에 시달리는 텍사스의 농부들에게 신선한 옥수수 씨앗을 매입할 1만 달러(21만 6000달러)를 제공하기 위한 법안을 거부했을 때, 그는 그것을 원칙을 바로세우는 문제로 보았다. 그렇지만 현실에서 고통당하는(그리고 세금을 내는) 가정들은 가장 극심한 어려움에 처해 있었다. 그리고 그가 1894년에 풀먼 파업을 깨뜨리기 위해 시카고로 연방 군을 보낸 것은 다시금 헤이스의 재임기를 연상시켰다. "시카고에 엽서 한 장 보내는 데 미합중국의 전체 육군과 해군이 필요하다면, 그 엽서는 배달될 것이다." 그 정도로까지는 필요없었지만, 1만 2000명의 병력이 연방 법원 집행관들과 일리노이 주립 경비병과 나란히 배치되었다. 뒤이은 유혈 사태에서 13명이 목숨을 잃고 57명이 부상을 입었다. 노사관계 문제는 제쳐두고라도, 인종 문제도 있었다 — 풀먼 파업 참가자 중에는 아프리카계 미국인이 너무 많아서, 이것은 정의를 추구하는 흑인 고용인에게 백인의 권력이 공격을 가하는 것처럼 느껴졌다(그리고 명확히 그 지경까지 갔다). 그렇지만 클리블랜드의 반응은 더욱 근본적인 헌법적 의문을 일깨웠다 — 가장 직설적인 의문이었다. 대통령이 그런 분쟁에 개입할 권한이 어디 있는가?

게다가 '콕시의 군대'에 맞선 클리블랜드의 반응은 조직된 노동력에 대해 거의 앙심을 품은 듯한 태도를 보여주었다. 이 실직 노동자의 무리는 굶주린 이들에 대한 원조와 고속도로 건설을 비롯한 공적 사업 투자를 통한 일자리 창출을 요구하며 워싱턴을 행진했다. 클리블랜드는 미국의 문제를 해결하는 것이 정부와 기업에게 달려 있다고 믿었다. 노동자들은 일이나 해야지, 질문을 하거나 요구를 해서는 안 되었다. 클리블랜드는 연방 법원 집행자들로 하여금 서부에서 오는 행군자들을 저지하게 했다. 행군자들이 워싱턴에 도착하자 주 방위군이 나서서 국회의 사당 옆 잔디를 밟았다는 이유로 주모자들을 체포했다.

클리블랜드는 전임자로부터 물려받은 경제적 위기나, 그의 강경 노선이 초래한 대중적 적대감을 극복하지 못했다. 그렇지만 1889년에 자리에서 밀려난 그는 그 4년 뒤에 돌아왔다. 미국 유권자들은 확실히 잊지는 않았을지 몰라도 용서는 했다. 하지만 박수칠 때 떠나는 편이 더 나았을지 모른다. 경제적 상황은 옛날보다 하등 나아진 것이 없었고, 그 자신은 건강이 나빠 고생하고 있었다. 그는 갈수록 더 깊은 우울증에 빠져들었다. 그리고 사면초가에 처한 기분을 느꼈는데, 실제로도 그랬다.

기록을 갱신하다

이미 백악관에 들어가 있는 대통령과 결혼해서 영부인이 된 경우는 프랜시스 폴섬 클리블랜드Frances Folsom Cleveland가 처음이었다. 남편 클리블랜드는 혼인 서약을 하기 위해 정신 없는 스케줄에서 잠깐 짬을 냈다. 식을 올릴 당시 겨우 21세였던 그녀는 가장 어린 영부인이 되었는데, 오늘날까지 그 기록을 유지하고 있다. 그녀는 배우자보다 27살이나 어렸지만, 이것은 기록이 아니었다. 존 타일러는 둘째 아내 줄리아 가드너보다 30살이나 위였다.

아래: 그로버 클리블랜드와 그의 각료들은 힘든 결정을 내려야 하는 힘든 시대에 통치를 해야 했다. 수많은 미국인은 경제 위기를 대처한 방식에서 공감이 부족했다고 느꼈다.

오른쪽: 클리블랜드의 영부인 프랜시스 폴섬은 남편보다 27살이나 어렸다. 그렇지만 만만한 상대가 아니었던 그녀는 심지어 전통적인 결혼 서약조차 다시 썼다. 남편에게 — '복종'이 아니라 — '사랑과 영예'를 맹세하는 내용이었다.

미국인들은 힘들었고 화가 나 있었다. 백악관에 대한 공격이 갈수록 늘었다 — 그냥 어쩌다 한 번씩 벽돌과 병이 날아오는 정도가 아니라 실로 잠재적인 위협들이 있었다. 경호가 강화되었다. 한때 공개된 장소에 가까웠던 대통령의 주거지는 이제 높은 가로대로 에워싸이고 연철 문으로 굳게 잠겼다.

벤저민 해리슨, 1889~1893

잃어버린 대통령 중에서도 잃어버린 대통령이 된 것은 벤저민 해리슨Benjamin Harrison의 불운이었다 — 클리블랜드의 임기를 1회로 끝내는(비록 선거인단 표에서만 그랬지만) 위업을 달성한 것에 대한 응분의 대가였을까. 클리블랜드의 두 차례 임기 사이에 낀 그의 재직 시절은 마치 바짓가랑이 사이에 끼여 쥐어짜인 양, 영 눈에 띄지 않는다. 그리고 어쨌거나 공화당에서 클리블랜드를 닮은 후보로 간택한 것이 뻔해서 더 눈에 띄지 않는다. 제임스 블레인은 그래도 공화당에서는 대형 타자였다. 클리블랜드의 1차 임기 동안도 줄곧 그랬지만, 그의 지지자들은 자기들의 챔피언이 너무 물들었다는 사실 때문에 점점 발을 뺐다.

앞서 클리블랜드가 그랬듯이, 해리슨 역시 난데없이 등장했다(정치적으로 그렇다는 것이고, 지리학적으로 말하자면 그는 아직까지도 대통령 중 유일하게 인디애나 출신이다). 그는 부패라는 짐을 지고 있지 않았으며, 불법 소득을 근절시키겠다고 약속했다. 클리블랜드와 마찬가지로, 그는 장로교 배경을 지니고 있었다 — 클리블랜드의 아버지는 사실 그 교회의 설교자였다.

존 워너메이커가 친구 벤저민 해리슨에게 휴가용 별장을 선물한 것은 전혀 특혜가 아니었다. 그 후한 선물은 대체로 비난받을 거리가 없던 행정부에게 커다란 스캔들을 안겨주었다.

그렇지만 클리블랜드가 일찍 자신의 종교적 신념을 저만치 밀어두었다면, 해리슨은 독실한 신자로 남았다 — 그에게 장로교의 장로가 되는 것은 대통령이 되는 것 못지않게 중요했다.

그는 개혁에 대한 열정을 강조했다. 그의 정책에서 가장 중요한 부분은 펜들턴 법을 강화하고 그 적용 범위를 확장하는 것이었다. 하지만 그는 지지자들의 행동을 늘 관리하지는 못했다. 공화당 국가 위원회의 회계 담당자였던 윌리엄 웨이드 더들리William Wade Dudley가 선거 중에 인디애나에서 표를 매수하려 했음을 폭로하는 편지들이 새어나오는 바람에 그는 선거에서 망신을 당했다. 임기 말에도 해리슨의 지지자들은 그를 불편하게 만들었다. 1890년에 우정공사 총재인 존 워너메이커John Wanamaker가 필라델피아 기업계에 있던 친구들 몇과 함께 영부인 캐럴라인 해리슨Caroline Harrison에게 저지 해변의 메이 곶에 있는 작고 예쁜 별장을 선물했다. 어떤 줄이 닿아있는지는 끝내 밝혀지지 않았지만, 그 선물이 널리 알려졌을 때 사람들은 확실히 눈썹을 추켜올렸다. 해리슨은 자기가 이전부터 그 별장을 살 계획이었고, 워너메이커는 그저 도와주었을 따름이었다고 서둘러 주장했다. 그는 친구에게 1만 달러(오늘날 24만 3000달러)의 수표를 보냈다.

병사 보살피기

해리슨이 참전병의 수호자 역할을 택한 것은 현란한 행보였다. 제임스 태너James R. Tanner는 자신이 상이 용사였다. 그는 불런 전투(남북 전쟁 중인 1861~1862년에 북부 버지니아의 머내서스 근처 불런 강 일대에서 벌어진 전투로, 제1차 불런 전투와 제2차 불런 전투가 있으며 두 번 다 남군이 승리했다 — 옮긴이)에서 양 다리를 잃었다.

> 참전병이 직면한 문제들을 이해하고,
> 나아가 참전병과 동일한 관심사를
> 진정 공유하고 있다고 믿을 수 있는 남자.
> 그는 참전병의 관심사를 진심으로 같이했다!

벤저민 해리슨은 아마도 미국에서 고위직에 올랐던 이들 중에서 가장 순수한 영혼의 소유자였을지도 모른다 — 그럼에도 불구하고 그는 지나치게 부지런한 지지자들 덕분에 부패로 기소당하는 처지에 처했다.

그랬으니 그는 이제 참전병이 겪는 문제를 아는 남자로서, 참전병의 이득에 진정으로 관심이 있다고 믿을만한 사람이었다. 맙소사, 그는 그들의 이득에 진정으로 관심이 있었다! 비록 부패한 인물은 아니었지만, 정부의 역할과 정부가 쓸 수 있는 자금의 한계를 제대로 파악하지 못한 것이 그의 치명적 패인이었다. "병사들을 후하게 대우하겠다"는 약속을 내세운 그는 자기가 찾아낼 수 있는 모든 참전병에게 후한 보상을 내리는 것을 자기 임무로 여겼다 — 심지어 도움을 청하지 않은 수많은 이까지 포함해서였다. 몇 개월도 안 되어 그의 부서의 예산은 어마어마하게 초과되었다. 해리슨은 1년만에 그를 자르지 않으면 안 되었다.

VI
세계적 강대국: 기업과의 동침

19세기를 마감하는 마지막 몇 해 동안 미국은 경제 대국으로서만이 아니라,
제국주의적 야망을 품은 중요한 현대 국가로서 성년기에 이르렀다. 그러나
미국의 힘이 성장하고 있었다면, 해를 끼칠 수 있는 능력 역시 마찬가지였다.

"승리는 가장 어두운 패배의 시대에 가장 가까이 와 있을지 모른다."

우리가 이미 보았듯이 펜들턴 법은 미국 정치의 다른 측면을 부각시켰다. 그 영향력은 처음에는 미미했지만 점차 강력해졌다. 이전에는 부유한 개인들의 개인 자산으로 매매되던 일자리들이 이제는 능력 위주로 질서가 매겨지는 관료제의 소장품이 되었다. 그렇지만 적어도 하늘에서 새로운 종류의 공적 대표자들 — 정직하고 이타적이고 공적인 봉사 그 자체를 위해 헌신하는 — 을 내려보내야겠다고 마음먹기 전까지, 정치라는 기계가 굴러가도록 기름을 칠 돈은 어딘가 다른 곳에서 나와야만 했다.

윌리엄 매킨리(위) 암살로 처형되기 전 감옥에 갇혀 있는 레온 촐고츠(왼쪽). 그의 범죄는 확실히 20세기 대통령사의 시작을 위태롭게 만들었다.

그리하여 우리는 대략 이 시기에 정계와 기업 사이의 친밀한 (때로는 심지어 근친상간적인) 관계를 보게 된다. 좌파 비평가들이 '기업 미국'이라고 부르는 것이 이때 태어났다.

윌리엄 매킨리, 1897~1901

어쩌면 대통령이 되기에는 너무 선한 남자였던 매킨리William McKinley는 자신의 '킹메이커'였던 남자, '달러 마크' 해나'Dollar Mark' Hanna에게 진 부채감에서 끝내 벗어나지 못했다. 해나는 민주당파 윌리엄 브라이언William J. Bryan이 미국 달러를 '은 제도'에 묶어두려 한다는 괴담으로 어리숙한 기업가들을 겁주면서 매킨리의 유세를 펼쳤다. 매킨리의 편을 좀 들어주자면, 경제의 고삐를 늦추면 그 결과는 반드시 인플레이션을 향하게 되어 있었다. 그것은 남부와 그 농민들에게는 유리했지만 — 순채무자인 그들은 그편이 더 빚을 갚기 쉬웠으니까 — 북동부 기

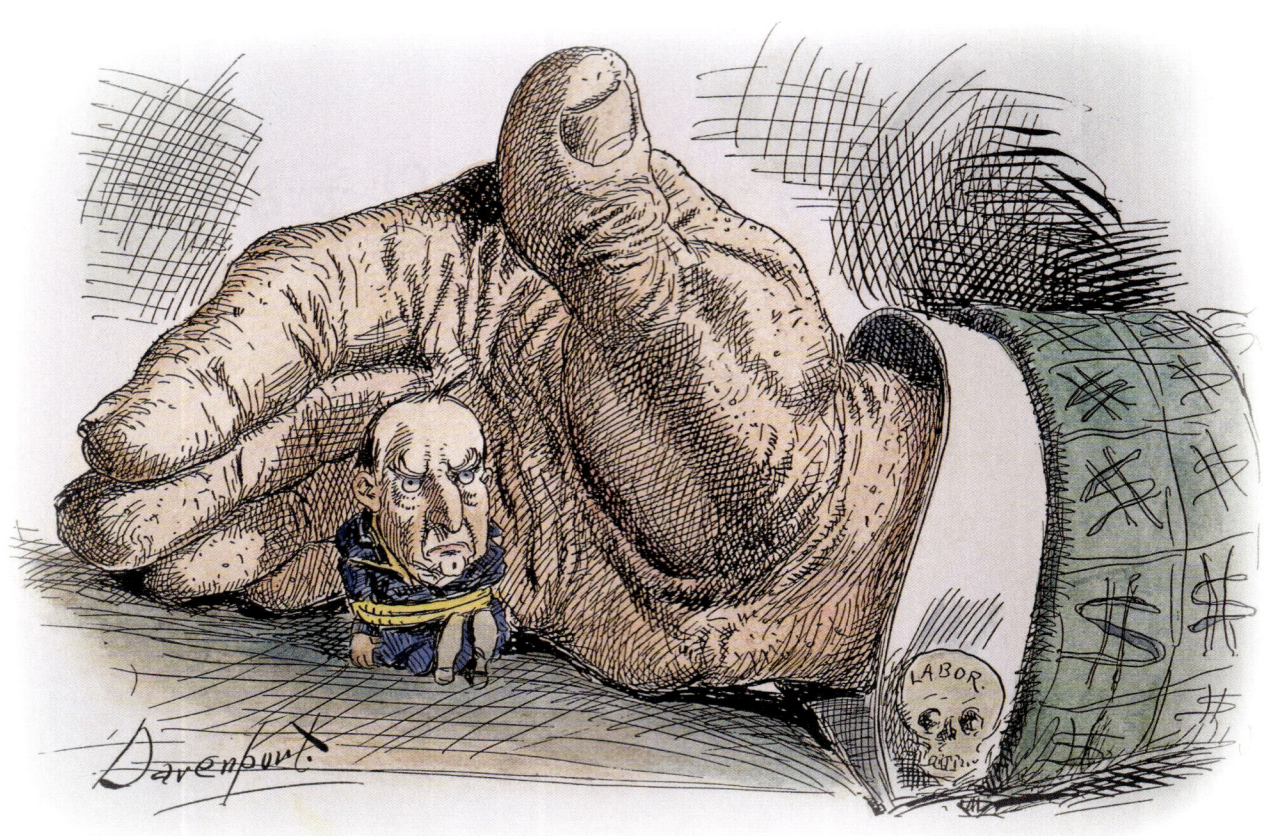

업들의 생산품의 수출가를 떨어뜨릴 터였다. 다른 한편으로 매킨리가 열렬히 주장한 수입 관세 인상은 경쟁력에 해로웠다. 그것이 미국 산업을 '보호'해준다는 생각은 장기적으로 보아 분명히 환상이었고, 기계값을 인상시켜 농업에 큰 타격을 입혔을 뿐이었다.

해나는 기부자인 기업들에게 강력한 로비를 펼치고 금본위제를 홍보하고 그것이 기각될 경우에 벌어질지 모를 온갖 암울한 운명을 예언하는 선거용 소책자들을 잔뜩 찍어내서 엄청난 기금을 확보했다. 사실상 그가 한 일은 요즘 선거 캠페인이 예외없이(그리고 대개는 합법적으로) 하는 일과 그리 많이 다르지도 않다 — 그는 확실히 강경하긴 했지만, 위법 행위로 유죄는 아니었다. 매킨리의 문제는 멘토의 인지도가 너무 높아서 자신이 꼭두각시처럼 보인다는 것이었다. 사람들은 그를 대통령으로 충분히 진지하게 받아들여주지 않았다.

그리고 매킨리가 직위에 오른 뒤에 오하이오의 중견 상원 의원 존 셔먼John Sherman이 사임 압력을 받은 사건 때문에 그러한 인상은 더욱 심화되었다. 오하이오 주지사는 그 이후에 해나의 이름을 그 자리에 들이밀었고, 결국 해나는 그 주에서 상원 의원 자리를 차지했다. 셔먼은 국무 장관에 임명되었으니 희생에 대해 충분한 보상을 받고도 남은 셈이다. 그러나 안타깝게도 그것은 셔먼

이보다 더 명확한 풍자가 있을 수 있을까. 매킨리는 말 그대로 '달러 마크' 해나의 손아귀에 갇힌 듯 보인다. 그는 끝내 그 악명 높은 유력 인사와의 관계를 씻어낼 수 없었다.

에게 한참 분에 넘치는 자리였다. 74세였던 그는 자기 몸을 잘 추스르지 못했고 기억력도 흐릿해지고 있었다. 중요한 대담에서 자기가 무슨 이야기를 하고 있었는지를 잊고 대화의 흐름을 따라가지 못했다. 1년도 안 되어 그는 윌리엄 데이William R. Day에게 자리를 내줘야 했다.

'눈부신 작은 전쟁'

매킨리의 대통령 임기 중에 벌어진 일들이 오늘날 스캔들로 보이긴 하지만, 거기에는 전통적인 의미의 부정·부패보다는 그의 행정부가 내린 잘못된 외교 정책 탓이 더 컸다. 1898년의 그 악명 높은 USS 메인 호 침몰 사건은 그의 재임 중에 일어났다. 전함은 폭발을 일으켜 260명의 승무원과 함께 아바나 항구에 가라앉았다. 모든 정황상 배가 바다 밑으로 침몰한 것은 스페인 당국이 당시 주장했던 대로 메인 호 갑판에서 일어난 폭발 사고

때문인 것이 분명했지만, 미국인들은 스페인 측의 술수를 의심하기로 마음먹었다. 지금은 오랫동안 갈망하던 쿠바를 침략하여 벌써 수십 년째 몰락의 길을 걷고 있던 스페인으로부터 빼앗아오기에 완벽한 기회인 것처럼 보였다. 솔직히 일방적이었던 스페인-미국 전쟁은 113일 만에 끝났다. 윌리엄 데이는 양심적으로 쿠바를 제외한 스페인 식민지들을 반환해야 한다고 주장했다. 그리고 애쓴 보람도 없이 직위에서 해임되었다. 그 대신에 미국은 뜻한 대로 푸에르토리코와 괌, 필리핀을 손에 넣었다. 데이 후임으로 국무 장관이 된 존 헤이John Hay의 말을 빌리자면, '눈부신 작은 전쟁'의 소소하지만 좋은 보답이었다. 그렇지만 거기에는 그다지 눈부시지 않은 면이 있었다. 미국 언론은 쿠바에서 스페인이 저지른 잔학 행위에 관한 이야기들을 날조해

미 해군 전함 메인이 침몰해 거의 승무원의 3/4이 목숨을 잃은 것은 비극적인 사고였다 — 그렇지만 미국인은 그 사실을 받아들이기보다는 전쟁을 벌여 쿠바를 손에 넣기를 바랐다.

> 매킨리 대통령 임기 중에 벌어진 일들은 오늘날 스캔들로 여겨지긴 하지만, 문제는 전통적 의미의 부패라기보다는 그의 행정부가 내린 잘못된 외교 결정이었다.

미리부터 공분을 일으켰고, 매킨리는 처음부터 충분히 강경 노선을 취하지 않았다 하여 비판을 받았다. 동시에 그는 해적식 해외 정책에 관해 비난을 받았다. 대통령이 제국 건설에 나서야 하는가? 스페인의 잔학 행위에 대한 주장들은, 다소 심하게 과장되긴 했지만 뭐라 해도 새빨간 거짓말은 아니었다. 그곳 섬주민들 사이에 깊이 뿌리내린 게릴라에 맞서 파견된 스페인의 점령군은 전통적으로 강력했고, 양측 사이에서 벌어진 전쟁은 지금의 우리라면 '비대칭적 전쟁'이라고 부를 법했다.

마크 해나가, 한 입에 물기에는 버거운 쿠바산 시거를 입에 물고서 고생하는 매킨리를 구경하고 있다. 비록 피를 흘리고 붕대를 하긴 했지만 대통령은 육군장관에게 책임을 돌릴 수 있었다.

그 와중에 누가 아군(아니면 적어도 '민간인')인지, 그리고 누가 적인지를 분간하기란 어려운 일이었다.

식민지를 유지하기로 결정된 뒤에 필리핀을 점령하기 위해 파견된 미국 군대가 직면한 문제가 바로 그것이었다. 예상대로 구식 전투에서 승리한 그들은 자신들의 5배나 되는 필리핀군에 맞서 겨우 4000명의 인명 피해로 섬을 손아귀에 넣었다. 그렇지만 사실 필리핀에 대한 지배를 강화하는 것은 그와는 비교도 할 수 없을 만큼 더 어려웠고, 미군은 확실히 활과 창으로 무장한 마을 전사에 맞서 기관총을 사용하는 공포 전술에 의존하는 처지가 되고 말았다. '혐의자들'("열 명 넘으면 무조건 죽여" 하고 제이콥 스미스 장군은 명령했다)은 잡혀가서 고문받고 총살당했다. 결국 100만 명의 민간인이 학살당했다. 분노한 소설가 마크 트웨인은 미국이 필리핀인들을 해방시켰어야 했는데, 그 대신에 그들을 노예로 만들고 있다고 썼다.

"나는 독수리가 다른 육지 위에 발톱을 두는 데 반대한다."

발작과 슬리퍼

1867년에 윌리엄과 처음 만난 아이다 색스턴 매킨리Ida Saxton McKinley는 분명히 미인이었지만, 누가 뭐래도 그냥 예쁜 얼굴이 전부는 아니었다. 어디로 보나 귀한 집 아가씨였던 그녀는 헨리 제임스 소설의 여주인공처럼 유럽 여행을 떠나기 전에 예비 신부 학교에 다니기도 했지만, 그 뒤에 아버지 은행에서 출납원으로 근무하기 시작했다. 당시에 그것은 남자들이나 하는 직업으로 여겨졌다.

그렇지만 아이다는 보기만큼 강인하지 못했다. 1870년대에 그녀는 처음에 어머니의 죽음과, 다음에는 두 딸의 죽음으로 완전히 무너져버렸다 — 맏딸은 세 살, 둘째딸은 겨우 6개월이었다. 그녀는 간질병을 얻었고 가장 곤란한 상황에서 발작을 일으키곤 했는데, 그 중 한 번은 남편의 취임식 무도회에서였다. 점점 세상에서 물러난 그녀는 여생을 코바늘뜨기에 바쳤다. 그녀는 슬리퍼를 만들었다. 수천 켤레를 만들어 선물로 나눠주었다.

남 탓하기

쿠바에서 승리를 거둔 덕분에 미국은 들뜬 분위기가 되었다. 그렇지만 이내 덜 행복한 이야기들이 점점 더 들려오기 시작했다. 산과 숲에서 작전을 펼치던 미군은 비참할 정도로 준비가 부족했고 장비도 부족했다. 비록 군사적으로 미국 측은 400명의 사망자밖에 내지 않았으니 식은 죽 먹기였지만, 수천 명이 병에 걸렸고 약 5000명은 목숨까지 잃었다. 매킨리는 노련하게 이 모든 비판을 육군 장관 러셀 앨저Russell A. Alger에게 돌려놓았는데, 그는 모든 잘못된 일에 대한 동네북이 되어 있었다.

한편 마크 해나의 친구들과 후배들은 어떤 섬에서 짭짤한 돈벌이 기회를 손에 넣기 위해 움직이고 있었다. 그곳은 명목상 '독립적인' 의존국이었고, 미국은 그곳을 가까이 두는 편이 더 편리하겠다고 여기던 참이었다. 에스테스 래스본Estes C. Rathbone이라는 인물은, 1만 달러(오늘날 270만 달러)가 사라진 사실이 밝혀지는 바람에 우편국장 자리에서 물러나야 했다.

마지막까지 온화했던 매킨리는 1901년 9월 6일 뉴욕 버팔로에서 전미 박람회 대중 행사 중에 레온 촐고츠라는 무정부주의자의 총으로 너그러운 죽음을 맞았다. 총탄이 제대로 맞았다고 느꼈을 때 대통령이 맨 처음 떠올린 생각은 영부인 걱정이었다. 대통령은 아내에게 그 소식을 조심스럽게 전하라고 수행원들에게 일렀다. 둘째 생각은 암살자의 복지에 관한 것이었다. 촐고츠가 무장 해제당한 뒤에 너무나 화가 난 군중이 그를 하도 심하게 폭행하고 있어서 그는 정말 죽을지도 모르는 상황이었다.

매킨리의 암살은 미국을 놀라게 했다. 촐고츠의 공격은 그보다 더 공개적일 수 없었다. 그는 국제 박람회에 가는 길에 모여든 적지 않은 관중 앞에서 대통령을 쏘았다.

그러나 매킨리의 연민은 불필요한 것이었다 — 그의 암살범이 그런 연민을 받을 자격이 없어서가 아니라, 촐고츠가 구조받고서 겨우 몇 주 뒤에 재판정에서 유죄 판결을 받고 전기 의자로 보내졌기 때문이다. 대통령은 그때는 이미 죽은 다음이었다. 대통령은 며칠 동안 버티면서 의사들에게 어쩌면 살아날지도 모른다는 희망을 주었지만, 상처가 괴저壞疽로 발전해 9월 14일에 죽고 말았다.

시어도어 루스벨트, 1901~1909

대통령이라는 직함은 그것을 소유한 거의 모든 이에게 역사적 후광을 부여했다. 그렇지만 테디 루스벨트Theodore Roosevelt는 아마도 특이하게, 사람이 그 직위보다도 더 커 보인 경우였다. 화려함 면에서는 확실히 그랬다. '실물보다 큰'이라는 표현은 자기 이름을 유명한 아이들 장난감에 제공했는가 하면 미국의 국립 공원들을 처음 개장하기도 한, 이 패기만만하고 놀라울 정도로 정력 넘치는 인물을 위해 생겨났는지도 모른다. 그렇지만 그는 자연보호주의자이면서 맹수 사냥꾼이기도 했고, 정치 이론가이면서 행동가였고, '러프 라이더'(스페인-미국 전쟁에서 루스벨트가 조직한 의용군을 말함 — 옮긴이)이면서 우아한 문장력을 지닌 작가이기도 했다. 그는 월트 휘트먼Walt Whitman이 유명한 시 〈나 자신의 노래Song of Myself〉(1855)에서 노래한, 과장되게 복잡한 미국인 상을 완벽할 정도로까지 체화한 인물이었다.

미국 정계의 카우보이 영웅이었던 그는 사실 1880년대에 노스다코타에서 보안관보로 일했다. 일부러 지어내려 해도 이런 인물은 지어내기 힘들었을 것이다. 1912년 10월, 원로 정치가였던 그는 암살 미수범의 총탄을 가슴에 맞았다. 치명상이 아니라서 좀 시간을 지체해도 된다는 것을 알고서, 그는 야외 생활자의 냉정한 용기(타고난 정치인의 쇼맨 감각은 말할 것도 없고)를 발휘하여 셔츠 앞가슴에 천천히 핏자국이 번져가는 가운데 넋을 놓은 관중 앞에서 한 시간 반짜리 연설을 계속했다.

그가 결국 파나마 운하에 과다 지출을 하고 만 것은 거의 불가피한 일이었다.

신뢰의 문제

그렇지만 루스벨트가 늘 가장 좋은 면만 보여주지는 않았다. 그는 지칠 줄 모르고 법률을 제정했다. 1880년대 초반에 뉴욕 주의회 의원이었던 그는 다른 어떤 대표보다 많은 법안을 기초했다. 또한 부패와의 싸움에 헌신하면서 뉴욕 시 경찰서의 기득권을 공격했다 — 당시 그곳은 족벌주의, 절차 남용과 불법 소득의 소굴이었다. 그는 또한 담합 파괴자로서도 명성을 쌓았는데, 카르텔 또는 '트러스트'로 담합한 거대 기업체들이 자본주의의 경쟁이나 소비자의 선택이라는 개념을 조롱거리로 만들면서 자기들끼리 가격을 고착시키는 것을 공격한 덕분이었다. 그러나 기질적으로, 그는 자신이 모순적이었다 — 그 자신이 인습적으로 부패했거나 탐욕스러운 탓은 분명히 아니었지만, 일반적인 규율이 적용되기에는 성격이 너무 대범했기 때문이었다. 회계 장부나 적고 있을 성격이 아닌 탓

작가이자 사상가이자 입법가이자 행동가……. 테디 루스벨트는 이 모든 것이었고 그 훨씬 이상이었다. 제퍼슨 이래 그처럼 주목하지 않을 수 없는 인물이 대통령직을 차지한 적이 없었다.

오른쪽: 배들랜즈의 루스벨트. 확실히 그는 허세가 심했지만, 한편으로는 진짜배기였다 — 진짜배기라는 게 무슨 의미이든 간에. 유권자들이 그에게 저항할 수 없었던 것도 놀라운 일이 아니다.

에, 그가 파나마 운하에 결국 초과 지출을 하게 되는 것은 불가피한 일이었다. 전설적인 공사들은 전설적인 제스처를 요한다 — 그리고 400만 달러면 충분할 사업에 그 10배인 4000만 달러를 쓰는 것보다 더 전설적인 제스처가 어디 있겠는가?

라틴아메리카와 카리브에서 미국이 편 제국주의 정책을 역설적으로 그린 이 만화에서, 솜브레로를 뽐내듯 쓴 대통령 테디 루스벨트가 콜롬비아 쯤은 두렵지 않다는 듯이 용감한 모습을 과시하고 있다.

대통령이 그것이 엄청난 초과 지출이라는 것을 잘 알고 있었고, 그리하여 자체 삭감을 실시했을 거라고 짐작하는 사람도 있었지만, 그 사실은 끝내 입증되지 않았다 — 그리고 그 사람은 조금이라도 그렇게 했을 것 같은 타입도 아니다.

그렇지만 그는 세세한 데 신경 쓰는 남자가 아니었고, 냉소가라면 심지어 그가 자기 자신의 이런 성격적인 측면을 알면서도 일부러 자제하지 않았다고까지 말할지도 모른다. 내 마음이 커다란 그림에 사로잡혀 있다면 다른 모든 건 '무시할 수' 있다고 말이다. 1904년에 재선을 위한 싸움에서 노동 및 상무 장관

조지 코르텔료George B. Cortelyou를 캠페인 매니저로 택했을 때, 루스벨트는 자기가 무엇을 하고 있는지 알았다. 노련한 인물인 코르텔료는 거대 기업의 약점을 잘 알고 있었고, 순전히 완력으로 기부를 얻어내다시피 하는 방법도 알았다. 이 자금은 루스벨트가 그처럼 큰 격차로 승리를 거두는 데 큰 도움이 되었다. 그러고 나서 1907년에 미국 철강US Steel과 테네시 석탄과 철Tennessee Coal and Iron이란 두 회사의 합병을 뒷받침하면서, '러프라이더'는 자기가 그토록 지칠 줄 모르고 싸워 지키려 했던 반트러스트 법을 짓밟았다. 말 나온 김에, 규칙은 깨어지기 위해 존재한다는 루스벨트의 생각은 적어도 이때만큼은 확실히 어느 정도 정당화가 되었다.

> 규칙은 (적어도 자신에 의해서) 깨어지기 위해 존재한다는 루스벨트의 생각은 확실히 공황이 주식 시장을 지배하는 이 순간만큼은 어느 정도 정당화될 수 있었다. 그의 행보는 비록 일관성을 잃었을지언정 대규모 불황을 미연에 방지하는 데 도움이 되었다.

야망도, 지출도 과도한 파나마 운하는 테디 루스벨트에게 매력적인 프로젝트일 수밖에 없었다. 여기서 그는 건설 노동자들과 함께 있다. 운하를 완공한다는 것은 고된 목표였다.

공황이 주식 시장을 지배하는 상황에서, 그의 행보는 비록 일관성이 없긴 했어도 대규모 불황을 저지하는 데 도움이 되었다.

풀 기르기

치토 하르조Chitto Harjo가 상원에서 증언을 하려고 워싱턴으로 온 것은 시어도어 루스벨트의 재선 임기 중이었다. '미친 뱀'이라는 뜻의 이름을 지닌 그는 무스코지 크리크 부족의 추장이었다. 그의 부족민들은 이미 고향 대대로 살아온 앨라배마에서 오클라호마의 인디언 구역으로 강제 이주를 당한 뒤였는데, 다시금 정착민들에게 땅을 내주기 위해 이사를 하라는 압박을 받고 있었다. 치토 하르조가 그 연설에서 조약을 맺었으니 백인들의 말을 믿어도 된다고 했던 부족 원로의 말을 상기시킨 것은 유명한 — 아니, 악명 높다고 해야 할까 — 이야기다.

물론 그것은 그리 오래 가지 않았다. 크리크 부족은 몇 년 뒤에 이주당했다. 1909년의 '미친 뱀 폭동'은 신속히 진압되었다 — 고맙게도 유혈 사태는 없었다. 루스벨트는 자기가 미국 원주민 부족을 현실적이고 물정에 밝은 시각으로 본다고 생각하고 싶어했다 — 다른 모든 이들과 마찬가지로 제각각이라고, 그 중에는 좋은 사람도 있고 나쁜 사람도 있다고 그는 말했다. 그것은 공정하게 들리지만, 정치적으로는 편리하기도 했다. 그는 인디언들이 국가로서 집합적 권리가 있을 수도 있다고 누가 말하면 예외없이 짜증을 냈고, 그들의 고난이란 것을 '허위의 감상'이라고 부르면서 비웃었다.

아래: 실크해트를 쓴 나무꾼 두 사람, 볼린저와 블랜초트가 미국의 나무를 둘러싼 전쟁에 나선다. (부패는 말할 것도 없고) 환경 보호가 위기에 처했다는 것은 중요한 문제였지만, 대다수 미국인은 그들을 이해하지 못했다.

윌리엄 하워드 태프트, 1909~1913

체중이 136*kg* 쯤 나갔던 윌리엄 하워드 태프트William Howard Taft는 현재까지 가장 육중한 미국 대통령이다. 그리고 별명인 '올드 점보'처럼, 정치적으로도 경량급이 아니었다. 사실 그는 발이 느렸고, 그의 반트러스트 조치와 반反경쟁적인 수입 관세 절하를 방해하는 것이 자기들 임무라고 본 상원의 백만장자들에게 쉽사리, 그리고 노련하게 압도당했다. 그렇지만 그의 대통령직은 스캔들을 찾는 이들에게는 풍족한 보상을 제공하지 않는다. 확실히 그의 잘못이라고 할 수 있는 것은 기껏해야 판단 착오 정도다.

그는 확실히 알래스카 땅 투기 스캔들에서 순진함을 보였다.

오른쪽: 드물게 보는 점잖고 명예로운 대통령, 모든 행위에서 고지식함 그 자체였던 윌리엄 하워드 태프트는 그럼에도 정치적 부정 행위를 관장했다. 그는 때때로 너무 비세속적이라 손해를 보는 일도 있었다.

이 사건은 결국 공화당을 둘로 쪼개놓았다. 한편에는 저명한 자연 보호 활동가로 시어도어 루스벨트에게서 미국 산림국 관리를 위임받은 기퍼드 피초트Gifford Pichot가 있었다. 다른 한편에는 피초트에게 거대 기업의 앞잡이라는 의심을 받은 내무 장관 리처드 볼린저Richard Ballinger가 있었다. 둘은 이미 1905년부터 볼린저가 석탄 광산을 위해 알래스카 땅을 매입하려 한 아이다호 투기꾼과 관련이 있다는 추측을 두고 갈등을 빚었다. 그 거래를 조사해온 토지관리국 직원은 급작스레 직위 해제되었다 — 볼린저가 개입했음이 명확했다.

태프트는 내무 장관을 해임했다. 그 이외에 뭘 할 수 있겠는가 하고 생각했음이 틀림없다. 1910년에도 상황은 여전히 그에게 황당하게 돌아갔다. 그 직원이 언론으로 갔고, 전체 이야기가 몽땅 발각되었다. 기퍼드 피초트는 공개적으로 그 내부 고발자를 뒷받침했고, 태프트로서는 피초트를 해고하고서 전체 미국인에게 부정 행위를 뒷받침하는 사람으로 보이는 것 말고는 아무런 대안이 없었다.

우드로 윌슨, 1913~1921

또 다른 장로교 대통령 우드로 윌슨Woodrow Wilson은 청렴하고 안정적인 분위기를 풍겼는데, 프린스턴 대학 학장이라는 경력이 그 분위기를 한층 강화했다. 그가 관세 장벽과 트러스트를 비롯한 기업의 만용을 어찌나 맹렬히 공격했던지, 비판자들은 그를 '볼셰비키' — 러시아에서 막 권력을 잡으려 하고 있던 혁명가들을 이른 말이었다 — 라고 비난했다. 현실은 양 거대 정당 둘 다 자본주의를 그 자신으로부터 구해야 할 필요를 인식했다는 것이었다. 진정한 경쟁이, 그리고 투자자들에게는 진정한 투명성이 필요했다.

자신에게나, 미합중국에게나 그는 정치적 이득보다 명예를 앞세울 준비가 되어 있었다. 그는 1914년에 의회에서 미국 선박이 파나마 운하를 무료로 이용할 권리(태프트가 주장하여 논쟁을 일으키고 깊이 의심을 산)를 자발적으로 포기하겠다고 말함으로써 의회를 경악케 했다. 이전 해에 그는 멕시코에서 프란치스코 마데로Francisco Madero가 살해당한 이후 권좌에 오른 빅토리아노 우에르타Victoriano Huerta의 군사 정부를 승인하기를 거부했는데, 대통령이 자기 행정부의 입맛에 그처럼 안 맞기도 힘들었을 것이다.

물론 미국 대통령이 다른 주권 국가에서 누가 권좌에 오르거나 오르지 말아야 하는지를 두고 왈가왈부할 주제가 못 된다는 반박이 나올 법도 하다. 그러나 기질적으로 개입주의자였던 우드로 윌슨은 멀거니 서 있을 줄 몰랐다. 그는 제1차 세계대전에서 프랑스로 참전병들을 파견하기 전에 아이티, 도미니카, 멕시코에까지 개입했다.

뻣뻣하고 형식적인 모습을 보여주던 우드로 윌슨은 막상 백악관에 도착하자 전세계적인 위기에 개입하여 — 물론 제1차 세계대전은 말할 것도 없고 — 기대하지 못한 호전적인 측면을 보여주었다.

이디스 윌슨은 구석구석까지 기득권층의 안주인이었지만 그녀를 만난 사람들은 독특한 외모를 가진 그녀가 좀 더 낭만적인 혈통 출신일 거라고 추측했다 — 그녀는 파우하탄의 공주인 포카혼타스의 직계 후손이었다.

> 그는 자신에게나, 미국에게나 정치적 이득보다 영예를 우선시했다.

여러분이 그의 모습을 보면 그런 생각을 하기 어려울 수도 있지만, 이 조용하고 학자처럼 보이는 남자는 테디 루스벨트 못지않게 나름대로 영웅적이었다 — 그리고 그래야만 한다면 규율도 얼마든지 깨려고 했다. 유럽의 전쟁을 위한 동원에 힘을 보태고자 그가 기업 경영진을 끌어들인 것은 명확한 이해의 갈등을 빚어냈다. 윌슨의 주장에 따르면 그건 충분히 가치가 있는 일이었는데, 명분이 정당하기 때문이었다. 내전이 발발했을 때 그랬듯이, 대형(이고 성급한) 계약들은 양심 없는 중간 상인들에게 막대한 이윤이 돌아간다는 뜻이었다. 다시금 윌슨에게도 목적은 수단을 정당화했다.

우드로의 여자들

엘런 액슨 윌슨Allen Axson Wilson은 브라이트 병(오늘날의 신장염에 해당 — 옮긴이)으로 고생했다. 그녀가 우울증에 걸린 것은 그 상황을 보면 놀라운 일도 아니었다. 1914년에 백악관에서 세상을 떠나기까지, 그 병은 우드로 윌슨과의 결혼 생활을 오랫동안

짐 크로

우드로 윌슨이 훗날 뉴저지와 맺은 관계 때문에, 그가 아동기 대부분을 조지아에서 보냈다는 사실은 잊혀지기 십상이다. 그의 전반적인 도덕적 노력과 명예 의식을 생각해보면 그가 적어도 남부의 흑백 차별을 적어도 수동적으로나마 지지했다는 사실은 잊히기 십상이다.

윌슨은 자기 선조 중에 노예제 폐지론자들이 있었음을 내세울 수 있었지만, 그보다는 남부 연방에 복무했던 집안 사람이 더 많았다. 그의 최초의 소년 시절 기억은 멋진 남부 장군 로버트 리Robert E. Lee와 만난 것이었다. 워싱턴의 화장실 바깥과 식수대 옆에 '백인 전용' 표지판이 나붙고 인종 간 결혼이 금지된 것은 그의 재직중이었다. 남부 더 깊숙한 지역에서는 수십 년 동안 인종 차별이 자행되고 있었지만, 적어도 일부 연방 건물(우체국, 법정 등)은 예외였다. 그러나 이제 대통령의 축성 하에서 이런 최후의 품위가 존재할 자리는 사라져버렸다. 흑인들이 이제 더 나은 삶의 희망을 품고 쳐다볼 제도는 어디에도 없었다.

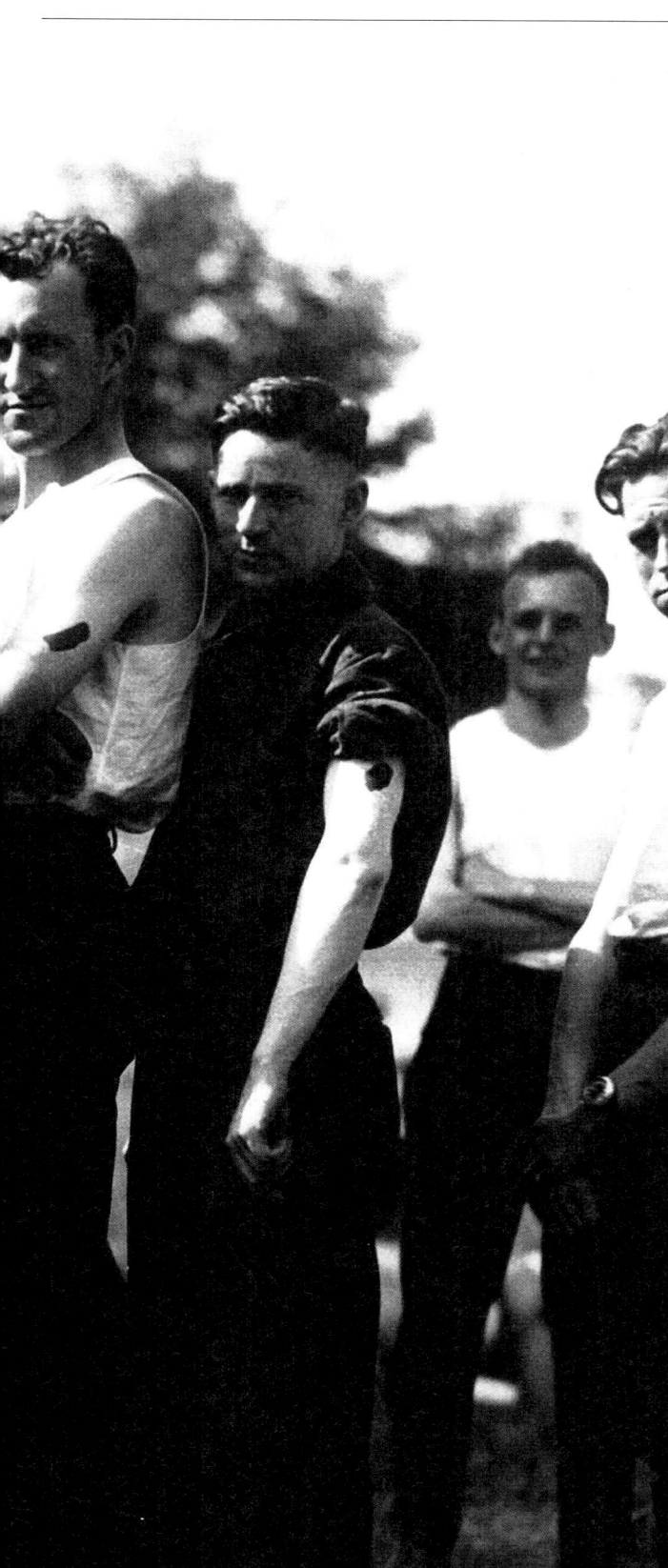

제1차 세계대전에 동원당하는 미국 젊은이들. 우드로 윌슨은 고립 정책을 뒤집는 결정을 내렸다. 미국은 강국으로 대두했다 — 그렇지만 그 대가는 10만 명의 목숨이었다.

괴로웠다. 바로 다음해 윌슨은 이디스 골트 윌슨Edith Galt Wilson과 결혼했는데, 유명한 미국 원주민 추장의 딸 포카혼타스의 직계 후손이라는 남다른 출신의 여자였다.

그러나 윌슨이 둘째 영부인과 너무 빨리 결혼하는 바람에 워싱턴에서는 좀 더 일찍부터 뭔가가 있지 않았을까 추측하는 소문이 퍼졌다. 윌슨은 정말 이전 사랑을 보내고 나서 새로운 사랑을 시작한 것일까? 어쩌면 심지어 전처를 살해한 것은 아닐까? 가장 좋은 시기에조차 뒷소문이 급속히 뜨겁게 퍼지는 워싱턴 정계는 바른 생활 대통령의 재혼을 둘러싼 스캔들에 관한 흥분으로 거의 입을 다물 수 없었고, 온갖 종류의 소문이 떠돌았다. 하지만 그 모든 함의는, 대통령이 같이 있어 주고 확신을 주며 보살펴줄 여자가 없으면 어찌할 바를 모른다는 것이었다. 두 사람의 편지를 보면 그 분명히 고지식한 대통령이 실은 이디스에게 재빨리 깊이 빠져들었음을, 그리고 그녀도 그에게 어떤 방식으로 느낌이 있었다는 것을 짐작할 수 있다.

> 편지는 비록 뜨거워 보이긴 해도 윌슨 대통령이
> 실제로 '감정적 바람'을 피웠는지를 명확하게
> 밝혀주지 않는다. 증거는 그저 정황 증거뿐이다.

그러나 윌슨이 바람을 피웠으리라고 — 최소한 마음속으로라도(훗날 지미 카터의 표현을 빌리자면) — 의심할만한 배경이 있다. 프린스턴 대학교의 총장으로 있으면서 뉴저지 주지사 출마를 생각중이던 1909년에 그는 뉴저지에 대저택을 가진 부유한 안주인 메리 앨런 헐버트Mary Allen Hulbert를 알게 되었다. 그리고 이후에 윌슨이 대통령 시절에 쓴 대략 200통의 친밀한 편지가 발견되었다. 그 편지들을 보면 윌슨이 냉혈한 학자라는 이야기는 말도 안 되는 것 같다. 하지만 그 편지들은 열정적이긴 해도 확실히 윌슨이 이른바 '감정적 바람'을 피웠는지 어떤지는 명확하게 밝혀주지 않고 있다. 증거는 정황 증거뿐이다.

이런 사실을 보면 메리 헐버트 펙이 얼마나 충실하고 진국인 여자였는지를 알 수 있다. 그녀는 키스는 했을지 몰라도 말은 하지 않았다. 윌슨의 적인 공화당은 그녀가 윌슨에게서 받은 연애 편지를 넘기는 대가로 화려한 보수를 제시했지만 —

최고 30만 달러(오늘날 800만 달러)는 되었을 것이다 — 그녀는 아랑곳하지 않았다. 그것도 대통령과 바람을 피우고 나서 결혼했다가 이혼했을 때, 심각하게 운때가 안 좋고 현금이 부족할 때였다.

워렌 하딩, 1921~1923

만약 스캔들 전문 대통령만 모은 러시모어 산이 있다면 워렌 하딩Warren G. Harding의 머리는 거기 있을 것이다. 선임 율리시스 그랜트와 마찬가지로, 그는 부패가 만연한 시대에 대통령을 지냈다. 비록 적어도 그 자신이 적극적으로 부정·부패를 저지르지 않았다는 것은 거의 확실하지만 말이다. 확실히 그는 아랫도리 관리를 잘 하지 못했다. 그의 유세 팀은 캐리 필립스Carrie Phillips라는 그의 정부가 모든 걸 불어버리기로 마음먹을까봐 두려움에 떨었다. 입을 다무는 대가로 2만 달러(오늘날 24만 달러)를 지불하고서도, 그들은 자기들이 입찰에서 지지 않을 거라는 확신을 끝까지 갖지 못했다. 그녀는 실로 매력적이었지만, 그만큼 입이 무겁지는 않았다. 역설적이게도, 캐리는 상원 의원 워렌 하딩과 만났을 때 하딩의 아내 플로렌스와 친한 친구였다. 캐리 부부는 바람을 피우기 전에 하딩 부부와 몇 차례 휴가를 같이 다녔더랬다. 상원 의원은 캐리의 매력에 너무 흠뻑 빠져서 시까지 썼다.

문학계에서 아까운 인재를 잃었다……고 하기도 그런 것이, 그렇다고 정계가 하딩이라는 인재를 '얻었다'고 할 수 있을지도 확실히 의심스럽기 때문이다. 그 스스로도 다소 하소연하듯이 말했지만, 그의 대통령 임기 동안 "나는 이 직위에 맞지 않아. 애초에 여기 있었으면 안 됐어."

그는 실제로 플로렌스의 친구들과 불륜으로 엮이는 것을 습관 비슷하게 들였다. 결혼 3년 뒤, 그는 아내와 어렸을 때부터 줄곧 붙어다닌 단짝친구 수지 호더Susie Hodder와 바람을 피웠다. 그 관계에서 딸이 하나 태어났다. 플로렌스는 정치적인 아내로서 권세를 얻는 대신에, 이를 악물고서 남편의 바람기를 받아들이기로 한 듯하다. 그렇다 하더라도 그녀는 그후 캐리 필립스의 배반에 대해서는 맹렬히 화를 냈다.

> 상원 의원 하딩의 바람 상대가 모두 아내의 친구였던 것은 결코 아니었다. 다른 장기적인 관계가 적어도 하나 있었는데, 그의 사무실 타이피스트 그레이스 크로스가 그 상대였다.

워렌 하딩이 위압적으로 손가락을 흔든다. 보기에는 명령하는 것 같지만, 불행하게도 그는 자기가 백악관에 들여놓은 패거리를 상대로 진정한 대통령의 권위를 확립하는 데에는 실패했다.

그렇다고 하딩 상원 의원이 아내의 친구들하고만 바람을 피운 것은 아니었다. 다른 장기적인 관계가 적어도 하나 있었는데, 그의 사무실 타이피스트 그레이스 크로스Grace Cross가 그 상대였다. 하딩은 취임 전날 밤 윌라드 호텔에서 그녀와 밀회를 가졌다고 한다. 불장난과 유희는 대통령 임기 내내 이어졌다. 로사 호일Rosa Hoyle이라는 여자는 그에게 사생아 아들을 낳아준 반면, 오거스타 콜Augusta Cole의 아이는 낙태되었다. 《워싱턴 포스트》의 발행인 네드 맥린Ned McLean은 좋은 친구이자 자발적인 채홍사였다. 그는 대통령을 '앨리콧 양'이라고만 알려진 자기 회사 직원만이 아니라, 코러스 걸 출신인 메이즈 헤이우드Maize Haywood와 블라섬 존스Blossom Jones에게도 소개했다. 1923년에 하딩이 갑자기 병에 걸려 죽자 모든 시사점은 식중독을 향했다. 하지만 대통령의 음식에 누군가 일부러 독을 탔다고 의심하는 사람이 많았는데, 그다지 놀라운 일도 아니었다. 어떤 마지막 지푸라기가 플로렌스의 인내심을 꺾은 것이 아니었을까.

'내 망할놈의 친구들'

"내가 여자가 아니라 다행이지." 하딩 대통령은 한 번은 이렇게 고백했다. "난 노상 임신해 있었을 거야. 난 거절을 못해." 그는 늘 자기가 무력하다고 주장했다. 이것이 스스로 자신의 탈선을 변명하는 위장인지 어떤지 우리로서는 알 수 없다. 그렇지만 이 대단한 유혹자께서는 여성을 가지고 노는 것이 쉬웠던 만큼 남자들 앞에서 버티기는 꽤나 어려워했던 것 같다. 아니면 적어도 일부 남자한테는 말이다. 그와 가장 가까운 사이로 보인 남자 중 다수는 그의 고향 오하이오 주 출신 단짝이었다. 그는 자신이 상대하기 어려운 건 적이 아니라고 털어놓았다. "내 친구들, 내 망할놈의 친구들, 내가 밤에 마루를 서성이게 만드는 건 그놈들이야!"

그가 밤에 마루를 얼마나 많이 서성였는지는 아무도 모른다. 우리가 보았듯이, 그는 다양한 밀회로 바빴다. 그리고 친구들과도 시간을 보내야 했다. 새벽까지 계속된 백악관 포커 파티에는 위스키가 넘쳐흘렀다 — 금주법이 효력을 발휘하고 있던 사실도 아랑곳없었다. 물론 그런 술을 공급받을 합법적인 방법은 없었지만, 하딩은 중요한 밀주업자들과 편리한 관계에 있었다. 그들은 하딩의 다른 친구들에 비해 많이 불건전할 것도 없었다.

명목상 영부인일 뿐, 실제로는 워렌 하딩의 일평생에 걸친 여자의 긴 줄에서 한참 뒤에 있던 플로렌스 하딩. 대통령의 성적인 자제력은 절망적이었다. "나는 거절을 할 수 없어." 그는 한탄했다.

그들은 손을 잡고 정부를 시장 노점으로 만들고 미국을 가장 높은 입찰자에게 팔아넘겼다.

핵심 용의자

앨버트 폴Albert B. Fall은 핵심 용의자 중 하나였다. 내무 장관 자리에 그보다 덜 적합한 후보는 찾으려 해도 아마 찾기 힘들었으리라. 그는 자신의 관직을 도둑질하고 약탈하라는 초대장으로 보았다. 해리 도허티Harry M. Daugherty가 법무 장관으로 지명된 것은, 그것이 완벽하게 진지한 일이 아니었더라면 좋은 농담거리가 되었으리라. 하딩의 캠페인 매니저였던 이 오하이오 출신 변호사는 중요한 라이벌 후보들 사이의 교착 상태 덕분에 그가 지명을 얻어낼 것임을 이미 여러 주 전에 이상할 정도로 정확히 예측했다. 이 국가 고위 법률가는 취임 당시에 횡령에서도 장관급이었던 듯하다. 그러나 그는 하딩 사후에 재판정에 불려갔을 때 자신과 상관의 평판을 지키고자 애쓰며 '불리한 증언을 거부'했다. 그렇지만 죄를 짓고도 수치를 모르는 순전한 뻔뻔함을 보여준 것으로는 '오하이오 갱'의 또 다른 일원인 교활한 책략가 찰스 포브스Charles R. Forbes에 견줄만한 인물은 정말 없을 듯하다. 이 인물은 육군에서 탈영했으면서도 대령을 자임했다. 하딩은 그에게 재향군인국의 수장을 맡겼다. 생각을 고쳐먹고서 1923년 초에 사임을 시키긴 했지만, 이미 포브스가 기회를 틈타 25만 달러를 훔쳐낸 다음이었다. 의료 지원품을 민간 거래업자에게 넘기고 그 이득을 가로챈 — 그리고 참전 군인 병원 건축을 위한 뇌물을 수수한 — 그는 납세자의 비용으로 자신의 배를 불렸다.

티포트 돔 추문

티포트 돔은 와이오밍에 있던(지금도 있는) 유전으로, 노두out-crop가 이상한 모양으로 생긴 티포트 바위에서 그 이름을 따왔다. 1921년 당시 그곳은 장기적 시야를 지닌 대통령 태프트가 미국 해군이 응급시에 사용할 수 있도록 따로 남겨둔 미국 벌판 몇 곳 중 하나였다. 그러나 앨버트 폴이 1921년에 내무 장관에 올랐다. 몇 주 만에 그는 대통령 하딩을 설득하여 이 벌판들의 행정을 자기 부서로 넘기게 했다. 그는 숨 돌릴 틈도 없이 즉각 친구 에드워드 도헤니Edward L. Doheny에게 캘리포니아 엘크

대통령의 딸

그러나 대통령의 가장 악명 높은 혼외 관계 상대는 낸 브리튼Nan Britton이었다. 그녀는 심지어 그 일에 관해 모든 것을 밝히는 회고록,《대통령의 딸》(1927)까지 썼다. 그리고 그 위대한 남자와 자신의 에로틱한 만남을 읽기 괴로울 정도로 상세하게 묘사했다. 처음에는 그의 상원 의원 사무실에서, 나중에는 백악관에서, 적어도 한번은 대통령 집무실의 벽감 안에서. 우리는 이런 류의 일이라면 이미 익숙해졌지만, 낸의 책이 처음 출간되었을 때 센세이션이 일어난 것은 분명하다. 그런 것은 이전에 한 번도 본 적이 — 혹은 읽은 적이 — 없었던 것이다. 그녀와 하딩은 그의 직원과 경호원들의 철저한 방조 속에서 관계를 지속했다 — 한 번은 플로렌스가 남편이 밀회중이라는 이야기를 듣고서 남편과 딴 여자를 덮치려고 달려온 적도 있었지만. 책 제목대로 대통령의 딸인 엘리자베스 앤이 태어난 것은 벌써 한참 전인 1919년이었다. 그녀는 그 몇 년 뒤에 낸의 마지막 남편에게 입양되었다.

낸 브리튼과 '대통령의 딸' — 낸이 같은 제목의 회고록에서 주장한 대로 — 엘리자베스 앤. 아무도 그녀와 워렌 하딩이 오랜 세월(그리고 유달리 조심성 없이) 바람을 피웠다는 사실을 의심하지 않았다.

힐스에 있는 한 벌판을 임대했고, 티포트 돔은 또 다른 친구인 싱클레어 오일의 해리 싱클레어Harry F. Sinclair에게 넘어갔다. 둘 다 입찰 경쟁에 나오지 않았고, 두 매입자 다 분명히 헐값에 사들였다 — 그리고 알고 보니, 둘 다 폴에게 액수로 총 40만 달러(오늘날 480만 달러)에 이르는 인심 좋은 선물과 '융자'를 제공했다.

《월스트리트 저널》은 1922년에 그 건을 포착했지만, 하딩 정부는 조사를 서두르지 않았다. 끝내 소송이 개시되긴 했지만, 사라진 문서들 때문에 정황은 흐릿해지고 말았다. 실제 절차가 시작된 것은 하딩이 공직에서 내려온 다음이었다. 1927년에 그 거래들이 불법적이었음이 공표되었고 앨버트 폴은 감옥에 보내졌다. 공직에 있을 때 저지른 범죄로 대통령의 각료가 투옥된 것은 처음이었다.

모두가 공모자

비록 우리는 우리 수준에 어울리는 정부를 얻는 법이라는 이야기를 자주 하지만, 미국인이 과연 하딩과 그의 도둑 무리를 맞이해야 할 만큼 그렇게 잘못을 했을까 하는 생각이 드는 게 사실이다. 하지만 좀 더 깊이 들여다보면, 유권자와 대기업 양쪽은 분명히 그를 뽑으면서 '정상 상태로의 귀환' 티켓(앨버트 폴이 하딩을 위해 지어낸 문구)으로 한층 느긋한 시대를 기대했을 듯하다. 이 가벼운 분위기는 분명 모호함을 의미했다. 엄격한 규율이 지배한 태프트와 윌슨 시대를 지나, 좀 더 온화한 세상이 올 것 같았다.

오하이오 갱은 이곳, 워싱턴의 K 스트리트에 있는 '작은 녹색 집'에서 회합을 가졌다. 그들이 자기들의 다양한 음모를 꾸민 곳이 바로 여기였다 — 가장 악명 높은 것은 티포트 돔 계획이었다.

티포트 돔 스캔들을 조롱하는 그림. 그 상황에서 그나마 한 가지 긍정적인 부분이 있다면 그 사건 덕분에 자연 자원의 희박함이라는 문제와, 미래를 위해 자연 자원이 고갈되지 않도록 보호해야 할 필요성이 부각되었다는 점이다.

부자에게 매력적인 감세 조치가 취해질 테고, 관세가 높아져 외국과의 경쟁으로부터 업계를 보호해줄 테고, 담합은 묵과될 것이며, 신참들 때문에 임금 인하 압력을 받을까봐 겁내는 노동조합을 달래기 위해 이민에 대한 규제 조치가 취해질 터였다. 그러니 득만 있고 실은 없을 터였다. 미국을 위한, 무에서 유를 창조하는 혁명. 그것이 눈물로 끝났다는 게 진실로 놀라운 일인가?

VII
공황과 전쟁: 엄청난 사기꾼들

번영에서 거품이 터지고, 다시 세계대전으로 인한 번영까지
20세기의 2사분기는 롤러코스터를 탔다. 한 위기가 다른 위기를 뒤잇는 가운데,
미국 대통령은 이전 어느 때보다도 필연적으로
그 모든 것의 중심에 있었다.

"애초에 아무 말도 하지 않으면 그 말을 다시 해보라는 소리를 들을 일도 없다."

1920년대에는 흥청망청으로 곤두박질치는 어지러운 시대였다. 때는 '재즈 시대', 춤과 (비록 금지였지만) 술의 시대였다. 태프트-윌슨의 금욕주의와의 전쟁에 불안을 겪은 미국인은 파티를 벌이고 싶은 기분이었다. 쓸 돈이 있었고, 그걸 쓸 데도 있었다. 신기술, 라디오와 영화 같은 것들이 신종 소비주의를 소개했고, 거기 앞장선 것이 광고, 그리고 할부 판매 같은 혁신적인 구매 방식이었다. 냉장고에서 진공청소기까지, 가전 집기들을 편리한 조건으로 살 수 있었다.

캘빈 쿨리지의 소탈한 태도(왼쪽)는 '노호하는 20년대'의 정신(spirit에는 '정신'이라는 의미도 있지만 '술'이라는 의미도 있다 — 옮긴이)과는 대비되었다. 그렇지만 그에게도 나름대로 유쾌한 순간들이 있었다(위). 게다가 경제적으로 볼 때 그는 자유 방임 정책을 믿는 안이한 태도를 취했다.

1920년에는 미국의 자동차 대수는 800만 대였는데, 1929년에는 1800만 대가 되었다. 그 10년의 중간인 1925년에, 하루에 1만 대의 모델 T 포드가 생산 공정에서 나왔다. 앞서 워렌 하딩은 이미 정부의 의미는 길에서 비켜서서 기업이 알아서 번영하도록 놔두는 것이라는 개념을 소개했다. 산업 생산이 약 40% 상승했고, 캘빈 쿨리지는 "미국의 비즈니스는 비즈니스다"라고 말했다. 1920년대가 함성을 울리면서 주식 시장도 상승세를 탔다. 보통 사람도 흔히 주식 구매를 했고, 그들은 전례 없는 수로 미국의 번영을 매입하고 있었다.

캘빈 쿨리지, 1923~1929

캘빈 쿨리지Calvin Cooledge가 직위에 올랐을 때, 대통령직은 마치 진 한 병, 또는 다섯 욕조 분(옛날 밀주 시대에 욕조에서 술을 주조했던 것을 가리킨 표현 — 옮긴이)을 가득 마신 사람처럼 하딩의

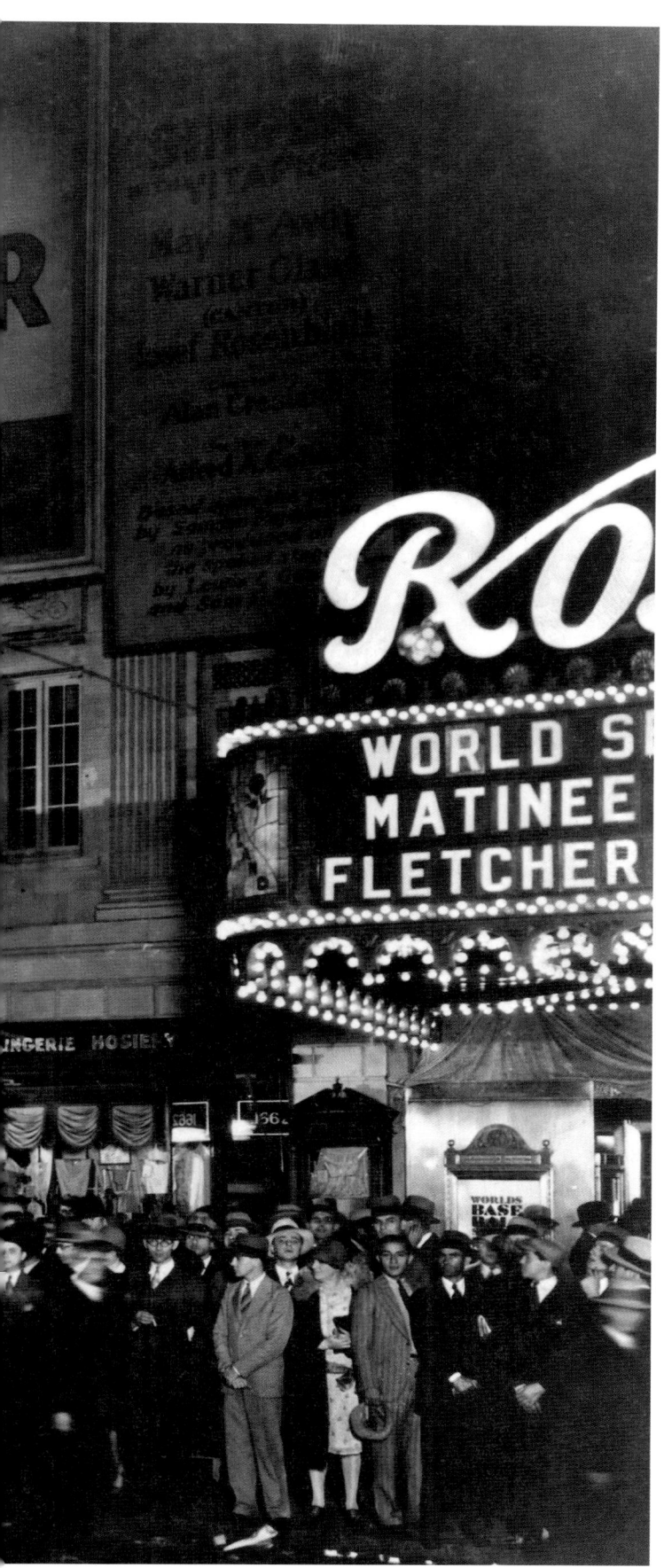

숙취로 격심한 고통을 겪고 있었다. 그렇지만 이 유별나게 고지식한 뉴잉글랜드 출신 변호사는 완전히 맨정신이었다. 그는 미국에 필요했던 강직함을 제공했다. 그렇지만 그의 행정부의 미덕은, 미국에 관한 한 자유분방하고 돈을 물 쓰듯이 쓰면서도, 실제로 어떤 규율도 더 강화하지 않으면서도 정직성과 규율이 지켜지는 듯한 외양을 제공할 수 있었다는 것이다. 물론 동시에 쿨리지의 자유 방임 철학도 유지되었다. 그는 기업이 잘 할 수 있는 것들을 알아서 하도록 정부가 가만 놔둬야 한다는 생각을 극한까지 믿었다. 그렇지만 단순히 그 정도를 넘어 훨씬 더 멀리까지 갔다. 기질적으로 '조심스러운 캘' — 매사추세츠 주지사 시절이던 1919년 보스턴 경찰 파업에 주 경찰을 배치하는 데 늑장을 부렸다 하여 그렇게 불린 — 은 그 무엇에도 개입하기를 망설이는 것처럼 보였다.

> 그것이 가끔은 다소 거슬릴 정도였다. 티포트 돔 스캔들을 비롯해 하딩 시대에서 넘어온 몇몇 스캔들에 대한 조사가 마침내 결론을 낸 것은 전혀 대통령 덕분이 아니었다.

그것이 가끔은 좀 신경 쓰일 정도였다. 티포트 돔 스캔들을 비롯하여 하딩 시대부터 넘어온 몇몇 스캔들의 조사와 기소가 마침내 종결된 것은 전혀 대통령 덕분이 아니었다. 그는 자신의 직위에 몹시 애매하고 전반적인 방식으로 존중할만한 예의범절의 분위기를 덧입히긴 했지만, 어떤 결정적인 행동을 취하는 데도 거의 관심을 보이지 않았다. 민권에 대해서도 마찬가지였다. 그는 당시 최남동부 지역에서 자주 저질러지던 사형私刑을 개탄하며 흑인을 위해 목소리를 높였다. 그러나 여기서도 남부 백인을 적으로 돌릴까봐 걱정되어 직접 행동을 할 엄두는 내지 못했다. 심지어 남부 민주당 적들에게 시달림을 — 그리고 북부 자유주의자들에게 간청을 — 당하면서도 그는 큐클럭스클랜KKK에 맞서 행동을 취하기를 거부했다. 전형적으로, 그는 조용히 행동하는 편을 선호했다. 그는 또한 클랜의 편견이 아주 심한 파들에게 과녁이 되고 있던 유대인들과 가톨릭 교도뿐만 아니라 흑인과도 회담을 가졌다. 선임 대통령들과 비할 때 쿨리지는 이런 점에서 품위의 기념비였지만, 그는 본능적으로 평온한 배를 흔드는 것을 싫어했다.

제1차 세계대전을 뒤이은 시대의 경제적 성공 덕분에 이 10년 동안에는 재즈와 파티(금주법에도 불구하고)와 대중 오락과, 투자자들의 확신과 소비자 붐이 흥겨운 난장판을 벌였다.

뉴욕 항의 엘리스 아일랜드는 여전히 매년 신세계로 들어오는 수천 이민자의 새 삶의 관문이었다. 그렇지만 새로운 법률 덕분에 앵글로 색슨 출신이 갈수록 늘어났다.

그러한 성향은 새로운 이민자에게 대한 강경 노선으로 나타났다. 1920년대 전반에 걸쳐 미국 인구는 1억 500만에서 1억 2200만 명으로 늘었다. 실업률은 고정적으로 머물렀다 ― 그리고 대략 100만 명 정도로 비교적 낮았지만, 미국인은 여전히 신참들을 의심의 눈초리로 보았다. 1924년에 쿨리지 행정부는 이 반기지 않는 분위기에다 엄중 단속과 새로운 할당제를 더했다. 이미 기존에 들어와 있는 각 민족 총수의 겨우 2%만이 입국이 허가되었다. 물론 이것은 아직도 인구의 막대한 대다수를 구성하는 ― 그리고 그의 형제, 자매들이 오고 싶으면 언제든지 올 수 있는 ― 앵글로 색슨에게 선명한 앙톨레랑스의 메시지를 보냈다. 그렇지만 다른 민족들은 문이 천천히 닫히고 있다고 느꼈다. 그 할당제 하에서 매년 프랑스인 3000명, 이탈리아인 5000명, 독일인 2만 5000명이 이민자로 입국할 수 있었던 반면, 아시아를 비롯한 나머지에서는 겨우 한줌밖에 허가되지 않았다. 이미 국내에 들어와 있던 중국인은 출산률을 낮추기 위해 결혼이 금지되었다.

냉정한 위로

그렇지만 성급하게 확장하는 사업과 소비주의를 감시하기 위해 개입하는 것을 꺼렸던 쿨리지는 상황이 더 힘들어졌을 때라고 해서 더 개입하기를 기꺼워하지는 않았다. 경제가 어지러운 성장세를 이어가는 동안에도 이미 약화의 신호는 마치 성경에 나오는 벽에 쓰인 글자처럼 뚜렷이 나타나고 있었고, 읽을 마음이 있는 이들에게는 그것이 명확히 보였다. 번영의 혜택을 모두가 누리고 있는 것은 아니었다. 미국의 농업은 명확한 번영에 너무 들떠서 오랫동안 과잉 생산을 하고 있었다.

곧 농산물 가격이 대폭 하락하는 불가피한 일이 일어났다. 중서부의 소작농들은 임대료를 내려고 분투했다. 대다수 소자

인종과 과학

쿨리지는 인종주의자였을까? 그냥 말 그대로 보면, 답은 그렇다고 해야 할 듯하다. 적어도 그는 당대의 인종 이론의 일부를 받아들였다. 그리하여 그는 "생물학적 법칙에 따르면, 노르딕 인종은 다른 인종과 섞이면 퇴화한다"고 시사했다. 오늘날의 시각에서 우리는 이런 '생물학적 법칙'이 뭔지, 그리고 '노르딕 인종'이 뭔지 묻고 싶을 것이다 — '퇴화'를 어떻게 측정하느냐는 말할 것도 없고 말이다. 대통령을 위해 뭔가 변명해줄 말이 있다면 당시 북아메리카에서나 유럽에서나 교육받은 사람들이 이런 종류의 과학적인 척하는 헛소리를 쏟아내고 있었다는 것뿐이다. 물론 그것은 결국 히틀러의 공포스러운 '최종 해결책'을 초래했지만, 우리가 너무 여기에만 즉각적으로 초점을 맞추면 이런 생각의 좀 더 '온화한' 형태가 얼마나 널리 퍼져 있었는가를 놓치기 십상이다.

그렇지만 쿨리지는 정치적 실용주의자였고, '생물학적 법칙'보다는 미국의 법칙에 더 관심이 있었다. 그는 사회를 위해서 모든 이가 협력해야 한다고 믿었다. 지금은 비현실적으로 보일지언정, 그는 '색맹' 시각을 내세웠다. 확실히 말은 번지르르했다. 누군가가 쿨리지의 백악관 집사 아더 브룩스Arthur Brooks를 일러 '훌륭한 유색 인종 신사'라고 하자 대통령은 대답했다. "브룩스는 유색 인종 신사가 아닙니다. 그냥 신사입니다."

백인 기득권층은 흑인에 대해 잘 봐줘야 얕잡아보는 태도를 취했다. 많은 관료, 정치가와 여론 형성자는 여전히 흑인의 열등성을 액면 그대로 받아들이는 '과학적'인 이론을 신봉했다.

작농은 값비싼 대출을 이용하고 있었는데, 이제는 상환할 수가 없었다. 미국 농업국은 백악관에 대표단을 보냈다. "죄송합니다." 정중하지만 명확히 무관심한 대통령 캘빈 쿨리지의 응답이었다. "그건 정부의 문제가 아닙니다. 나는 도울 수 없습니다."

개입의 부족

커져가는 산업적인 불안에 대한 정부의 반응은 그냥 무관심한 것만이 아니라, 솔직하지도 못했다. 쿨리지는 늘 임금, 조건과 안전 규정을 규제하기 위해 개입하기를 거부해왔다. 그리고 고용주들이 노동조합 소속 직원들을 금지하는 배제적인 계약 조건을 매기고 작업장을 폐쇄하고 파업자들을 공격하려고 용역 깡패들을 투입했을 때, 정부는 그것을 말리려는 가장 작은 시도조차 하지 않았다. 그러나 잠시 동안 노동자들이 우세한 것처럼 보였을 때, 쿨리지의 개입은 그보다 빠를 수 없었다.

그 '붕괴' 훨씬 이전에 미국 경제 상황은 눈 달린 사람이면 누구나 볼 수 있는, 벽에 쓰인 메시지였다. 그렇지만 빈민가의 식량 배급 줄은 안락한 계급에게는 보이지도 않았고 인지되지도 않았다.

1922년에 광부의 파업을 뒤이어 폭력이 불꽃을 튀기자, 쿨리지의 정부는 석탄 생산 보호를 위해 전시 법률을 들먹이며 파업을 불법으로 선언했다. 30만 철강 노동자의 파업 대열은 쿨리지가 파업 방해자들을 보호하고 시위를 진압하기 위해 주 방위군을 투입하면서 무너졌다. 노동조합 지도자들은 미심쩍은 공공질서 침해 혐의로 체포되었다.

허버트 후버, 1929~1933

그렇지만 백인 중산층 미국인에게는 그 10년 내내 좋은 시대가 계속되었다. 1928년 선거가 왔을 때 '경쟁은 없었'다. 비록 쿨리지는 출마를 거부했지만, 허버트 후버Herbert Hoover가 상무 장관으로서 경제 붐을 일으키는 데 일조한 공을 내세워 그의 계승자로 인정을 받고 있었다. 그러나 곧 빚을 갚아야 할 때가 왔다. 지금까지 대체적으로 잊혀졌지만, 월 가의 주가는 1929년 3월에 갑자기 30%나 하락했다. 후버가 대통령 선서를 하고 나서 몇 주 뒤였다. 그렇지만 주가는 재빨리 회복되었다. 9월 초에 더 떨어지긴 했지만, 아직은 들뜬 분위기였다. 붕괴에 대한 이야기는 계속 뒷전으로 밀려났다.

그러나 10월 21일에 600만 주가 매각되었고, 가격은 바닥을 뚫고 떨어졌다. 이틀 뒤에는 1300만 주가 손을 바꿔탔다. 대다수 잘 나가던 회사의 주가에서 엄청난 액수가 지워져버렸다. 그 손실은 제1차 세계대전 전체에 쓰인 지출을 넘었다. 은행들은 힘을 합치고 한데 뭉쳐서 주식 시장을 지지하기 위해 3000만 달러를 제공하고자 했지만 신용은 추락했고, 이제는 그저 대양에 물 한 방울을 떨어뜨리는 꼴이었다. 10월 29일에 5000곳이나 되는 은행이 파산을 선언했다. 900만 계좌가 그냥 그렇게 지워졌다. 오늘날까지 '붕괴'에 대한 신화는 월 가의 창문에서 미쳐서 뛰어내리는 중개인에 초점을 맞춘다 — 그런 일은 일어나지도 않았다. 현실은 무척 달랐다. 조그만 동네의 점포 주인과 학교 선생들이 자기 저축이 사라지는 것을 보아야 했다.

무관심한?

비록 관세 관련 정보를 미리 제공한 보답으로 쿠바 설탕의 이윤 일부를 선거 자금으로 기부받았다는 추측이 있긴 하지만, 후버는 사기꾼이 아니었다. 그는 뇌물 수수와는 거리가 멀어서, 자신의 대통령 봉급을 자선에 기부하기로 했다. 그렇지만 많은 도덕적 인물과 마찬가지로 그의 시각은 다소 편협했다.

비록 그가 어느 정도 이데올로기에 얽매여 있었다는 사실을 감안해도, 돌아가던 상황에 대한 그의 대처는 그냥 좋게 말해서 서툴렀다. 쿨리지와 마찬가지로, 그는 경제가 알아서 돌아갈 수 있도록 규제 조건을 만드는 것이 정부의 임무라고 생각했다. 그것을 넘어선 모든 것은 위험한 간섭이라고 여겼다.

후버는 소통에 대단히 탁월한 인물이 아니었지만, 그럼에도 무선 방송이라는 새로운 기술의 사용법을 깨닫게 되었다. 미디어 혁명이 미국의 정치 생활을 바꾸려는 참이었다.

그가 경제 과열에 대해 개인적으로 우려했고, 심지어 은행가들을 불러 투기를 부추기는 데 너무나 큰 역할을 하고 있던 묻지마 신속 대출을 줄이라고 요청했다는 주장에는 어느 정도 신빙성이 있긴 하지만, 그는 공적 개입을 원하지 않았다.

하지만 그는 조국의 동포에게(나중에 대통령 클린턴이 그랬듯이) 이렇게 말할 줄 아는 인물도 아니었다. "나는 여러분의 고통을 느낍니다." 반대로, 그는 사람들에게 정말이지 상황이 그다지 나쁘지 않다고 말했다. 수백만 인구가 예금을, 수천이 직업과 집을 잃은 현실 앞에서 그렇게 말한 것이다. 미국의 주요 도시 전역에는 판자촌, 다른 말로 '후버 빌'이 솟아났고, 수많은 사람이 '후버 담요' — 낡은 신문 — 를 덮고 잠들어야 했다. 그는 "실제로 굶고 있는 사람은 아무도 없다"고 말했고, 그 말은 기술적으로 사실이긴 했지만(굶어죽은 사람은 거의 없었고, 있어도 대체로 다른 이유로 취약했던 사람들이었다) 수천 인구가 기아와 영양실조로 고생하고 있었다. 안타까울 정도로 판단력이 부족했던 그는 가축의 사료를 제공하기 위한 계획은 지원했지만 인간의 배고픔에 대한 원조를 제공하려는 계획에는 반대해서, 그가 사람보다는 동물을 더 위한다는 불만을 샀다. 물론 그렇게 단순한 일만은 아니었다. 그는 지원금을 주면 사람들이 모험심을 잃을 것이고, 사람들이 계속 일자리를 찾게 하려면 인센티브가 필요하다고 생각했다 — 비록 막대한 다수의 사람에게는 찾을 일거리 자체가 전혀 없었지만 말이다.

후버가 1930년 연방의 원조 프로그램 수립을 요구하러 모인 대표단 앞에서 이렇게 말한 것은 낙천적이다 못해 멍청할 정도였다. "신사 여러분, 여러분은 60일이나 늦게 오셨습니다. 공황은 끝났습니다." 그 말이 사실이기만 했다면 얼마나 좋았을까. 대공황은 앞으로 미국과 세계를 옥죄고 모든 세대에 상흔을 남길 터였다. 그렇지만 후버는 아마도 현실 부정에 깊이 빠져 있었던 듯, 1932년 워싱턴에 가족을 동반하고 절박한 모습으로 나타난 제1차 세계대전 참전 군인 출신 실업자들의 '보너스 군대'가 그저 엄하게 다스려야 할 난봉꾼일 뿐이라고 스스로를 설득했다. 후버는 마치 그들이 실제 적군인 것처럼 그들을 배웅하기 위해 기관총과 탱크를 장비한 육군을 파견했다. 그 지휘자는 나중에 일본 점령의 책임을 맡게 되는 더글러스 맥아더 Douglas MacArthur 장군이었다. 그 뒤를 따른 지저분한 아수라장에서 두 참전 군인이 목숨을 잃었다.

후버는 위기의 규모를 엄청나게 과소 평가했고, 국가적 정서를 철저히 오판했다. 그는 무대책으로 일관하는 자신에게 절박하게 저항하는 제1차 세계대전 참전 군인들을 골치거리로 취급했다.

남부의 책략

쿨리지의 비개입주의 입장을 지지하긴 했지만, 후버는 그 전에 인본주의자로서 명성을 쌓은 인물이었다. 제1차 세계대전 이후에 그는 굶주린 유럽을 위해 원조를 조직했다. 패배한 독일도 배제하지 않았고, 볼셰비키의 러시아도 마찬가지였다. 그는 정부에 들어갔을 때, 일종의 후광을 두르고 있었던 듯하다. 비록 1927년 미시시피 대홍수에 대한 대처 때문에 변색되긴 했지만 말이다. 그는 행정주의적 사고를 유지하면서 일종의 비개입주의적 개입을 실천했다. 군대나 주 방위군 병사를 배치하는 대신에, '메인 스트리트(Main Street, 전형적인 미국 중산층을 이르는 표현 — 옮긴이)'가 개입하게 한 것이다.

토지가 없는 시골 빈민들은 일자리를 찾아 도시로 떼지어 밀려들었다. 하지만 그들은 음울한 판자촌 — 후버 빌 — 에 봉착했다. 이곳은 시애틀 외곽에 있었다.

그리고 그 모든 것은 대성공이었다. 지역 사업자들과 목사들은 마을 공무원과 한데 뭉쳐 홍수로 집을 잃은 수천 가족을 위한 원조를 조직했다. 그렇지만 1920년대에 최남동부 지역에 살던 이 지역 사업가, 목사, 동네 공무원은 흑인을 백인과 동등한 기준으로 대우하는 것은 꿈조차 꾸지 못했다. 백인 가정이 원조의 맨 앞줄에 섰고, 흑인 소작인보다 백인 지주가 먼저 원조를 받았다. 흑인은 무리지어 수용소로 끌려갔고, 만약 수용소를 나가려고 하면 야만적인 폭행을 당했다. 그리고 흑인 노동력은 공동 노동에 징발되어 장시간 쉬지도 못하고 백인 감독의 고함소리를 들어야 했는데, 노예 시절의 불쾌한 기억을 심오하게 떠올리게 하는 시스템이었다.

후버는 자기 실수를 너무 뒤늦게 깨달았다. 그리고 다가올 선거에서 흑인 표를 확보하려는 희망에서 공동체 지도자들에게 그간 일어난 일에 관해 입을 다물어준다면 특혜를 주겠다고 약속했다. 그들은 불만스러웠지만 동의했고, 결국 상황이 후버의 정치적 계산대로 움직여 가는 것을 깨달았다. 남부에서 백인 표를 어렵지 않게 확보한 상황에서 그는 소위 '남부 전략'을 도입했다. 기본적으로, 이것은 지역 수준에서 흑인 지도자들을 차단지고 백인을 그 자리에 임명함으로써 남부의 인종주의에 영합하는 야만적인 전략이었다.

> 앞으로 올 선거에서 흑인 표를 확보하고 싶은 바람에서 그는 공동체 지도자들에게 그간 일어난 일에 관해 입을 다물어주면 특혜를 주겠다고 약속했다. 그들은 마지못해 응낙했다.

흑인은 무슨 일이 일어나고 있는가를 너무 늦게 깨달았고, 1928년 선거에서 후버는 남부의 흑인 표와 백인 표를 모두 확보했으니 케이크를 손에 쥔 채 먹을 수도 있는 상황이었다. 그러나 자라 보고 놀란 가슴 솥뚜껑 보고 놀란다고, 후버가 그들을 소외시킨 것은 1932년 패배에 심오한 영향을 미쳤다.

미국 시장은 여기 보이는 것과 같은 쿠바 농장에서 자라는 설탕의 대부분을 게걸스럽게 집어삼켰다. 후버는 1928년 캠페인 당시 설탕 생산자들로부터 돈을 받았다는 의혹을 받았다.

프랭클린 루스벨트, 1933~1945

프랭클린 델러노 루스벨트Franklin D. Roosevelt의 출신 배경은 여느 미국 공화당원 못지않게 귀족적이었다. 아버지 쪽은 '옛날 네덜란드' 정착자들의 후손이었다. 어머니 새러 델러노Sara Delano는 위그노(17세기에 강제로 고향을 떠나야 했던 프랑스 신교도들) 집안 혈통을 내세울 수 있었다 — 델러노의 원래 이름은 '드 라 노이에Noye'였다. 루스벨트 집안은 여러 세대에 걸쳐 은행업과 무역업에서 잘 나갔다. 시어도어 루스벨트의 집안과 '관련이 전혀 없다'는 것은 사실이 아니겠지만, 생각하는 것만큼 그렇게 가까운 관계는 아니었다. 엘리너 루스벨트Eleanor Roosevelt가 시어도어의 조카딸이었고, 프랭클린이 그녀(10촌의 딸인)와 1905년에 결혼했다는 사실을 감안하면 그건 오히려 다행이었다. 새러는 그 결합에 결사 반대했다. 원래 그녀는 아들에 대한 소유욕과 지배욕으로 악명이 높았다. 그 어떤 며느리도 마음에 들지는 않았을 듯하다.

비록 엘리너가 시어머니와 관계가 좋지 않았고 섹스에 적극적이지 않았으며 그것에 관해 누군가에게 '참아야 하는 고난'이라고 말하긴 했어도, 부부는 행복했던 듯하다. 적어도 남편이 정계에서 길을 닦아 나가기 시작하는 동안 남편에게 여섯 아이를 낳아줄 만큼은 참았던 것 같다(그중 다섯이 생존했다). 1910년에 그가 자라난 지역(허드슨 계곡에 있는 하이드파크 근처)에서 가문의 이름에 힘입어 입지를 구축한 그는 뉴욕 주 상원 의원으로 선출되었다.

백악관의 귀족인 프랭클린 루스벨트는 미국 정치 생활에 품위 있는 분위기를 가져다주었다 — 비록 그의 가정 상황을 엄밀히 들여다보면 꼭 그렇게 품위 있다고 하기 어려울 수도 있지만.

그리고 재빨리 십자군적 열성을 보여주면서 그때까지 주 정계를 지배하고 있던 태머니 홀 위원회(1805년 자선단체로 조직되어 자선사업과 후원이라는 전형적인 보스 정치를 통해 정치적 지배력을 행사했다 — 옮긴이)와 대결했다. 그렇지만 동시에, 그는 국가적 수준으로 자기 프로필을 구축하고 있었다. 1913년에 우드로 윌슨 아래서 해군 차관보로 선출된 것은 그가 당시로서는 주 정계에서 물러났다는 뜻이었다.

뉴포트 뉴스

루스벨트는 해군 차관보로서 임기 말에 뉴포트 섹스 스캔들에 대처하는 데 철저히 실패했다. 로드 아일랜드 해군 기지의 항해자들과 지역 공동체의 일원들(그 중에는 저명한 사람들도 있었다) 사이의 동성애 관계에 관해 보도가 들어온 것은 그 얼마 전부터였다. 불법 성 행위는 말할 것도 없고 코카인과 여장, 그리고 음주(물론 금주령이 막 내려진 참이었다)가 무르익은 난장판 파티가 벌어진다는 소문이 나돌았다.

루스벨트는 조사 방법을 결정하는 데 직접 관여했던 것처럼은 보이지 않는다. 그러나 결국 책임자는 그였다. 조사의 책임을 맡은 이들은 현장에 침투하기 위해 매력적인 젊은 남자들을 이용하기로 결정했고, 그 과정에서 그 남자들은 (명확히 기꺼이) 현장의 상황에 참여했다. 지역 성직자 협회에서, 자기 동료 중 하나가 '걸려들었'다는 데 분개하여 불공정한 함정 수사라고 주장하며 맞섰다. 공적인 심문이 이루어졌고, 밀고자들이 분명 스스로 그 혐의를 인정했기 때문에 그들에게 신뢰성이 없다는 결론이 내려졌다. 사건은 뒤집어졌고 루스벨트는 질책을 당했다.

부정, 병, 순응

루스벨트가 엘리너의 비서 루시 머서Lucy Mercer와 바람을 피우기 시작한 것은 그 이듬해였던 듯하다. 두 사람의 관계는 1918년에 엘리너가 둘 사이에 오간 편지를 발견할 때까지 지속되었다. 분노로 속이 뒤집힌 엘리너는 이혼을 요구했다. 그렇지만 배신당한 아내의 분노는 실망한 어머니의 분노에 비하면 아무것도 아니었던 듯하다. 어머니는 만약 프랭클린이 이혼을 당한다면 상속권을 영영 박탈하겠다고 맹세했다. 아마도 프랭클린이 그 나이에 이혼한다면 확실히 정치적인 경력도 끝장난다는 사실을 감안한 듯, 엘리너는 남편에게 연민을 발휘했다.

엘리너 루스벨트는 남편과 가까운 동지애 관계였는데, 육체적이라기보다는 정신적인 사랑에 더 가까웠던 듯하다. 엘리너의 가장 뜨거운 감정은 다른 여자들과의 우정에 바쳐졌다 — 그리고 정치적 열정에.

엘리너는 남편이 당장 관계를 끝맺으면 결혼 상태를 유지하기로 동의했다. 두 사람은 동료로 남긴 했지만 서로의 신뢰는 사라진 것으로 보인다. 두 사람은 점점 더 자신들을 별거 상태로 몰아갔다. 여전히 같이 시간을 보내긴 했지만 엘리너는 감정적으로, 지적으로 독립을 추구했다. 부부는 각자 관심사와 정치적 목적이 달랐다. 1920년에 프랭클린은 민주당 후보 제임스 콕스James M. Cox의 부통령이자 러닝메이트로 선출되었지만, 그들의 유세는 엄청난 격차로 승리한 워렌 하딩과 캘빈 쿨리지에게 삼켜져버렸다. 이듬해 루스벨트는 소아마비로 쓰러졌다. 하반신이 마비된 그는 그 때부터 대부분의 시간을 휠체어에서 보냈다. '대부분의' 시간이라 함은, 그가 약한 모습을 드러내면 정치적 야망이 위태로워질 거라고 생각해서 금속 다리 보조 기구와 지팡이에 의지해 일어서서 말하고, 심지어 짧은 거리를 걷기까지 할 수 있도록 스스로 훈련을 했기 때문이다. 당시 언론은 오늘날이라면 생각조차 할 수 없을 정도로 친절해서, 미국 정치사의 그 어떤 사건에 비교해도 스캔들이 되기에 모자람이 없었던 그 일을 묵인해주었다. 부부가 간호사-환자 관계가 된 것은 엘리너에게는 남편과의 사이에 아주 편리한 거리를 구축할 수 있는 계기가 되었겠지만 엘리너는 그래도 충실하게, 심지어 헌신적으로까지 남편을 보살폈다 (다소 깊은 심리학적 측면을 보자면, 역사가 나이젤 해밀턴은 아내가 남편의 병을 '응당 치러야 할 대가'로 보았다고 시사한다).

루스벨트의 부통령 유세는 한 가지 장기적인 결과를 가져왔으니, 그것은 개인 비서로 일하러 온 마르게리트 '미시' 르핸드 Marguerite 'Missy' LeHand와의 관계였다. 그녀는 그후 21년 동안 그의 곁에 남아, 그의 집안의 붙박이 같은 존재가 되었다 — 심지어 그의 가족의 일원이 되었다. 그리고 첩이 되었다고도 할 수 있을 것이다. 그녀는 확실히 엘리너가 없을 때 백악관의 안주인 역할을 했다. 영부인은 그것을 문제삼지 않았던 듯하다.

한편 남편이 첫째 정부와 다시 만나는 것에 대해 엘리너가 어떤 심정이었을지, 우리로서는 알 도리가 없다. 루시 머서는 부자 홀아비와 결혼해서 이제는 러더퍼드 부인이 되어 있었다. 그렇지만 그녀가 옛 연인을 다시 만나고 있었다는 사실은 거의 의심할 여지가 없다. 유일한 논란은 얼마나 자주, 그리고 어떤 상황에서였느냐다. 그후 두 사람의 만남의 횟수는 알려진 한 매우 적다. 장애인이 된 프랭클린이 미시의 경계의 눈초리를 벗어나기는 쉽지 않았을 것이다. 그렇지만 몇몇 학자는 겉보기에는 단순히 수다스럽고 친근해 보이는 두 사람 사이의 편지가 실제로는 밀회의 약속을 잡기 위한 암호 통신문이었다고 내비친다. 우리가 확실히 아는 것은 두 사람의 관계가 오랫동안 지속되었다는 것뿐이다. — 그리고 엘리너의 상처가 오랜 상처였다는 것도. 엘리너는 남편이 죽을 때 루시가 같이 있었다는 사실을 나중에 알고서 깊이 상처를 받았다.

위: 프랭클린 루스벨트는 루시 머서와 바람을 피운 것 때문에 막 시작한 결혼에 거의 종지부를 찍을 뻔했다. 엘리너 루스벨트는 그를 — 어느 정도까지 — 용서했지만 다시는 그를 진심으로 완전히 믿을 수 없었다.

오른쪽: 그 시절 유권자들은 우리가 옛날 사진에서 볼 수 있는 휠체어에 매인 루스벨트를 알아보지 못했을 것이다. 그는 소아마비로 인해 몸이 불편해진 것을 감추려고 엄청난 수고를 감내했다.

세 여자

1924년 인디언 서머의 어느 오후, 엘리너는 스프링우드에서 2마일 쯤 떨어진 하이드파크의 루스벨트 장원에서 친구이자 동료 여권 운동가인 두 여성과 함께 나들이를 갔다. 매리언 디커먼Marion Dickerman과 낸시 쿡Nancy Cook은 그저 정치적 동료가 아니라 평생의 배우자였다 — 두 사람은 시러큐스에 있는 학교에 같이 다니던 시절 사랑에 빠졌다. 그날 오후 프랭클린과 함께 집에 돌아온 세 여인은 그것이 그해의 마지막 나들이가 되리라고 생각하며 안타까워했다. 그러자 대통령은 그들이 가장 좋아하는 소풍 장소에 조그만 오두막을 지을 수 있도록 땅을 조금 배정해주겠다는 생각을 떠올렸다. 그리고 바로 그 자리에서 법률 수속을 진행했다. 볼킬(Val-Kill, 폴킬 계곡의 강둑에 위치했기 때문에 그렇게 불렸다)은 매리언과 낸시에게는 집이 되었고, 엘리너에게는 주말 휴식 장소이자 사무실이 되었다. 우리는 세 사람이 그 집에서 정확히 어떤 관계로 지냈는지 알 수 없지만, 수건에 세 여성의 머릿글자인 'EMN'이 새겨졌다는 사실을 두고 묘하게 생각하는 사람이 적지 않다. 엘리너는 그 이외에도 적어도 다른 한 레즈비언 커플과 오랫동안 가깝게 친구로 지냈다. 여권 운동가 에스더 레이프Esther Lape와 엘리자베스 리드Elizabeth Read였다.

엘리너와 얼

엘리너의 애정이 대체로 그녀가 살면서 만난 여성들에게 집중되었다는 데 진심으로 의문을 가질 여지는 전혀 없어 보인다. 하지만 그렇다고 엘리너가 남자들에게 끌리지 않은 것은 아니었다. 얼 밀러Earl Miller와는 특히 가까운 관계였던 듯한데, 그는 프랭클린이 뉴욕 주지사를 지내던 1929년에서 1932년 사이에 주 기병으로 엘리너의 경호를 맡았다. 그가 엘리너에게 배정되었을 때 엘리너는 44세였던 데 비해, 그는 32세였다. 두 사람의 관계는 그저 우정이 전부였을 수도 있다. 두 사람 다 수영과 테니스를 포함해서 스포츠에 관심이 있었다. 그렇지만 두 사람은 프랭클린의 잦은 출타 중에 계속 가까이 지냈고, 얼의 아내는 결국 자기 이혼에 책임이 있는 사람으로 엘리너를 지목했다. 엘리너가 1962년에 세상을 떠날 때까지 두 사람은 매일 편지를 주고받았던 듯한데, 이 편지들은 전부 폐기된 것으로 보인다.

얼과 엘리너: 행복한 한 쌍? 아니면 두 사람의 관계는 그저 전문 경호원과 의뢰인의, 가깝지만 적절한 관계 이상은 아니었을까? 추측은 당시에도 무성했고 그후로도 거의 가라앉지 않았다.

로레나 힉(오른쪽 둘째)은 엘리너(오른쪽)를 1932년에 기자로서 알게 되었고, 두 여자는 곧 떼어놓을 수 없는 사이가 되었다. 머지않아 두 사람이 그저 친구를 넘어선 연인 사이라는 추측이 제기된 것은 필연적인 일이었다.

'사랑하는 힉……'

위세 높은 영부인 엘리너 루스벨트는 자유 세계에서 가장 저명한 여성이라는 자기 역할을 무척 진지하게 받아들였다. 그리고 자기 지위를 기반으로 여성의 진보와 여성의 관심사를 위한 주장을 펼쳤다. 엘리너는 음식 조리법이나 집안일 같은 이야기를 하지 않았다. 그보다, 신문 칼럼과 언론 회담(종종 여성들로만 꾸려진)을 통해 교육, 성 차별과 사회 복지를 포함해 상당히 폭넓은 화두를 다루었다. 엘리너가 페미니스트적인 시각을 가지고 그 시각을 자유롭게 표현한 것은 결국 보수파의 분노를 샀고, 그로 인해 뒷소문이 횡행했다. 그녀가 전통적인 여성상이 될 수 없다는 것은 분명했다. 엘리너가 레즈비언이라는 추측이 제기된 것이 그저 이런 종류의 편견 때문이었다고 생각하는 것은 그리 어려운 일도 아니다.

그런 오명으로 고생하는 페미니스트로는 그녀가 최초도, 최후도 아닐 테니까.

그렇지만 루스벨트 부인과 기자 로레나 히콕Lorena Hickok과의 관계는 지나치게 가까워서, 워싱턴에서 입방정을 떤 것도 그다지 놀라운 일이 아니었다. 엘리너가 '힉'이라고 불렀던 로레나는 미래의 영부인과 가깝게 지내면서 1932년의 대통령 유세 기간과 루스벨트 행정부의 초기 몇 달 동안 그녀의 삶을 취재했다. 히콕은 엘리너에게 반지를 하나 주었는데, 엘리너는 그 반지를 프랭클린의 취임식에까지 끼고 갔다. 루스벨트 부인은 1933년 3월 7일자 편지에서 그것을 언급하고 있다.

두 사람이 주고받은 편지는 대부분 이후에 폐기되었다. '힉' 자신은 적어도 15통을 태워버렸다고 알려져 있다. 그렇지만 우리의 관심을 끌기에 충분한 정도의 편지는 살아남았다. "오늘밤 당신 곁에 누워서 내 팔로 당신을 안을 수 있으면 좋겠어요." 날짜를 알 수 없는 한 편지에는 이런 내용이 담겨 있다. 두 여자가 함께 있을 짬을 낼 수 있을 때 뭘 했든, 또는 하지 않았든 그들이 '그냥 좋은 친구'를 약간 넘어선 관계였음은 명확해 보인다.

> "오늘 밤 당신 곁에 누워 당신을 내 팔로 안고 싶어요." 날짜가 불분명한 한 편지에는 이렇게 씌어 있었다. 두 사람이 서로 같이 지낼 짬을 낼 수 있었을 때 무엇을 했든, 또는 하지 않았든 그들이 '그저 친한 친구'를 다소 넘어선 관계였다는 사실은 명확해 보인다.

짭짤한 떡고물

두 가지 거대한 사건이 루스벨트의 (전무후무한) 3번의 대통령 임기 전체에 그림자를 드리웠다. 대공황과 제2차 세계대전이었다. 우리는 앞서 전쟁에 대비한 대규모 동원이 곧 부정·부패를 저지를 기회가 된다는 것을 보았다. 갈등의 시기에 있을 때 정부는 '가장 커지는' 법이고, 계약들은 가장 풍요로워지는(혹은 서둘러 준비되는) 법이다. 경제 위기에 맞서기 위한 루스벨트의 프로그램에는 대규모의 투자가 관련되었다. '뉴딜'은 어리둥절할 정도로 폭넓고 다양한 에이전시가 조직한 거대하고 폭넓은 프로젝트로 구성되었다. 화가와 작가들의 프로젝트로부터 방대한 수력 전기 프로젝트까지 없는 것이 없었다. 테네시 계곡 위원회 TVA 하나만 해도 20곳도 넘는 댐 건설과 관련이 있었다. 부패와 절도의 기회는 어지러울 정도로 넘쳐났다. 예측할만한 일이지만, 뒤이어 시행된 조사 결과 막대한 액수의 돈과 원료가 새어 나갔음이 밝혀졌다 — 그렇지만 그 노획물 중 백악관이나 중앙 정부로 흘러간 것은 전혀 없었다.

진주만 공습 덕분에 프랭클린 루스벨트는 미국의 제2차 세계대전 참전에 대한 반대 정서를 극복할 수 있었다. 심지어 루스벨트가 일본의 '기습' 공격을 미리 알고 있었다는 추측도 있다.

행정 명령에 따라

행정 명령 9066번은 비록 지금은 악명 높지만, 루스벨트가 그것을 조인한 1942년에는 그다지 의문을 받지 않았다. 그것은 적국 출신 선조를 지닌 이들을 억류한다는 내용이었다. 일본계 조상을 지닌 남녀와 아동 약 12만 명이 종전이 선포될 때까지 폐쇄된 수용소에 배치되었다. 이 중에서 일본에서 태어난 이들은 겨우 40%였고, 대다수는 2세대 또는 심지어 3세대 일본계 미국인이었다. 독일계는 1만 1000명, 이탈리아계는 대략 3000명이 수감되었다. 역설적이었던 것은 그중에 다수의 유대인이 포함되었다는 사실이다. 히틀러의 독일에서 기껏 미국으로 도망쳐왔는데 거기서조차 감옥에 갇히고 만 것이다.

대통령의 손은 깨끗했던 듯하고, 그의 상임 관료들 역시 그랬던 듯하다. 미국이 제2차 세계대전에 돌입했을 때도 실질적으로 동일한 상황이었다. 전쟁 준비는 너무나 규모가 크고 복잡한 일이어서, 실제로 엄청난 남용이 불가피했다. 오히려 고위 관료와 정부가 그토록 관련이 없었다는 사실이 놀라울 정도였다.

전쟁으로 가는 길?

대다수 미국인은 제2차 세계대전에서 조국이 한 역할에 자부심과, 그 사건에서 루스벨트가 보여준 리더십에 경탄을 느낀다. 그렇지만 스캔들이라고는 하기 어려울지 몰라도, 전쟁에 참전하는 데 대해서 루스벨트가 한 역할을 둘러싸고 일각에서는 의문을 제기한다. 그가 진주만 공격을 미리 알고도 대처하지 못했다는 것이다. 대통령이 애초부터 미국이 히틀러 독일과의 갈등에 뛰어들기를 바라던 소수파에 속했다는 것은 사실이다.

확실히 나치를 지지하는 이들도 일부 있었지만 — 반셈주의자, 아리안 우월주의자 등등 — 그보다는 독일계 후손이라서 새로운 고향이 옛날 조국과 전쟁을 벌이는 것을 보고 싶어하지 않는 이들이 더 많았고, 단순히 유럽의 전쟁은 자기들과 상관이 없는 일이라고 느끼는 미국인은 그보다 더 많았다. 루스벨트는 히틀러가 자유를 위협하는 존재이며, 그의 군사주의는 맞서 싸워야 할 대상이라고 보았다. 루스벨트는 미국이 싸움에 나서기를 열망했지만, 조국을 설득할 수 없음을 알았다.

따라서 음모 이론이 등장했고, 그것을 다룬 가장 유명한 책으로는 로버트 스티넷Robert Stinnett의 《속임수의 날Day of Deceit》을 들 수 있다. 이 책은 대통령이 일본의 계획을 알면서도 모른 척했고, 정보를 미리 가로챘고서도 못들은 척했다고 한다. 책에서는 루스벨트가 태평양 함대를 미끼이자 함정으로 삼아 미국이 전쟁에 돌입하게 한다는 자신의 목적을 달성했다고 분석하고 있다. 대략 2500명의 미국인이 그 공습에서 목숨을 잃었으니, 그것은 가벼운 주장이 아니다.

장애 아동들

루스벨트의 자녀들이 문제 있는 성인으로 성장한 것은 그들의 아동기 상황을 생각하면 아마 그리 놀라운 일도 아니리라. 그들 중 다섯은 도합 19번이나 결혼을 했다. 아버지가 가장 아꼈던 애나는 어머니 엘리너와의 관계에 문제가 있었던 듯한데, 엘리너는 — 혐의에 따르면 — 가정교사들이 잇따라 딸을 학대하는 것을 모른 척했던 모양이다. 어쩌면 그것이 애나가 어머니를 배신하고 프랭클린과 루시 머서가 관계를 지속할 수 있도록 다리 노릇을 한 이유일지도 모른다.

> 전쟁 준비는 워낙 대규모이고 복잡하다보니 실제적으로 어마어마한 남용이 불가피했다. 오히려 놀라운 것은 더 고위층 관료와 정부가 거기에 그토록 적게 관여했다는 사실이다.

프랭클린과 엘리너의 살아남은 아들 중 둘째 엘리엇은 부모의 자랑거리가 될 가능성을 전부 가지고 있었다. 엘리엇은 제2차 세계대전 당시 정찰 비행사로 탁월하게 복무했다. 하지만 그는 나중에 이전 라이벌인 록히드 모델에 비해 열등하다고 퇴짜를 맞은 휴즈 항공사의 D-2 정찰기를 조달한 혐의로 재정 부정을 조사받으러 상원 소위원회에 소환당했다. 1943년에는 엘리엇과 몇몇 장교가 하워드 휴즈의 초청을 받고서 할리우드로 가서 와인과 만찬을 접대받고 여배우들과 나이트클럽 접대부들에게 향응을 받은 사실이 밝혀졌다. 젊은 루스벨트는 어떤 혐의도 받지 않았지만 모양새는 영 좋지 않았다 — 특히 그 잘못된 행위가 그들의 동지들이 북아프리카와 유럽과 태평양에서 목숨을 걸고 싸우고 있을 때 일어났다는 사실을 생각해보면 더욱 그랬다.

그의 아버지는 끝내 이 수치스러운 사건을 전해듣지 못했다. 그는 넷째 임기 석 달 전, 그리고 제2차 세계대전의 종전 며칠 전인 1945년 4월 12일에 심장마비로 세상을 떠났다.

1932년에 엘리엇 루스벨트는 겨우 21세의 나이로 길핀 항공사 사장이 되었다. 일각에서는 그것이 아버지 루스벨트가 항공 산업의 규제 위반을 눈감아준 데 대한 '대가'가 아닐까 의심하기도 했다.

해리 트루먼, 1945~1953

트루먼Harry S. Truman은 유럽에서 승리를 거둔 대통령이 되는 영예를 얻기에 딱 알맞을 때 백악관에 도착했다 — 승리의 순간이었지만, 당시에는 그렇게 보기가 힘들었다. 대통령 집무실 책상 밑에 발을 넣기도 전에, 트루먼은 히로시마와 나가사키에 원자폭탄을 떨어뜨려야 할지 말아야 할지를 결정해야 하는 처지가 되었다. 일부 역사가에게 있어서 그것은 트루먼을 미국 대통령직의 그 모든 '어두운 역사' 중에서도 가장 시커먼 구덩이에 속하게 만드는 잔학 행위였다 — 대략 13만 명이 그 폭발로 인해 목숨을 잃었지만, 그것은 그저 시작일 뿐이었다. 사상자 수는 그 뒤 몇 주, 몇 달 사이에 두 배로 뛰었다. 무고한 민간인이 병에 걸렸고, 원폭의 장기적인 희생자가 되어 고통을 겪고 망가지고 시들어갔다.

하지만 트루먼이 폭탄을 떨어뜨리는 그 힘든 결정을 내리지 않았더라면 초래되었을 사상자 수 — 미군과 연합군의, 그리고 일본 민간인의 — 가 그 충격을 상쇄해 주었다. 1945년 8월 6일 이전에 일본의 군부 지도자들은 어떻게 보아도 장기전으로 안착하려는 신호를 보여주고 있었다. 심지어 히로시마 이후에도 화해를 주저하는 경향이 뚜렷했다. 미국 병사들, 선원들, 혹은 비행사들에게(또는 원주민들에게) 섬에서 싸우는 것은 소풍과는 거리가 멀었다 — 물론 일본인들 역시 자기네 도시에서 폭풍처럼 번지는 불이 그다지 유쾌할 리 없었다.

해리 트루먼의 안경은 늘 그가 제1차 세계대전에서 군 복무를 하기 위해 선의의 거짓말을 했다는 사실을 떠올리게 한다. 이후의 대통령들은 트루먼보다 훨씬 더 부정직했고, 그 절반만큼이라도 품위를 지킨 이는 거의 없었다.

그것은 아직까지도 논란이 되는 질문을 남긴다. 왜 8월 9일, 나가사키에 2차 폭탄이 떨어졌을까? 일각에서는 이 공격에 두기를 테스트하려는 기회주의적 의도가 있었다고 내비친다. '팻 보이'는 히로시마의 '리틀 보이'와는 다른 유형의 폭탄이었다. 만약 그때 그걸 떨어뜨리지 않는다면, 언제 또 그걸 쓸 기회가 있었겠는가? 다른 이들은 그것이 냉전의 포문을 열기 위한 것이었고, 심지어 일본은 진짜 과녁도 아니었다고 한다. 이미 이후 수십 년 동안 적이 될 것으로 내다본 소련에 경고하기 위한 공격이었다는 것이다. 공평하게 말하자면, 트루먼은 이 전례 없는 공중 공격의 파괴력에 대해 전혀 알지 못했다. 트루먼 자신이 일본인에게 '공중에서 내리는 폐허의 비, 지상에서 한 번도 본 적이 없는 무엇'을 경고한 것은 사실이다. 그렇지만 그렇게 말하는 것과 실제로 그 의미를 제대로 아는 것은 별개다.

'실수는 트루먼이 하는 것'

트루먼이 저질렀다는 범칙 몇 가지에 대해서 도덕적으로 심하게 분노하기란 쉽지 않다. 엄격하게 말해서, 그가 제1차 세계대전 전에 자신의 나이와 신체 상태에 관해 심사관들을 속였다는 것은 '스캔들'이다. 그는 나이를 두 살 어리게 말하고 시력 차트를 외워버렸다. 그렇지만 역사상 그토록 많은 이가 의무적인 군 복무를 피하려고 갖은 노력을 했는데(미국 대통령도 예외가 아니고), 입대를 하기 위해 거짓말을 한 남자에게 우리가 과연 얼마나 화를 낼 수 있겠는가? 모범적인 남편이었던 트루먼은 확실히 양심적인 공무원이기도 했다. 그는 공직을 떠났을 때 그럭저럭 먹고 살만한 군사 연금 말고는 더 남은 것이 없는 상태였다. 그러니 명확히 모든 점에서 그는 대통령 중에서 뭐랄까 귀감 같은 존재였다. 그렇다면 스캔들 사냥꾼들은 뭘 해야 할까?

행복한 한 쌍

세속적인 논평가들은 베스 트루먼Bess Truman이 영부인의 직위에 아름다움을 더해주지는 않았다는 데 분명히 의견을 같이한다. 베스는 미인이 아니었고, 우아한 안주인도 아니었다. 사실 그녀는 중요한 손님을 접대하는 그 모든 형식적인 의례를 피곤하다고 느꼈고, 분명히 언론을 상대하는 것을 불편해 했다. 말 나온 김에, 아내와 남편 둘 다 백악관 직원에게는 엄청나게 인기가 있었다. 직원들은 대통령 내외가 자기들을 동등하게 대하고 편하게 말해주는 것을 너무나 좋아했다. 문을 열어주거나 차쟁반을 들고 오는 하인들은 외국의 대통령, 수상, 그리고 군주들을 소개받았는데, 마치 그것이 세상에서 가장 자연스러운 일이라는 것 같았다. 트루먼은 미주리 주 인디펜던스에서 주일학교를 다니던 여섯 살 적에 베스 월리스를 처음 만났고, '푸른 눈'과 '금발 곱슬머리'를 가진 그녀와 사랑에 빠졌다. 흔히 보는 어릴 적부터의 연인의 이야기인 셈이다. 그는 진실하기에는 너무 푹 빠졌던 듯하다 ─ 그렇지만 그는 진실했다. 1945년 포츠담 회담에서 한 회기가 끝나고 그에게 어떤 여성 친구를 붙여주려고 한 젊은 장교에게 트루먼은 이렇게 퉁명스럽게 대꾸했다. "나는 내 연인과 결혼했소. 그녀는 나를 두고 한눈을 팔지 않고, 나도 그녀를 두고 한눈을 팔지 않소."

해리 트루먼의 천생연분인 베스는 여섯 살 이래 그의 애모를 받아왔다. 두 사람은 백악관을 점유했던 부부 중에서 서로에게 가장 충실했던 이들에 속한다.

걱정 마시라. 트루먼의 통치기는 기대했던 만큼 완벽한 정직의 시대는 아니었다. 비록 대통령이 적극적인 사기꾼이라기보다는 수동적인 행인이었다고 해도 말이다. 비록 대부분의 측면에서 율리시스 그랜트나 워렌 하딩보다는 훨씬 나은 인물이었지만, 그는 그들과 마찬가지로 스스로 자기 품격을 떨어뜨렸다. 인선에서 판단 착오를 저지르고, 친한 친구를 구속하기를 거부한 탓이었다. 하딩과 마찬가지로, 그는 고향 출신 친구 무리와 함께 워싱턴에 입성했다. 그들은 곧 '미주리 갱'으로 불리게 되었다.

미주리 갱

대통령이 되려면 어디든 우선 출발점이 필요하다. 그 출발점은 흔히 주 정계일 경우가 많고, 그러다보면 무거운 짐이 따라붙을 때가 많다. 그 점은 트루먼도 마찬가지였으니, 그는 톰 펜더개스트Tom Pendergast의 후견을 받으며 미주리 민주당의 서열을 밟고 올라갔다. 캔자스 시 보스였던 펜더개스트는 자신의 영향력으로 부정 이득의 왕국을 만들어놓았다. 비록 그 왕국은 1939년에 그가 탈세로 기소되어 투옥되는 굴욕을 당하면서 몽땅 무너져내렸지만. 그는 1945년에 세상을 떠났는데, 트루먼은 취임식 며칠 뒤에 그의 장례식에 다녀옴으로써 물의를 빚었다. 트루먼은 아직도 그를 '친구'라고 불렀다. 그렇지만 트루먼을 등에 업고 권력으로 가는 길을 찾아낸 미주리 출신 '친구들'은 훨씬 더 많았다. 그들은 재빨리 정부의 돈궤를 약탈하는 일에 착수했다.

해리 트루먼은 제1차 세계대전의 진창과 피와 천둥을 겪고 군 복무를 마쳤다. 당시 그가 보여준 헌신과 양심은 오랜 세월이 지나 그가 대통령이 된 뒤에도 흐려지지 않았다.

대통령이 직접 관여했으리라고 의심하는 사람은 아무도 없었지만, 그의 무심함이 범죄에 가까웠다는 것은 의심할 여지가 없다. 트루먼이 공직을 떠나기 전까지 이런 문제들은 끝내 조사를 받지 않았다.

캔자스 시 변호사인 존 스나이더John W. Snyder는 재무 장관이 되었다. 그리고 재무 장관으로서 국세청 업무의 전반적인 책임을 맡았다. 그것은 꽤나 만만찮은 임무였다. 트루먼의 행정부가 현장에 등장한 지 몇 주 되지 않아 부패의 문화가 확고하게 뿌리를 내렸다. 정치적으로 임명된 각 부서의 수장들은 탈세를 눈감아주고 뇌물을 받거나, 아니면 자기 의무를 회피하려다 발각된 이들을 협박함으로써 배를 불리고 있었다. 대통령 자신이 그런 일에 관여되어 있다고 한 사람은 아무도 없지만, 태만죄인 것은 틀림없었다. 트루먼이 공직을 떠나기 전까지 이런 문제들은 끝내 조사를 받지 않았다. 나중에 166명의 관료가 해고되었다.

세다Cedar 카운티 법률가인 도널드 도슨Donald Dawson은 대통령의 정치 고문이었다. 또한 허버트 후버가 대공황 초기에 설립한 부흥 금융 공사Reconstruction Finance Corporation(RFC)의 이사이기도 했다. 그 공사는 중요한 회사들이 일자리를 창출하는 사업을 활력적으로 벌이게 하기 위한 것이었다. 그렇지만 도슨은 RFC의 자기 직위를 이용해 사업가인 자기 친구들에게 인심 좋게 무담보 융자를 내어주고서, 그 보답으로 값비싼 금품과 향응을 받았다. 그런 일들이 벌어지고 있다는 소문이 스캔들이 되자 트루먼은 대통령으로서 자신의 무게를 전부 걸고 미주리 친구들을 지키려 했다.

또 다른 미주리 출신 남자 해리 본Harry H. Vaughan 소장은 트루먼이 신뢰하는 군사 보좌관이었다. 그는 자기 몫만이 아니라, 상관의 몫까지 대신하여 선물을 받음으로써 상관에게 수치를 입혔다.

대통령이 너무 순수한 것도 부정직한 것만큼이나 문제가 될 수 있다. 재무장관 스나이더(트루먼과 함께, 왼쪽)가 미국 행정부를 부패의 소굴로 만드는 동안 트루먼은 눈이 멀어 있었다.

모피 코트에서 휴가까지 가리지 않고 선물과 '공짜 금품'을 수뢰하는 것이 규정처럼 되어가고 있었다. 더 심각했던 것은 나중에 밝혀진, '5%'들 — 수수료를 받고 계약자들에게 알선과 조력을 제공한 정부 각료들 — 의 수장으로서 본이 한 역할이었다.

에드윈 폴리Edwin W. Pauley는 사실 인디애나 출신이지만 '미주리 갱'에 한몫 끼기에는 안성맞춤이었다. 대통령은 이 강력한 석유 기업가를 해군 — 막대한 석유를 소비하는 — 차관 자리에 앉혔다. 역사가 토머스 베일리가 말했듯이, 이것은 "고양이에게 생선을 맡긴 고전적인 사례"였다. 한편 법무 장관 하워드 맥그래스J. Howard MacGrath는 정의를 위해 싸우기는커녕 정부의 뒤를 봐주는 데 더 관심이 있었던 듯하다. 그는 1952년에 자신의 부서가 맡고 있던 조사를 중단시키는 데 개입한 것이 드러나 사임해야 했다. 트루먼은 언제나와 마찬가지로 이 일에도 개입하지 않은 것처럼 보인다. 하물며 이런 일들로 인해 재정적인 혜택을 받았을 가능성은 더욱 없어 보인다. 그렇지만 "책임은 내가 집니다The buck stops here(트루먼의 백악관 집무실 앞에 붙어 있던 어구 — 옮긴이)"라는 말로 유명한 사람은 바로 트루먼 아니었던가?

정키 조

조지프 매카시Joseph McCarthy의 '빨갱이' 마녀 사냥이 시작된 것은 트루먼의 재임기였다. 대통령은 매카시를 막기 위해 충분히 애쓰지 않았다 해서 비판을 받아왔다. 트루먼은 매카시의 캠페인이 저급하다고 느끼고 거슬려했지만, 자기가 공산주의를 너

그럽게 대하는 것처럼 보일까봐 두려워 거기에 반대할 수 없었던 듯하다.

그렇지만 돌이켜보면 트루먼 행정부는 확실히 응당 취했어야 할 태도보다 더 소심했던 듯하다. 매카시는 거짓말쟁이에 사기꾼이었음이 입증되었다. '테일거너 조(조지프 매카시의 별명 — 옮긴이)'는 비록 실제 전투에 참여하긴 했지만, 복무 기간과 비행 출격 횟수에 관해 거짓말을 했다. 또한 해군 선장 체스터 니미츠Chester W. Nimitz가 서명했다는 공식 추천장을 위조했고, 사고로 입은 부상을 '전쟁의 부상'이라고 주장했다. 심지어 공산주의자들에 대한 고발 역시 매우 일관성이 없고 확실히 못 미더웠다. 그렇지만 트루먼과 그의 수하들은 뒤로 물러나 그가 날뛰게 놔두었다. 심지어 그가 헤로인 중독이라는 사실을 덮는 데 조력하기까지 했다.

매카시가 초기 정치 경력을 쌓은 것은 어느 정도 그의 위스콘신 배경 덕분이었는데, 그곳은 독일계 미국인이 인구의 다수를 차지하고 있었다. 그가 처음 이름을 알린 것은 1946년이었는데, 다차우Dachau 수용소에서 미국인 전쟁 포로를 학살하여 재판을 받던 84명의 SS대원에 대한 '공정한 처우'를 요구하면서였다. 그는 나치에게 보여준 너그러운 태도를 실제 공산주의자, 또는 그의 머릿속 공산주의자에게까지는 보여주지 않았다. 그는 공산주의자들이 미국 관료제와 문화 생활을 '감염시키고' 있다고 주장했다. '침대 밑 공산주의자'에 맞선 그의 활약은 1950년에 시작되었다. 그것은 미국의 거대한 제도들을 휩쓸고 — 육군에서 할리우드까지 — 중요한 전문 직업인들을 자리에서 내몰면서 공포와 마비의 기후를 형성했다. 게다가 그것을 지켜본 많은 사람이 반공산주의가 반유대주의와 얼마나 가까운지를 알아차렸다. 전복가로 낙인찍힌 이들 중 많은 이가 유대인이기도 했다. 이런 비판들은 너무나 정곡을 찔렀기 때문에 매카시는 비판을 누그러뜨리기 위해 어쩔 수 없이 유대인 로이 콘Roy Cohn을 자기 오른팔로 택해야 했다.

매카시는 '붉은 위험Red Peril'과 나란히 이른바 '라벤더 공포Lavender Scare'라는 것을 일으켰는데, 동성애자들이 공적 생활을 '점령하고' 있다는 것이었다. 역설적이게도, 밀워키 게이 공동체에서는 매카시 상원 의원이 동성애자라는 것이 '공개된 비밀'이었다. 본인 입으로 여자들과의 데이트는 그저 겉치레였다는 농담을 했다고 한다. 로이 콘이 자기 애인을 사무실에 채용해 같이 일한 것은 그다지 비밀도 아니었다.

조 매카시가 죄인들의 이름을 몇 명 더 밝히고 있다. 위선에서 비롯된 위스콘신 상원 의원의 공포와 의심의 통치는 1950년대 미국에 깊고 어두운 그림자를 던졌다.

드와이트 아이젠하워, 1953~1961

전후에도 평화는 찾아오지 않았다. 제2차 세계대전의 먼지와 연기가 걷힌 결과는 쓰디쓴 냉전에 붙들려 서로 경쟁하는 두 세력 블록이 등장했을 뿐이었다. 공산주의 세력에 맞서 자유 세계를 지도해야 할 남자에게 지금은 그 어느 때보다도 군사적 덕목이 필요해 보였다. 막 지나간 전투에서 유럽 연합군의 총사령관이었던 이보다 거기에 더 완벽하게 부합하는 사람이 또 있을까? "나는 아이크가 좋아"가 캠페인 표어였다. 그리고 미국 국민이 그 정서를 공유한 듯했다. 그는 막대한 표 차이로 1952년 선거를 휩쓸었다.

그리고 공정하게 말해서, 유권자들은 기만당하지 않았다. 그들은 아이젠하워Dwight D. Eisenhower에게서 기대한 것을 얻었다. 그는 솔직담백한 사람이었다. 진실로 책임 의식, 그리고 잘 발달된 리더십 능력을 지닌 군인이었다. 그렇지만 그는 철저히 자기 시대에 속한 인물이었고, 지금 보면 무척 의문스러워 보이는 그의 결정 다수는 냉전적 사고의 불가피한 결과였다. 트루먼은 아이젠하워가 조지프 매카시와 직접 맞서기를 회피한 데 화를 냈다 — 그리고 전쟁 영웅이었던 그가 그 거대한 악당의 허풍을 터뜨리기에 딱 맞는 인물이었다는 것은 사실이다. 아이젠하워가 위스콘신 출신 상원 의원과 '한판 붙기'를 꺼린 것은 이해할만하지만, 트루먼 역시 그 점에서는 대단한 용기를 가졌다고 할 수 없다.

아이젠하워가 1950년대에 걸쳐 전례 없는 미국의 군사화를 주재한 것은 사실이지만(심지어 주간 고속도로조차 이 재무장 계획의 일부였다), 미국은 이 무렵 자신을 '무기 경쟁'에 고스란히 바쳤다. 소련과의 대결은 아이젠하워 재임기의 압도적인 현실이었다.

> 소련과의 대치는 그의 대통령 재임기의 압도적인 현실이었다. 두 강대국 사이의 대립은 전후 질서를 정의한 대단히 중요한 구조였다.

두 슈퍼파워 사이의 대립은 전후 질서를 규정하는 대단히 중요한 구조였다. 대통령은 사실 좀 회의주의적이었다. 그는 군사 산업과 군과 정부가 상호 지원하고 상호 영속적인 관계를 맺게 되는 '군산 복합체'의 등장을 감지했다. 그는 아메리카와 유럽의 북대서양 조약 기구NATO 소속 국가들의 방어에 너무 많은 자원이 새어나가 '우리가 외부로부터 지켜내려고 애쓰는 것을 안으로부터' 파괴할 위험을 무릅쓰고 있는 것은 아닌가 두려워했다.

왼쪽: 전쟁의 포화에 시험을 당한 드와이트 아이젠하워는 강력하지만 평화를 사랑하는 지도자임이 입증되었다. '군산 복합체'의 등장을 처음으로 맹렬히 비난한 사람이 바로 그였다.

오른쪽: 아이젠하워 장군이 일정을 훈시하고 있다. 제2차 세계대전 동안 유럽 연합군의 최고 사령관이었던 장래의 대통령은 고위직을 맡기에 앞서 가능한 가장 고된 준비 단계를 거쳤다.

전쟁에 나간 남편이 생각도 마음도 변한, 전혀 다른 남자가 되어 돌아온 것을 깨달은 아내는 메이미 아이젠하워 혼자가 아니었다. 두 사람이 처음부터 어울리지 않았다는 것은 거의 틀림없는 사실이었다.

메이미와 케이(그리고 글래디스)

쾌활하고 친근하고 여자다운 메이미 아이젠하워Mamie Eisenhower는 영부인으로서 높은 인기를 끌었다. 유감스러운 것은 남편에게는 그만큼 인기 있지 않았다는 사실이다. 메이미는 남편의 첫사랑이 아니었다. 그 영예의 주인공은 캔자스 주 아빌렌Abilene 출신의 소녀, 글래디스 하딩Gladys Harding 이었다.

고향을 떠나 웨스트 포인트에 있을 때 그녀에게 낭만적인 편지들을 폭탄처럼 투하했던 그는 1915년에 졸업하는 대로 결혼하자고 간청했다. 그렇지만 글래디스는 거절했다. 딸을 애지중지하는 아버지에게 미래의 대통령은 사윗감으로 부족해 보였던 것이다. 한편 글래디스 자신은 콘서트 피아니스트가 되는 것이 장래 희망이었고, 당시 결혼은 자신의 계획에 들어맞지 않았다.

드와이트는 이해했다. 텍사스 샌앤토니오로 배치된 그는 몇 주 지나지 않아 메이미 도드Mamie Doud를 만났다. 백만장자인 고기 포장업자의 딸인 메이미는 부자이고 예쁘고 생기 넘치고 발랄했다 — 글래디스처럼 자신의 장래를 심각하게 생각하지 않았다. 두 사람은 첫눈에 사랑에 빠졌고, 1916년 7월에 다소 서둘러 결혼했지만 아이젠하워는 나중에 가면 갈수록 그 결혼을 후회하게 된다. 매미는 명랑 쾌활하고 매력적이었지만 그다지 '깊이'를 지니지는 못했다. 무척 재미있는 여자이긴 했지만, 드와이트와는 달리 좀 더 진지한 면은 없었다. 더 장기적으로 보았을 때 둘은 그다지 공통점이 없었다.

그랬으니 고향에서 멀리 떨어져, 아드레날린이 날뛰는 전쟁 상황에 있던 그가 런던에서 자기 운전병 케이 서머스비Kay Summersby와 사랑에 빠진 것은 놀라운 일도 아니었다. 앵글로 아일랜드계 부모를 둔, 전직 모델 출신인 그녀는 이미 꽤나 유명한 인물이었다. 그녀는 아이젠하워를 수행하던 시절 흔히 이혼 사건 통신원(correspondent in a divorce case, 종군 기자를 비꼰 표현 — 옮긴이)으로 불렸다. 어디까지 갔느냐에 대해서는 논쟁이 있지만, 두 사람이 가까운 사이였다는 데에는 사실 의심할 여지가 없다. 일각에서는 '감정적 바람'이었다고들 한다. 케이 자신은 이후에 쓴 회고록에서, 두 사람이 사랑을 나눌 뻔한 적이 두 번인가 있었지만 장군이 실패했다고 주장했다. 그 일을 두고 비웃는 사람들도 있지만, 일이 그 지점까지 가서 그가 발기 불능이 되었다는 것이 그렇게 꼭 말이 안 되는 이야기는 아니다. 아이젠하워의 책임 의식은 강력했다 — 따라서 메이미에 대한 죄책감 역시 강력했으리라. 아무리 후회했다 하더라도 메이미는 그의 배우자였으니까.

'아이크'가 한때 본격적으로 메이미와 이혼할 생각을 해보았다는 사실을 우리가 알게 된 것은 — 누구보다도 — 트루먼 대통령 덕분이다. 아이젠하우어는 유럽에서 트루먼에게 편지를 써서 충고를 구했다. 그렇지만 그가 결혼의 수호자인 트루먼을 믿고 비밀을 털어놓은 것은 실수였다.

전시 그의 운전병이었던 케이 서머스비와 아이젠하워의 관계는 전쟁의 위험과 스트레스를 같이 나눈 경험에서 형성되었다. 비록 두 사람의 관계는 깊긴 했지만 성적인 것은 아니었던 듯하다.

트루먼은 아이젠하워에게 답신을 써서 그런 것을 생각한다면 군에서 면직시키겠다고 했다. 트루먼의 말에 따르면, 대통령으로서 그가 취한 마지막 행동은 아이젠하워의 군 문서를 손에 넣고 그의 편지들을 폐기함으로써 장군을 보호하는 것이었다고 한다.

냉전의 타협들

한 세대 전에, 프랭클린 루스벨트는 니카라과의 독재자 아나스타시오 소모사Anastasio Somoza에 관해 이렇게 말했다고 한다. "그놈은 개자식일지도 모르지만, 그래도 우리 개자식이야." 냉전 때문에 미국이 몇몇 기묘한 동침자를 얻게 되었다는 것은 틀림없는 사실이다. 대통령이 되어 아이젠하워가 처음 취한 행보 중 하나는 예를 들어, 스페인 파시스트 독재자 프란치스코 프랑코Francisco Franco와 친분을 쌓는 것이었다. 1953년에 프랑코와 마드리드 조약을 체결함으로써 그는 따돌림당하던 살인자에게 온기를 제공했다. 같은 해, CIA는 민주적으로 선출된 이란 수상 모하메드 모사데크Mohammed Mossadeq를 끌어내리는 데 힘을 보탰는데, 석유 산업을 국유화하려는 그의 계획이 서구의 이익에 방해가 될까 두려워서였다. 미국은 사람들을 잡아다 고문한 독재자 샤Shah를 선호했다. 그리고 그 행위는 이란과 미국 사이에 오늘날까지 존재하는 불신의 씨앗을 뿌렸다. 중앙아메리카에서도 같은 일이 벌어졌다. 과테말라에서는 인기 있던 야코보 아르벤츠Jacobo Arbenz의 정부가 CIA의 원조를 받아 전복되었는데, 그가 유나이티드 프루트 컴퍼니와 지주 엘리트들의 권력을 무너뜨리겠다는 의도를 표명한 탓이었다.

아프리카와 아시아에 있는 구 유럽 식민지들이 떨쳐일어서 독립하자 미국과 소련 등의 열강은 영향력을 놓고 싸웠다. 한 시대를 점유한 '대리전'이 그 결과였다. 콩고에서는 파트리스 루뭄바Patrice Lumumba가 대중의 지지를 받았지만 소련의 편애도 받은 게 문제였다. 그는 납치되어 살해당했는데, 미국의 원조가 있었던 듯하다. 그를 대신한 조지프 모부투Joseph Mobutu는 조국을 전설적인 규모로 약탈했지만, 서구에 대한 충성심 덕분에 믿음직한 인물로 여겨졌다.

모사데크는 이란 동포들에게는 큰 인기를 얻었을지 몰라도, 미국의 석유 이득에는 도움이 되지 않았으므로 사라져야 했다. 미국은 세계 각국 사이에서 가면 갈수록 강력한 정치적 기후를 조성하고 있었다.

남동아시아에서는 호치민Ho Chi Minh이 베트남을 이끌어 프랑스 식민 지배로부터 자유를 얻어냈고, 영웅적 투쟁 덕분에 동포 사이에서 엄청난 도덕적 권위를 쌓았다. 아이젠하워는 자유선거를 실시하면 호치민이 표를 80%는 얻을 것을 알았다.(그 자신은 57%를 얻었고, 그것은 이른바 '막대한 표차'로 여겨졌다) 그렇지만 미국의 입장에서, 공산주의에 공감하는 호치민은 금지 대상이었다. 미국은 응오 딘 디엠Ngo Dinh Diem을 도와 반도 남쪽에 베트남 공화국을 설립하게 했고, 그가 베트남 사람들을 공포로 지배하는 것을 못본 척했다.

러시아의 붉은 얼굴들

비록 소련은 인정하지 않으려 했지만, 군사 기술에서 미국의 우월성은 명확했다 — 그리고 미국인을 공포에 매어두면 이득을 볼 수 있는 미국의 군산 복합체에서는 그렇게 주장했다.

민주적으로 선출된 과테말라의 대통령 야코보 아르벤츠는 유나이티드 프루트 컴퍼니의 지배를 깨뜨리겠다고 맹세했다. CIA는 더 들을 것도 없이 그를 무너뜨린 쿠데타를 지지했다.

그러나 1960년에 소련이 러시아 상공을 날던 U2 정찰기를 쏘아 떨어뜨린 것은 흔치 않은 커다란 업적이었다. U2는 전투기가 — 그리고 일반적으로, 지대공 미사일이 — 닿기에는 너무 높이 날았고, 우랄 산맥의 한 포대에서 그것을 맞힌 것은 그저 요행이었다. 자기네 비행기가 격추당한 사실을 안 미국에서는 그것이 항공국NASA의 연구 비행기였는데 터키 상공을 비행하다가 조종사의 산소 공급이 떨어져서 추락했다는 엉터리 변명을 지어냈다. 그리고 심지어 U2 한 대를 NASA 항공기처럼 보이게 하려고 도색까지 했지만, 추락한 비행기가 멀쩡한 채 발견되는 바람에 그것은 헛수고가 되었고, 소련은 전 세계 언론에 사진을 내돌렸다.

도미노 게임

1954년 기자 회견에서 소위 '도미노 이론'을 처음 공개적으로 제기한 것은 아이젠하워였다. 당시 제3세계라고 불리던 국가들(제1세계와 제2세계는 산업화된 서구와 공산주의 동구의 '철의 장막' 국가들이었다)은 줄 서 있는 도미노와 같다는 것이었다. 첫 도미노를 밀면 그것은 다음 도미노에 기대면서 넘어지고, 그렇게 다음번 도미노가 차례차례로 기울어서, 그렇게 계속 흔들리는 물결을 만든다는 것이었다. 아이젠하워는 공산주의도 마찬가지라고 주장했다. 한 국가에서 좌파가 권좌에 오르면 이웃 국가에 있는 그 동지들이 대담해져서 권력을 쥐려고 한다는 것이었다. 이 '쓰러지는 도미노' 효과는 어떤 비용을 치르더라도 막아야 했다.

'도미노 이론'은 흔히들 주장하듯이 그렇게 불합리하지는 않다. 한 나라의 혁명가들이 형제자매로 여기는 다른 나라 혁명가들의 성공을 보고 부추김을 받을 수 있다는 데에는 의심할 여지가 없다. 갑자기 이상주의적인 몽상으로 보였던 것들이 현실로 보이는 것이다. 미국으로서는 불행하게도 그 이론의 역 또한 사실이었다. 미국이 한 나라의 억압을 원조하면, 다른 곳에서는 미국이 뒷받침한 정부들에 대한 저항이 솟아났다.

미국은 자신이 수렁에 빠진 것을 알고 그냥 계속 파기로 했다. 이제는 새로운 이야기가 배포되었다. 비행기는 NASA 비행기로 — 워싱턴은 아직 그렇게 믿었다 — 아무 잘못 없이 날씨를 관측하면서 터키 상공을 날고 있었는데 그러다 산소 시스템이 고장났다고 했다. 그리하여 아마도 북쪽으로 떠밀려갔고, 그래서 소련에 떨어졌을 가능성이 있다고 했다. 소련이 자기들이 숨겨두고 있던 카드를 내보인 것이 바로 이때였다. 그때까지 그들은 개리 파워스Gary Powers라는 비행사가 성공적으로 비행기를 빠져나와 땅으로 내려왔다는 사실에 대해 침묵하고 있었다. 미국인들은 그가 틀림없이 죽었을 거라고 단정했던 것이다. 비행기도 발견되었고, 정찰에 특화된 장비도 발각되었다. 파워스는 TV에 등장해 아이젠하워가 당황해서 얼굴이 뜨거워질 정도로 활보했다. 그의 진짜 임무가 비밀로 지켜질 가능성은 전혀 없었다. 그때까지 애쓴 것은 모두 실없는 짓으로 보였다. 미국과 대통령이 새빨간 거짓말을 한 것이 들통나고 말았다.

> 그의 진짜 임무를 감출 수 있는 방법은 존재하지 않았다. 그때까지 그들이 기울인 노력은 그저 어리석어 보일 따름이었다.

'아칸사스의 침략'

"그 사람들은 나쁜 사람들이 아닙니다." 아이젠하워는 캔자스주 토피카의 학교에서 흑백 분리 옹호 주장을 펴고 있던 남부 백인들을 두고 수석 재판관 얼 워렌Earl Warren에게 이렇게 말했다.

게리 파워스(오른쪽)가 소련 법정에서 기소 인정 절차를 밟고 있다 — U2 정찰기가 비행을 했다는 사실을 부정하기 위해 한참이나 공을 들였던 아이젠하워 행정부에게는 고문과도 같은, 민망한 순간이었다.

1957년 리틀록 고등학교에서는 학교에 어울리지 않는 군사 교착 상태가 벌어졌는데, 이는 아칸사스의 권위층이 도시에서 흑인과 백인 학생 사이의 분리를 계속 유지하려고 한 탓이었다.

아이젠하워는 이 지독한 말을 부드럽고 합리적인 어조로 했다. 이것이 1954년에 '무난하게' 여겨지는 백인의 의견이었다. 이렇게 보면 이렇지만 저렇게 보면 또 저렇고. 그 사람들 말도 일리가 있어요. 뭔가 중도가 분명히 있을 겁니다……. 아이젠하워가 왜 민권 투쟁의 영웅으로 존경받지 못하는지를 쉽게 알 수 있다. 그렇지만 아이젠하워가 흑인들의 투쟁에 관심이 없었던 것과는 별도로, 그의 대통령 재임기에 흑인은 중요한 진보를 보았다.

좋은 군인이었던 아이젠하워는 명확한 지휘 체계의 중요성, 그리고 그 안에서 복종과 훈련의 중요성을 굳게 믿었다. 그랬으니, 1957년 가을에 흑인 학생 9명이 대법원의 판결은 아랑곳없이 리틀록 고등학교에서 쫓겨난 것은 그를 놀라게 했다. 아이젠하워의 캔자스 토피카 사건에 대한 반응을 보면 대통령이 그 퇴학당한 학생들에 대해 별 동정심을 느끼지 않았을 것은 분명하지만, 법은 법이라는 것이 그의 생각이었다.

> 캔자스 토피카 사건에 대한 반응을 보면
> 아이젠하워가 배제된 학생들에 대해 큰 공감을
> 느끼지 못했으리라는 것이 꽤나 명확하지만,
> 그는 법은 법이라고 느꼈다.

그는 특히 주지사 오벌 포부스Orval Faubus의 냉소적인 태도에 분노했다. 백인 반대자들이 '리틀록 9인'이 그 학교에 들어오는 것을 막겠다고 위협하자 아이젠하워는 아칸사스 주 방위군을 배치하여 맞대응했다. 그러나 그는 백인 우월주의자들이 아니라 흑인 학생들을 막기 위해서라고 — 그는 평화를 깬 것이 그들의 입학에 대한 위협이라고 — 말했다.

아이젠하워는 주지사를 소환해 회의를 열어 상황을 진정시키려고 애썼다. 그렇지만 주지사가 냉혹한 인물인 것을 알게 된 대통령은 거칠게 나왔다. 그리하여 우선 아칸사스 주 방위군이 연방으로 소속이 바뀌었고 — 그 1만 방위군은 이제부터 그로부터 명령을 받게 될 터였다 — 학생들이 무사히 학교에 가는 것을 보기 위해 육군 101 공수부대가 리틀록에 파견되었다.

평화롭고 전원적인 장면으로 보이지만 아이젠하워의 게티스버그 농장은 논란의 소용돌이에 휘말렸다. 장비들 다수(그리고 심지어 토지와 건물들)는 더러 수상한 구석이 있는 친구들이 기증한 것이었다.

그는 전투에 이겼지만 물론 전쟁에 이긴 것은 아니었고, 전쟁은 계속되었다. '리틀록 9인'은 여전히 길고 불쾌한 싸움을 겪어야 했다. 아이젠하워는 남부의 방해자들과 싸우기로 굳게 다짐했는데, 그 이유는 아마 흑인에 대한 억압에 대해서는 별 감흥이 없었어도 헌법이 모욕당한 데에는 감흥이 있었기 때문이었으리라. 그는 흑인이 실제로 가지고 있는 법적 권리를 행사하지 못한다는 데 모욕감을 느꼈다. 그는 1957년에 사상 가장 긴 의사 방해에 맞서 민권법을 통과시켰다 — 사우스캐럴라이나 민주당의 스트롬 서몬드Strom Thurmond는 상원에서 24시간 18분 동안 연설을 했다. 논쟁 과정에서 원안을 알아볼 수 없을 만큼 수정되어, 남부의 권력층에 의해 그다지 성의 없이 시행된 이 법은 불행히도 실효성이 없는 것으로 판명되었다. 아이젠하워는 물러서지 않고 보강된 민권법을 도입하여 1960년 5월에 법제화했다.

농장과 이런저런 것들

"순수한 이에게는 모든 것이 순수하다"라는 말이 있는데, 과연 아이젠하워에게 들어맞는 말이다. 진정으로 고결한 남자, 자기가 매수당할 수 있다는 생각 자체를 경멸하는 남자. 비판자들이 그가 사업상 이권이 있는 측으로부터 화려한 선물을 받았을 거라는 우려를 표출했을 때 아이젠하워에게 그것은 놀라움 그 자체였던 듯하다. 아이젠하워는 펜실베이니아 주 게티스버그(유명한 전장 바로 옆)에 매입한 농장을 사랑했고, 그곳을 갈고닦고 개선하는 것을 취미로 삼았다. 그는 당연히 다른 이들도 자신과 똑같은 열의를 가지고 있을 거라고 생각해서 그처럼 농장을 개선하는 데 도움을 주는 이들의 동기를 한 번도 의심하지 않았다. 가축, 조경 서비스, 트랙터를 비롯한 장비들, 헛간 건축, 그리고 더 낡은 건물들을 재단장해주고, 심지어 그의 부동산을 늘려주는 한 구획의 토지까지. 친구 중에는 석유 기업가 앨튼 존스W. Alton Jones, 바이어스B. B. Byers와 조지 앨런George E. Allen도, 그리고 넬슨 록펠러Nelson Rockefeller의 지인들도 있었다.

좀 더 냉소적인 관찰자들은 미심쩍은 눈길을 돌렸는데, 특히 아이젠하워가 대통령 자리에 있을 때 석유 업계가 미국 정부로부터 얻어낸 양해들이 그 대상이었다. 또한 트루먼이 에드윈 폴리를 해군 차관으로 임명한 것을 두고 법석을 떨었던 것을 생각해볼 때 이상한 것은 아이젠하워가 석유 기업가 로버트 앤더슨Robert Anderson을 먼저 해군 장관으로 앉혔다가, 결국에는 재무 장관으로 앉힌 것이었다. 그는 이 모든 역할에서 자기 사업의 이익을 증진시켰다.

증거는 그 자리에 있다 — 그리고 무척 강력해 보인다고 말할 수밖에 없다. 우리는 정말 세계에서 가장 강력한 지도자가 '물욕이 없다'고 믿어야 할까? 그렇지만 아이젠하워는 그토록 중요한 인물이었으면서도 어린애 같은 순진한 분위기가 있어서 — 심지어 지금도 — 그가 부패했을지도 모른다는 것을 믿기 어렵게 만든다.

넬슨 록펠러는 아이젠하워 대통령과 같은 농담에 등장한다. 그 석유 거물이 '아이크'의 새끼손가락을 비틀게 했다는 것이다 — 그리고 아이크의 행정부는 실제로 대규모 석유 양해 각서를 체결했다.

VIII
냉전: 은밀한 조종자들

미국은 논란의 여지가 없는 자유 세계의 수장으로 1960년대를 맞았다. 정치적, 경제적, 군사적으로 누구보다도 앞서 있었다. 그렇지만 어지러운 해외 정세, 그리고 국내에 횡행하는 불신과 야바위의 분위기가 막상 편안하지 못한 강대국의 속내를 드러냈다.

"목적과 방향 없이 노력과 용기만으로는 안 된다."

아이젠하워의 권위는 막대했지만, 그것은 어떤 의미에서 과거의 것이었다. 그는 제2차 세계대전에서 자기가 한 역할 덕분에 그 지위를 얻었다. 미국은 그 갈등 이후에 한 번도 뒤로 물러난 적이 없다. 적군Red Army과 서구 연합군 사이의 '라인강을 향한 경주Race to the Rhine'는 조급하고 거친 냉전 시대의 시작을 알렸다. 그후 40년 강대국들 사이의 대립이 세계를 조형하게 될 터였다. 이런 상황에서 군인 출신이 백악관을 차지하고 있다는 것은 말이 되지만, 아이젠하워는 대통령직에 올랐을 때 이미 60대였고 과거의 남자까지는 아니라 해도 미래의 남자도 아니었다.

모든 낙관주의와 젊음의 활력을 상징하는 존 케네디(왼쪽)와 모든 괴팍한 냉소주의를 상징하는 리처드 닉슨(오른쪽)은 대통령직에 서로 무척 다른 조명을 비추었다. 그렇지만 표면 아래의 유사성은 겉보기보다 더 컸다.

냉전의 분위기가 쌀쌀할지언정 미국은 승자였고 자유 세계의 지도자였다. 사업은 꽃을 피우고 산업은 번창했다. 이 들뜬 생기가 대통령직에 반영되어야 할 때가 아닌가? 미국인들은 이제 앞날을 기대하고 싶은 기분이었다.

존 케네디, 1961~1963년

케네디 가문은 확실히 '어두운 역사'를 독점하고 있다. 그 가문 사람들은 종종 '미국의 귀족들'로 여겨진다. 그것은 충분히 적절한 꼬리표다 — 그렇지만 현대 미국사에서 의미심장하고 모호한 역할을 한 가문에게는 충분히 역설적인 꼬리표이기도 하다. 오늘날 우리는 '이미지'니 '미디어 경영'이니 '연예인 문화'니 '스타일 아이콘'이니 하는 개념들을 아무렇지 않게 받아들인다 — 우리는 비록 그들의 힘에 저항하지는 못하지만 이런 것들을 꿰뚫어본다. '케네디의 신비'는 이런 가공품 중 최초라고 할 만하며, 완벽한 정도로까지 역설을 담고 있다. 그들에게 그 위엄

반유대주의 정서들

조지프 케네디는 유대인들을 '카이크스', 혹은 '시니스'라고 불렀다. 그는 유대인들을 그다지 좋아하지 않았다. "인종으로 보면 그들은 형편없어." 그는 말했다. "그들이 건드리기만 하면 모든 게 망쳐지지." 1930년대의 미국에서는 그런 시각이 우리가 생각하는 것처럼 드물지 않았다. 그러나 케네디는 그것을 극단으로까지 밀고갔다. 극도로 자만심 강하고 거만했던 이 남자는 민주 정부의 실리적인 시각을 참지 못하고 히틀러의 목표에 대한 자신의 교감을 굳이 숨기려 하지 않았다. 그 한참 뒤인 1940년에 가서도 그는 독일과 미국 사이의 '더 나은 이해'를 얻어내려는 희망을 품고 허락도 없이 아돌프 히틀러와 접촉하려 했다. 그해 11월에 민주주의가 '끝장났다'는 의견을 공개적으로 공언하면서 그의 외교관 경력은 끝장났다 — 미래의 대통령의 전망 역시 마찬가지였다. 그는 대신에 아들에게 자신의 희망과 야망을 투자해야 했다.

을 준 화려함이 거짓이었던 것만큼, 그 비극들은 진실이었다.

이 누구보다도 우아한 정치가 왕조의 창시자는 진정 역겨운 인물이었다. 조지프 P. 케네디는 냉혹하고 계산적인 남자였다. 주식 시장에서 재산을 벌어들인 그는 부동산과 수입·수출 사업에 뛰어들었다. 약삭빠름 그 자체였던 그는 보스턴의 가톨릭 민주당 기구에서 가공할만한 계약들의 네트워크를 구축했다 — 그리고 그 상대는 그가 금주법 시대에 알고 지내던 주류 밀매업자들과 갱단이었다고 널리 믿어진다. 그는 또한 영화 산업에 크게 투자하여 결국 1928년에 RKO를 설립했고, 그 업계에서 유력한 핵심 인물이 되었다. 그러는 동안 그는 분명히 그 덕분에 가까이 할 수 있게 된 여배우들 — 그리고 그의 바람 상대로 악명이 높았던 글로리아 스완슨Gloria Swanson 같은 본격적인 스타들 — 과 가깝게 지내는 것을 즐겼지만, 할리우드의 로맨스에 그보다 덜 민감한 사람은 아무도 없었으리라. 그가 심지어 이와 같은 초기에조차 민감하게 감지한 것은, 그저 인쇄물과 방송 뉴스만이 아니라 더 폭넓은 뉴스가 앞으로 여론과 대중의 기분에 얼마나 영향을 미치게 될 것인가였다.

그는 정부로 영향력을 넓혀가서 프랭클린 루스벨트와 가깝게 지내면서, 1938년에 영국 대사 자리에까지 올랐다. 그에게는 과분한 성과였다. 케네디는 처음에는 단순히 무분별한 발언을 하다가 나중에는 본격적으로 파시스트적인 발언을 하는 바람에 전쟁 직전의 영국에서 급속히 실패하고 말았다.

책략가이자 심정적 나치 동조자이자 겁쟁이였던 조지프 케네디는 자기 세대의 수많은 이에게 공포와 혐오의 대상이었다. 그렇지만 그가 창설한 왕조는 널리 숭배를 받았다.

발포가 개시되고 영국 공습이 시작되자 '지터리 조'는 공포에 사로잡혀 매일 밤 서둘러 수도를 벗어나 막 시작된 공중 공습의 파도를 피해서 시골로 향하는 바람에 그가 신세지고 있는 이들로부터 경멸을 샀다.

> 심지어 이처럼 초기 단계에도, 그는 아마 그저 인쇄물과 방송 뉴스만이 아니라 더 광범위한 미디어가 여론과 대중의 기분에 어느 정도로까지 영향을 미치게 될지를 짐작했던 듯하다.

케네디와 아들들

조지프는 백악관으로 가지 못하리라는 사실이 명확해지자 그 대신 맏아들 조 주니어Joe Jr.를 수련시키기로 마음을 굳혔다. 겁쟁이 아버지와는 극도로 대비되는 조용한 용기를 지닌 그는 이미 폭격기 조종사로 명성을 쌓은 뒤였다. 그렇지만 아버지의 정치적 수치는 조 주니어에게 만회해야 할 것을 많이 남겼다. 점점 더 거침없는 용감한 행위를 취하도록 그를 밀어붙인 것이 그것이었을까? 1944년에 그는 아프로디테 작전에 자원했다. 간단히 말해서, 그 계획은 고성능 폭약으로 완전히 가득 채운 항공기를 몰고서 미사일 같은 과녁을 향해가는 것이었다. 이 날아다니는 폭탄은 일단 하늘에 띄우기만 하면 그림자처럼 따라다니는 항공기의 승무원들이 그것을 원격 조종할 수 있었지만, 그 전에 누군가가 그들을 공중에 띄워야 했다. 이것이 자살 작전이라는 것은 너무나 뻔한 사실이었다.

그저 전쟁 영웅이나 경지에 오른 웅변가를 넘어서 그 누구도 상당히 오랫동안 보지 못한 가장 매력적인, 개인적으로 매력적인 젊은 정치가 'J. F. K.'는 급속히 미국 유권자들의 마음을 얻었다.

조 주니어에게도 그랬음이 밝혀졌으니, 그가 조종한 B-24 리버레이터Liberator가 너무 일찍 — 심지어 영국 해협을 건너기도 전에 — 폭발한 것이었다.

초점은 잭에게 옮겨갔다. 그가 두 번째로 선택된 자신의 지위에 의문을 가졌으리라고 생각할만한 이유는 없다. 두 아들 다 가족의 위신(그리고 그들의 아버지)을 가장 우선시해야 한다는 가정 하에 키워졌다. 잭이 지휘하고 있던 어뢰선이 태평양에서 일본 구축함에 의해 멈춰세워진 것이 그의 잘못이었던 것 같지는 않지만 — 훗날 비판자들이 주장했듯이 — 그 자신은 자기에게 주어진 영웅적 지위에 불편해 했다. 작전의 관리가 전반적으로 잘못되었고, PT-109는 잘못된 시간에 잘못된 장소에 있었다 — 그렇지만 어쨌거나 이미 그렇게 된 상황에서 케네디 소위는 칭찬받을만한 용기와 침착성을 보여주었다. 그와 휘하의 선원들이 살아남아 포로가 되는 것을 피한 것은 대체로 그의 덕분이었다. 그렇지만 그의 아버지가 영화계 인맥을 동원해 잭의 PT-109 모험을 과장하고 왜곡한 기회주의적 영화를 만든 것은 그의 용맹을 깎아먹고 말았다.

단, 당시 사람들이 그렇게 생각한 것은 아니었다. 그 대신에 축하연이 젊은 영웅을 반겼다. 1960년 민주당으로서는 자동적인 선택지였다. 그의 종교가 가톨릭이라는 것은 후보 지명을 위한 싸움에서 그에게 불리하게 작용했지만, 전쟁에서 세운 기록이 알아서 말을 했고, 그 또한 '뉴 프런티어'의 짜릿한 달변으로 말을 했다. 그가 최초로 TV에 방송된 대통령 후보 토론에서 공화당 경쟁자 리처드 닉슨을 납작하게 눌렀을 때 성공은 이미 떼놓은 당상이었다 — 그가 말한 내용 때문이라기보다는 젊고 잘생긴 그의 얼굴과 편안한 태도 때문이었다. 닉슨은 어떻게 보아도 만만찮은 적이었다(물론 '트리키 디크'는, 아직 대통령사의 어두운 부분에서 독자적으로 한 장을 차지한다). 그렇지만 TV에서 도전자 앞에 있는 그는 늙고 괴팍하고 불편해 보였다. 케네디John F. Kennedy는 '대통령이 되는' 새로운 방식을 창조하고 있었다.

그러나 백악관으로 가는 길을 닦아준 것은 믿음직한 구식 정치 기구였다. 텍사스(부통령 존슨의 주)와 시장 데일리Daly(마피아라는 소문이 있는)가 작업한 일리노이에서 사기 행위가 벌어졌다는 주장이 폭넓게 제기되었다. 마피아이자 조지프 케네디의 오랜 친구인 프랭크 코스텔로는 죽은 자가 일어나 걸었다고 — 그리고 투표를 했다고 — 주장했다. 그렇지만 코스텔로의 끈질긴 주장은 끝내 입증되지 않았다.

파괴된 삶

조지프의 맏딸이자 잭의 여동생인 로즈마리Rosemary는 사춘기 때부터 급격한 기분 변화로 고생했다. 그녀는 1941년에 23세의 나이에 전두엽 뇌수술을 받았다. 그 수술은 그녀를 너무나 완벽하게 '차분하게' 만들어서 그녀를 어린아이 같은 백치로 바꾸어놓았다. 돌이켜보면, 왜 그 가족이 그렇게 할 수밖에 없었느냐는 의문이 자연스럽게 제기된다 — 아버지에게 당한 성적 학대를 발설하는 것을 막기 위해서라는 이야기가 있었다. 그것이 사실이든 아니든, 우리야 알 수 없는 일이다. 가족이 자기 집안의 정치적 '명예'를 보호하기 위해 뭔가 행동을 취해야 할 필요를 느꼈으리라는 것 역시 똑같이 그럴싸한 이야기다. 좀 더 광적인 기분에 사로잡혀 있을 때 로즈마리는 밤에 학교 기숙사를 몰래 빠져나와 아무나 만나곤 했다. 어느 쪽이든 그것은 지금은 놀랄 정도로 강압적으로 보인다. 하지만 그녀가 견뎌야 했던 수술이 매우 실현 가능한 것으로 — 비록 시도된 적은 비교적 많지 않지만 — 여겨졌다는 것을 잊어서는 안 될 것이다. 그녀가 그렇게 변한 것은 꼭 '의도된' 것은 아니었다.

외적으로는 우아하고 침착한 로즈의 가능성은 정신 건강 때문에 심각하게 제한되었다. 로즈의 이야기는 확실히 슬펐다. 심지어 불길하기까지 한 케네디 가문의 가장 어두운 비밀이다.

캐멀롯, 셰임 얼 롯

멋지고 젊은 대통령과 아름다운 영부인이 있으니, 케네디 백악관의 이상과 희망의 아우라는 거의 손으로 만져질 것만 같았다. 그러다 보니 근래에 그곳을 멋진 기사들과 아름다운 숙녀들이 살던 중세 영국 아더왕의 전설의 궁정 캐멀롯과 동일시하는 동명의 뮤지컬이 브로드웨이 무대에 올라 유명해지기도 했다. 이것은 모두 약간은 동화다. 현실은 거의 그에 미치지 못하고, 사생활이 도저히 말릴 수 없을 만큼 문란한 대통령과 자기 자신의 세계에서 표류하며 자신에게만 몰두하는 영부인의 이야기다.

케네디는 젊음의 생기라는 이미지와는 별도로 건강이 나빴다. 사춘기 때부터 장 위쪽과 요로에 문제가 있어서 약물과 다양한 알레르기를 위한 각종 항히스타민제를 복용해야 했다. 그리고 나이 30세에 그의 병 목록에 애디슨병이 보태졌다. 이 병은 혈당량을 관리하고 스트레스에 반응하는 부신에 영향을 미쳤다.

> 시간이 지나면서 그가 복용하고 있던 칵테일 약물은 심각한 골조 퇴화를 일으켜서 그의 척추뼈 일부를 주저앉게 만들었다. 그는 그저 무너지지 않으려고 점점 더 많은 진통제를 복용해야 했다.

그가 이 병 때문에 복용한 스테로이드는 예측할 수 없는 기분의 변덕을 일으켰다. 역사가 로버트 달렉Robert Dallek이 2002년에 마침내 작고한 대통령의 진료 기록에 접근을 허락받고 나서 보고했듯이, 케네디는 1950년대에 비밀리에 입원한 적이 아홉 번도 넘었다. 시간이 지나면서 그가 복용하고 있던 칵테일 약물이 심각한 골 퇴화를 야기해 척추뼈 일부가 주저앉게 되었다. 그는 그냥 현상태를 유지하기 위해 점점 더 많은 진통제를 복용해야 했다.

그 약물들은 그의 성욕을 증가시키는 부작용도 있었다 — 비록 케네디 형제들은, 권세와 직위가 높은 가문에서 키워진 많은 젊은이와 마찬가지로 여자들이 자기들에게 봉사하기 위해 존재한다는 것을 당연하게 여겼던 모양이지만. 그리고 많은 여자가 케네디의 그 확실성과 자기 확신, 그리고 물론 나중에는 대통령으로서의 힘에 유혹당한 것은 의심의 여지가 없다.

존 F. 케네디와 재클린 부비에는 완벽한 한 쌍으로, 미국이 당시 그려보던 남성과 여성의 모범적인 자화상이었다. 재클린의 우아함과 세련됨은 케네디의 멋진 외모와 힘과 정력을 완성시켰다.

그렇지만 JFK의 오입질은 그 끈질김과 절박함이 가히 병리학적이었다. 그의 정복 대상은 전반적으로 수백 명은 되는 듯하다. 물론 정말 몇 명인지는 아무도 모르는 일이지만 말이다. 욕망 면에서 그는 강박적으로 이끌려갔고, 스타일에서는 예의고 뭐고 없었다. 카멜롯의 아더왕이 전혀 로맨틱하지 않았다는 점만큼은 확실하다. 이 특정한 기사의 경우에 초콜릿이나 꽃은 — 혹은 심지어 전희도 — 전혀 없었던 듯하다. 쾅, 탕 그리고 (무척 운이 좋다면) 고맙습니다 부인 하는 식에 더 가까웠던 듯하다. 재키 자신은 한 친구에게 그 전설적인 연인은 자기가 원하는 바에 한참 모자란다고 불평했다. "그냥 너무 빠르고 바로 잠들어버려."

재키여 영원히

처녀때 이름이 재클린 부비에Jacqueline였던 재키 캐네디는 남편 집안에 어느 정도의 세련됨과 스타일을 가져다주긴 했지만, 부비에라는 성을 보면 짐작이 가는 것만큼 그렇게 프랑스와 관련이 있지는 않았다. 그녀의 아버지는 말릴 도리가 없는 오입쟁이였는데, 어쩌면 그 사실은 그녀가 끝도 없이 한눈을 파는 남편을 가볍게 눈감아주는 데 도움이 되었을지도 모른다. 그녀는 프라이버시를 지키면서도 공적 행사에 우아함을 빌려주고 백악관을 꾸미는 데에서 진정한 솜씨와 패셔너블한 취향을 보여주었다. 1963년에 둘째 아들 패트릭 부비에 케네디Patrick Bouvier Kennedy의 죽음은 부모 양쪽을 엄청나게 속상하게 했을 테고, 같은 해에 남편이 자신의 바로 옆에서 죽임을 당한 것은 확실히 오래 가는 트라우마가 되었으리라. 아마도, 놀랍지 않게도 그녀는 결혼에서 가장 기분 좋았던 것들을 기억하기로 했다. 그녀는 사실 '카멜롯'에 대한 숭배 분위기를 만들어내는 데 많은 일을 했다. 그로 인한 결과 한 가지는, 그녀가 결국 1968년에 그리스의 선박왕 아리스토텔레스 오나시스와 결혼하면서 새 삶을 시작하려고 했을 때 일부 대중이 '재키 오'에 실망을 한 것이었다. 하지만 이것은 전기 작가 데이비드 헤이먼David Heymann이 2009년에 그녀가 — 잭이 암살당한 직후에 — 시동생 로버트 케네디Robert Kennedy와 바람을 피웠고 그 다음해에는 배우 말런 브랜도와 짧게 바람을 피웠다고 주장했을 때 일어난 분노에 비하면 아무것도 아니었다.

제이 레노는 정치학이 "못난이들을 위한 쇼 비즈니스"라고 재담을 했지만, 아마 JFK와 재키를 잠시 잊었던 모양이다. 재키는 영부인의 직위에 전혀 전례 없는 화려함을 더했다. 그녀는 당대의 스타일 아이콘이 되었다.

노마 진, 잭과 밥

존 F. 케네디의 성적인 접촉 대다수는 속사포 같은 한 차례 만남이었다. 다만 예외를 들자면 가장 악명 높은 경우인 메릴린 먼로를 비롯해 장기적인 관계가 적으나마 있었던 것 같기는 하다. 악명 높다는 것은 그저 먼로가 이미 성적 여성성에서 궁극의 아이콘이어서가 아니라, 그녀에게 다른 남자가 있다는 게 널리 알려져 있었기 때문이었다. 당시 할리우드에서 마피아를 접대하지 않고 멀리 갈 수 있는 신진 여배우는 없었다.

작가 로버트 슬레처Robert Slatzer의 말을 믿어도 된다면, 메릴린 역시 대통령의 성적인 무용에는 감명을 받지 못했다. 그녀가 "그 사람은 사춘기 소년처럼 사랑을 해" 하고 불평했다는 것은 분명한 사실이다. 그럼에도 불구하고 먼로의 전기를 쓴 앤서니 서머스Anthony Summers는 스크린의 여신이 잭과 걷잡을 수 없는 사랑에 빠졌다고 한다. 너무나 사랑한 나머지, 메릴린은 약간 스토커 같은 짓을 했다. 결국 그녀의 끊임없는 전화에 당황한 대통령은 그녀를 완전히 떨어내버렸고, 그러자 그녀는 그의 동생 로버트 케네디와 눈이 맞았다. 로버트 케네디는 법률적 연수를 제대로 받지 않았는 데도 법무 장관으로 임명되었다. 그러다 보니 조직 범죄를 엄중 단속하려는 결단을 숨기지 않았다.

팀스터스(미국의 화물 운송 노조 — 옮긴이)의 보스였던 지미 호파Jimmy Hoffa와 시카고 마피아 수장 샘 지앙카나Sam Giancana 같은 남자들은 그것을 도발로 보았고, 더구나 케네디 가문이 그들에게 큰 '빚을 졌다'는 것이 널리 퍼져 있던 인식이었다. 한 음모 이론에 따르면, 그들이 로버트의 행보에 너무나 화가 난 나머지 자살을 위장해 메릴린을 살해했다고 한다. 메릴린의 연인에게 오명을 씌우기 위해서였다는 것이다.

그녀가 JFK의 정부였다는 것은 거의 문제가 되지 않았다. 그것은 그녀에게 특별한 사람들의 클럽에 들어가는 회원증을 주었다. 그보다는 대통령에게 더 큰 골칫거리는 주디스 엑스너Judith Exner(케네디의 또 다른 정부 — 옮긴이)가 마피아의 두목과도 잤다는 것이었다.

쿠바 위기

케네디는, 일각에서 주장하는 바에 따르면 연인에 비해 지도자로서 더 탁월한 업적을 보인 것은 아니었다. 그는 1961년 4월 피그만 침략에 심각하게 잘못 대처했다. 공산주의 지도자 피델 카스트로를 몰아내려는 데 절박했던 망명자 쿠바 투사들은 아이젠하워 아래 CIA에서 지원과 훈련을 받았다. 케네디는 침략을 승인했지만, '관련 사실을 부인'할 수 있을지를 너무 신경 쓴 나머지 중요한 공중 지원을 막바지에 철회했다. 그 침략은 수치스러운 실패였고, 화려한 '피델'은 자신이 좌파의 전형으로 자리매김했다고 여겼다. 세계의 혁명적 움직임들은 미국이 당한 수모에서 용기를 얻었다.

그 다음해는 케네디에게 더 나은 시기였는데, 소련 지도자 니키타 흐루시초프Nikita Khrushchev가 쿠바에 미사일을 설치해 미국을 위협한 덕분이었다. 그 뒤에 이어진 교착 상태에서 '세계가 숨을 멈추었'는데, 당시 여론은, '흐루시초프가 눈을 깜빡일 때' 케네디 대통령은 꿈쩍도 하지 않았다는 것이었다. 그리고 그 20년 뒤에야 밝혀진 사실은, 1인자들이 포커 게임을 계속하는 동안, 미국 구축함 USS 빌과 소련 잠수함 사이의 유쾌하지 못한 만남이 핵을 발사하는 전쟁으로 치달을 뻔했다는 것이다.

일각에서는 어찌 되었든 쿠바가 케네디의 천형이었다고 주장한다 — 그의 냉전에 대한 열의 때문이 아니라 마피아와의 해묵은 관계 때문에. 카스트로의 혁명에서 어떤 다른 옳은 점과 그

룻된 점들이 있었든 간에, 혁명 덕분에 그 섬에서 이전 집권 세력인 바티스타의 보호 하에 운영되던 극도로 화려한 카지노 휴양지의 조직 범죄가 일소당했다. 음모 이론가들은 마피아가 황금알 낳는 거위를 돌려주는 것을 최우선으로 한다는 조건으로 존 F. 케네디를 권좌에 올려주었다는 설을 내놓기도 한다. 그렇게 하지 못한 것이 그의 운명에 종지부를 찍었다.

왼쪽: 돌이켜보면 당대 최대의 아이콘이었던 두 인물이 서로 이어졌다는 것은 거의 불가피한 일로 보이지만, 일각에서는 메릴린 먼로가 대통령과 진지하게 사랑에 빠졌을 거라고 추측한다.

댈러스의 하루

그런 이론가들 말에 따르면, 그 이유 때문에 마피아가 대통령을 1963년 11월 22일 댈러스에서 쏘아 죽였다고 한다. 음모 이론가들이 넘쳐나는 이유는 이해하기 쉽다. 그토록 젊고 인기 있는 대통령이 총에 맞아 죽었다는 충격은 그 뒤를 이은 혼란과 더불어, 그런 식의 추측을 하지 않을 수 없게 만들었다. 분명한 암살자리 하비 오스왈드Lee Harvey Oswald가 법정에 출두하기 전에 총에 맞아 죽었다는 것도 확실히 의심스러워 보인다. 그것도 나이트클럽 주인으로 마피아와 관계가 있었던(일각의 귀띔에 따르면)

아래: 턱수염을 기르고 베레모를 쓴 쿠바 지도자 피델 카스트로는 피그만 공격의 여파로 기분이 좋아 보인다. 그럴 만도 했다. 미국을 등에 업은 침략자들은 망신을 당하고 쫓겨났다.

1963년 11월 22일 댈러스 중심가로 차를 몰아 출발하는 대통령과 영부인에게 흠모와 애정이 담긴 웃음을 보내는 사람들. 곧 닥쳐올 공포를 그 누가 짐작이나 했으랴?

잭 루비Jack Ruby에 의해서 말이다. 그 이래로 몇 년 동안 온갖 암살론이 활짝 꽃을 피웠고, 모든 마법의 총알과 잔디 언덕(알려진 바와는 달리 총탄이 잔디 언덕 쪽에서 날아왔다는 음모 이론에서 나온 말 — 옮긴이) 어쩌고 하는 이야기들은 상황을 처음보다도 더 혼란스럽게 만들었다. 엇갈리는 목격자 증언, 잃어버린 기록들, 그리고 증거들 사이의 설명할 수 없는 간극은 암살 이후에 모든 자료를 면밀히 조사하기 위해 결성된 워렌 위원회가 발견한 사실들에 관한 폭넓은 회의를 불러일으켰다.

문제는 '사실들'이 모든 종류의 서로 다른 설명을 지지하기에 충분할 만큼 유동적이라는 것이다. 예를 들어, 케네디를 주인공으로 한 올리버 스톤의 영화 〈JFK〉(1991)는 그를 군산 복합체의 앞잡이들에게 잔인하게 꺾이고 만 자유주의적 이상주의자로 본다. 그들이 케네디가 베트남 전쟁을 방해할까봐 우려했다는 것이다. 그러나 현실에서 케네디는 남베트남에 대한 지원을 엄청나게 늘리고 독재자 디엠의 정부 전복을 승인했다. 그로 인해 베트남에는 힘의 진공 상태가 일어났고 결국 전쟁을 피할 수 없게 되었다.

린든 존슨, 1963~1969

그렇지만 베트남 전쟁이 열기를 띠기 시작한 것은 케네디의 후계자 아래에서였다. 만약 미국의 비극이라는 것이 존재했다면, 대략 6만 명의 미국인 복무자가 목숨을 잃은 바로 그 전쟁일 것이다. 물론 그 전쟁은 베트남인들에게도 희극은 아니었다. 500만 명도 넘는 사람이 목숨을 잃고 국토 대부분(그리고 주위 국가들)이 황무지가 되었으니까. 또한 미국의 민주주의적 제도에 대한 존경심 역시 실질적으로 무너지고 말았다.

1964년에 거짓말로 시작된 전쟁은 거짓말로 지속된다. 미국 전함들에 대한 '공격'은 실제로 일어난 적이 없었다. 겨우 4년 뒤 1968년에 린든 존슨Lyndon B. Johnson 스스로 그것을 인정했다. 그러나 통킹만 사건이 없었더라면, 그리고 그것이 행정부가 서구 언론을 휘저어 공분을 일으키지 않았더라면 사태를 확대할 구실은 없었으리라. 기술과 부에서 자기들의 엄청난 우월성을 믿은 미국인은 안일했다. "그 사람들은 얼음도 못 만듭니다." JFK의 국방 장관 로버트 맥나마라Robert McNamara는 비웃었다. 그렇지만 그들은 자원과 회복력을 가지고 싸울 수 있었다 — 그리고 그들이 인명 피해를 받아들인 방식은 미국으로서는 도저히 따라할 수 없는 것이었다. 점차, 그들은 미국을 지치게 만들었다.

대다수 베트남인은 그 싸움이 얼마나 고되고 고통스럽든 점령자들에게 저항하는 것밖에 다른 대안이 없었던 반면, 대다수 미국인은 그 투쟁을 필수적인 것으로 보지 않았고 사회는 점차 마비되어갔다. 백인 중산층의 아들딸들 사이에서 커져가는 정부에 대한 불신은 민권을 위해 아직 행군하고 있는 흑인들 사이에서 점점 높아가던 분노와 짝을 이루었다 — 그리고 각자는 징병 때문에 서로 다른 영향을 받았다. 이런 점에서 린든 존슨이 대통령을 맡고 있던 것은 많은 사람이 생각하는 것과는 달리 반드시 재앙은 아니었다. 아이젠하워 아래서 1957년의 민권법의 방향타를 잡고 상원을 헤쳐 나갔던 그는 이제 흑인들을 위해 케네디는 꿈도 꿔보지 못했을 많은 일을 했다.

린든 존슨 — 아마도 완벽하게 공평하지는 않겠지만 — 은 베트남전의 도덕성과, 그것의 대가로 앗아가고 있는 젊은 미국인의 생명을 점점 더 우려하는 대중의 분노의 예봉을 가장 세게 맞았다.

린든 존슨은 JFK와는 전혀 달랐다. 사실 그는 자신을 냉소적으로 일종의 케네디의 대척점으로 자리매김했다. 일부러 거칠고 역겨운 모습을 보인 그의 통치 스타일은 무뚝뚝하고 인정사정없었다.

그렇지만 기대가 너무 높았고 강렬한 감정들이 흐르고 있던 반면, 베트남 전쟁이라는 상처에서는 고름이 나오고 있었다. 존슨이 하원 위원회에서 잇따라 지나치게 낙천적인 증언을 한 것, 그리고 그가 비밀리에 그 갈등을 심화시킨 것은 미국을 그후 오랫동안 돌아오지 못할 지점으로 데려갔다.

린든 존슨은 미움을 받기에 안성맞춤이었다. 약한 자를 괴롭히는 천박한 인물이자 폭력배. 그는 적들을 위협하고 친구들을 들볶아서 자기가 원하는 것을 얻어냈다. 그의 상스러움은 남들을 모욕하기 위해 의도한 것이었을까? 상원 의원 시절, 그는 회의 진행 도중에 사무실 싱크대에 소변을 보곤 했다. 입도 걸고 지저분한 유머를 즐겼던 그는 백악관을 다소 카멜롯의 반대 방향으로, 조야하고 상스러운 곳으로 돌려놓았다. 전임자의 귀족적인 침착함을 모방하려는 것처럼 보이려 한 것이라면 그것은 철저히 실패였다.

승리의 방법들

존슨이 1934년에 클로디아 올타Claudia Alta('레이디버드')에게 구애한 방식은 전형적으로 야만적이었다. 기본적으로 그는 자기 뜻을 이룰 때까지 그녀를 들볶았다. 클로디아의 아버지는 그를 승낙하지 않았고, 클로디아 자신은 좀 더 시간을 두고 싶었지만 존슨은 편지를 폭탄처럼 투하하면서 자기에게 넘어오도록 그녀를 압박했다. 그리고 마침내 의원 비서로 일하고 있던 워싱턴에서 텍사스까지 차를 몰고 가서 클로디아에게 지금 아니면 끝이라고 말했다. 클로디아는 두 손을 들었고, 그 이후로 거의 모든 일에 대해서도 그랬다. 그녀는, 비록 행복하지는 않았지만 남편의 오입질을 남편의 권리로 받아들였다. 존슨은 대통령으로서 분명히 자신이 전임자와 일종의 경쟁 관계에 있다고 느꼈고, 한번은 자기가 그냥 어쩌다 정복한 여자들이 "케네디가 애써 정복한 여자들보다 더 많다"고 뻐기기도 했다. 그 정부들 중에 두드러지는 여성으로 매들린 브라운Madeleine Brown이 있는데, 텍사스 출신의 이 여성은 존슨이 죽고 나서 한 신문 인터뷰에서 20년이나 그와 바람을 피웠다고 주장했다. 그리고 아들도 하나 낳아주었다고 했다. 또한 그녀는 그가 케네디 암살을 미리 알고 있었다는 눈치를 주기도 했다.

오랫동안 고생한 '레이디버드'는 자기 전임자 못지않게 남편의 수많은 부정을 견뎌야 했다. 물론 매력에서, 케네디와 린든 존슨은 전혀 비교감도 되지 못했지만 말이다.

리처드 닉슨, 1969~1974

닉슨Richard Nixon은 (결국) 베트남에서 빠져 나오려고 최선을 다했고, 남부에서 흑백 분리 철회에 힘을 기울였으며, 중국과의 관계 개선으로 냉전을 약간 녹이기도 — 긴장 완화 — 했다. 우리가 그의 가장 악명 높은 특징을 — 직책에서 강제로 사임해야 했던 유일한 미국 대통령 — 떠올릴 때면 그런 것들도 염두에 두는 편이 좋을 것이다. 한편 아마 다른 이들도 많이들 그렇게 했을 테고, 닉슨의 죄는 그저 들킨 것뿐이라고 생각하고 싶은 마음이 들지도 모르지만, 그 이외에도 닉슨의 기소 목록이 길고 화려하다는 점은 의심할 여지가 없다.

2000시간도 넘는 '욕설이 삭제된' 겉만 번드르르한 말과 증오가 담긴 그 악명 높은 백악관 테이프들을 보면 닉슨이 입이 걸고 섬세하지 못한 게으름뱅이임을 알 수 있다. 그렇지만 입이 걸다는 것은 37번째 대통령의 가장 큰 죄악이 되기에는 한참 모자랐다. "너는 민간인들 일을 너무 우라지게 걱정하고 있어." 그는 (그것도 하필이면) 1969~1970년에 중립 상태였던 캄보디아의 비밀 폭격을 같이 계획한 국무 장관 헨리 키신저에게 이렇게 조소했다. 이 캠페인은 50만 명이나 되는 민간인의 생명을 앗아갔다고 추정되는데, 누구도 질책을 받지 않았다.

> 의회는 모든 중요한 사안에서 따돌림을 당했다. 그들이 모이는 곳은 보통 대통령 집무실도 심지어 백악관도 아니었고, '175호실'이라는 익명으로 불리던 펜실베이니아 애비뉴의 한 인접한 건물이었다.

그후 1973년에 닉슨은 CIA에게 선거로 당선된 칠레의 좌파 대통령 살바도르 아옌데Salvadore Allende에 반대하는 쿠데타를 지원하라고 했던 듯하다. "경제가 폭락하게 하기 위해" 우선 칠레의 붕괴를 주문했다는 것이다. 수천 명이 살해당했고, 군사 독재자 아우구스토 피노체트Augusto Pinochet가 집권하자 그보다 훨씬 많은 사람이 억류되고 고문당했다. 그는 자기가 내부의 적이라고 생각하는 이들과, 해외의 실제 적들에게 무척 강력한 앙심과 분노를 품고 있었다.

그렇지만 그는 늘 계산을 하고 있었고, 늘 (거의) 상황을 통제하고 있었다. 닉슨은 거짓말을 하며 상원으로 가는 길을 닦아나가던 1950년에 '트리키 디키'라는 별명을 얻었다. 헬렌 더글러스Helen Gahagan Douglas에 맞서 야비한 선거전을 펼친 그는 상대를 비밀 공산주의자라고 몰아세웠다. 하지만 그는 이내 곤란에 처하게 되었는데, 친근한 사업가로부터 1만 8000달러(오늘날 10만 5000달러)의 비자금을 받은 것 때문이었다. 그는 이 혐의에 대한 방어는 전혀 하지 않고, 그 대신에 아무도 하지 않은 비판에 대해 자신을 방어했다. 자신의 어린 딸이 후원자에게서 스패니얼종 개 체커스를 받았다는 것이었다. 늘 감상적인 유권자들은 어린 딸의 애견을 계속 키울 수 있도록 허락해달라는 그의 청원에 정신이 팔렸다. 닉슨으로서는 거짓말과 속임수를 쓸 수 있는 시간을 더 얻은 셈이었다.

홍콩 커넥션

마리아나 리우Marianna Liu의 말에 따르면, 1966년에 리처드 닉슨을 처음 만났을 때 그녀는 홍콩의 힐튼 호텔에서 칵테일 웨이트리스로 일하고 있었다. 그러다 나중에 당시 부통령이었던 닉슨과, 그의 친구인 은행가 찰스 '베베' 리보조Charles 'Bebe' Rebozo와 함께 닉슨의 방에서 술을 한 잔 했다. 에드거 후버J. Edgar Hoover는 그 방을 감시했고, 뭔가 내밀한 행위가 이루어졌음을 시사했다. 비록 양측 다 그것을 강력히 부정했지만. 후버는 추저분한 인간이었고 다른 이들을 혼란스럽게 만들면서 유치한 즐거움을 느꼈다, 그러니 그가 일부러 장난을 치고 있었다는 설명도 매우 신빙성이 있다. 그렇지만 일부 보도에 따르면, FBI 수장은 그 웨이트리스가 공산주의자의 간첩 노릇을 하고 있을까봐 우려했다. 그녀는 어린 아이일 때 삼촌과 함께 살려고 영국 지배 하의 홍콩에 왔지만, 그녀의 아버지는 한때 인민 해방군 장교를 지낸 인물이었다.

닉슨과 만나고 3년 뒤에 그녀는 미국으로 이민을 갔다. 그녀가 이민 허가를 얻을 수 있었던 것은 닉슨의 고향 동네인 캘리포니아 주 위티어에 사는 부부의 집에 가정부 일자리를 알선받은 덕분이었다. 마리아나는 그것이 그저 우연일 뿐이었다고 주장했고, 닉슨은 그가 백악관에 있을 때 마리아나와 만났다는 보도를 화를 내며 부정했다.

음모자들

사실 백악관 테이프들은 닉슨이 키신저, 참모총장 밥 핼드먼Bob Haldman과 알렉산더 헤이그Alexander Haig, 그리고 정무 보좌관 존 얼릭먼John Ehrlichman 같은 이들과 새롭고 다소 불길한 형태의 정부를 만들어나갔다는 사실을 입증한다.

동남아시아에서의 논란적인 사건들로부터 세계를 좀 더 안전하게 만든 중국과의 '셔틀 외교'에 이르기까지, 위험한 이중 행위를 펼쳤던 닉슨과 키신저의 시절에 대해서는 많은 이야기가 오가고 있다.

의회는 모든 중요한 안건에 따돌림을 당했다. 그들은 보통 대통령 집무실도 아니고 심지어 백악관도 아닌, '175호실'이라는 익명으로 불리던 펜실베이니아 애비뉴의 인근 건물에서 모였다. 닉슨에게 기밀 유지는 습관, 심지어 강박이었다. 정상적인 경로를 통해 무언가를 한다는 것은 그로서는 상상도 못할 일이었던 모양이다. 부하들과의 회의 분위기는 마치 각료 회의라기보다는 공범자들의 그것 같았다. 물론, 어떤 의미에서는 그것이 사실인 탓에 그렇게 보이기도 했을 것이다.

1972년 6월의 어느 날 밤 5명의 강도단이 워싱턴의 워터게이트 사무실 복합단지에서 체포되었을 때는 확실히 그렇게 보였다. 그들은 민주당 전국 위원회 본부로 침입하려 했는데, 단순히 강도들의 장비만이 아니라 도청 장치도 가지고 있었다. 그들은 쿠바인들, 피그만 참전 군인들이었고, 개중에는 이전에 CIA에서 쿠바 망명자의 훈련을 맡았던 이도 있었다. 다섯째 인물은 CREEP(대통령 재선 캠페인) 회원이었다. 크립에서 보수를 받은 증거가 있었지만, 공화당원들은 뻔뻔하게 그 일을 무마하는 데 성공했다 — 그리고 심지어 분노에 차서 민주당의 더러운 속임수를 규탄하기까지 했다.

고민남 애그뉴

닉슨이 도덕의 수렁에 빠져 악몽 같은 하야를 당한 것을 감안하면 '트리키 디키'와 그의 워터게이트 공모자들이 유일한 범죄자가 아니라는 사실을 깜빡 잊기 십상이다. 그의 행정부는 그저 대통령만 잃은 것이 아니라 부통령도 잃는 아픔을 맛봄으로써 음울한 이중고를 기록했다. 스피로 애그뉴 Spiro Agnew는 워터게이트 스캔들이 터질 때까지 버티지도 못했다. 스캔들이 터져 나왔을 즈음에 그는 이미 공직에서 강제로 사임당한 뒤였는데, 과거 1960년대에 메릴랜드 주 공무원 시절 — 그리고 주지사가 되어서도 — 저지른 상습적인 부정·부패가 발각되었기 때문이다. 그는 정부 계약을 따내고 싶어하는 사업자들에게서 뇌물을 받았다. 워터게이트나 거기에 관련된 다른 정치적 범죄에는 전혀 개입하지 않았던 것으로 보인다. 그는 그 고리 밖에 있었고, 따로 해야 할 중요한 일이 있었다. 그는 탈세라는 더 약한 혐의에 관해 자백하고 '국가 이익'을 위해 자진해서 사임함으로써 기소(그리고 확실히 그것을 뒤따랐을 감옥형)를 면했다. 닉슨은 그에게 서한을 보내 부통령의 애국적인 자기 희생을 칭찬하면서 그가 '용기와 순결'을 보여주었다고 했다. 물론 대통령 자신의 기준으로 보면 틀린 말은 아니었다.

1973년, 스피로 애그뉴는 범죄 혐의로 사임한 유일한 부통령이 되었다 — 그러나 그의 범법 행위는 그의 정치적 주인의 범법 행위가 드러났을 때는 미미해 보였다.

하지만 《워싱턴 포스트》의 밥 우드워드Bob Woodward와 칼 번스타인Carl Bernstein은 더 열심히, 더 끈질기게 밀어붙여 끝내 '배관공들plumbers'의 증거를 밝혀냈다 — 배관공들이란 비밀이 새어나가는 것을 막는 그들의 역할에 착안한 재치있는 표현이었다. 그렇지만 그들이 한 일은 그 정도에서 멈추지 않았다. 그들은 하워드 헌트E. Howard Hunt와 고든 리디Gordon Liddy 같은 대통령 보좌관들의 명령을 받고서 불법으로 민권 운동가, 여성 해방 운동가와 반전 운동가들을 도청했으며 유명한 민주당원들에게 오점을 남기기 위해 문서를 위조하기도 했다 — 그중에는 작고한 대통령 존 F. 케네디도 포함되었다. 그들은 확고한 우파 성향을 지니고 오랫동안 카스트로와 맞서 싸우느라 비밀 활동에 능숙한 쿠바 이민자들에게 의존했다.

닉슨은 동생 도널드의 전화에 도청 장치를 달도록 사주했다고 한다 — 그렇지만 가끔은 망상증에 걸린 대통령이 과연 전화에 도청 장치를 달지 않은 사람이 있었을까 하는 의문이 든다.

워터게이트 상원 의원회는 1973년 5월부터 1년도 더 넘게 모여야 했다. 닉슨과 공모자들에게서 파일 하나, 메모 한 장, 테이프 하나, 증언 한 마디라도 얻어내려면 매번 치열하게 싸워야만 했다.

더러운 빨래감이 잇따라 대거 쏟아지면서 조사를 위해 상원 의원회가 소집되었다. 닉슨은 협력을 약조할 수밖에 다른 대안이 없었다. 할드먼, 얼릭먼과 법무 장관 리처드 클라인다인스트Richard Kleindienst는 모두 강제 사임당했다. 백악관 자문인 존 딘John Dean은 상원의 조사관들과 협약을 맺었다. 그의 증언으로 인해 닉슨의 음모가 확실히 밝혀졌다. 하지만 그러고 나서도, 닉슨에게 유죄를 선고할 수 있는 '연기 나는 총'은 손에 넣기가 어렵다는 사실이 밝혀졌다. 닉슨이 마침내 백악관 테이프들을 강제로 넘겨준 것은 정작 몇 개월 동안 미친 듯이 저항을 펼친 후였다. 많은 부분이 지워져 있었다 — 거기에 대해서 아무런 해명도 없었다. 그렇지만 여전히 뚜렷하게 녹음되어 있는 중요한 내용은 FBI가 워터게이트 강도들에 대한 조사를 멈추게 하려고 그가 말한 내용이었다. 하지만 그는 그때조차 자기 자리를 지키고 있었다. 1974년 8월 8일, 이미 탄핵으로 그를 끌어내리려는 절차들이 진행되고 있는 상황에서, 닉슨은 "미국의 이익을 최우선시"하겠다고 선언했다. 심지어 그때도, 죄에 대한 인정은 전혀 없었다.

닉슨버거

대통령의 형제들은 어떨까? 닉슨은 자기 동생 도널드의 전화를 도청하도록 지시했다고 한다 — 비록 가끔은 망상증의 대통령이 도청하지 않은 전화가 있긴 했을까 하는 의문이 들긴 하지만 말이다. 그렇지만 닉슨의 막내동생은 확실히 밀착 감시가 필요한 인물이었다. 1950년대에 리처드가 상원에서 이름을 알리기 시작할 때 도널드는 식당 체인점을 열어 '닉슨버거'를 팔면서 그 이름으로 현금 장사를 하려고 했다. 그 정도로는 대수롭지 않았다. 그 모든 일은 리처드에게 다소 당황스럽긴 했지만 그 이상은 아니었다. 그렇지만 1956년에 그가 아이젠하워의 부통령으로 떠오르는 샛별이었을 때, 닉슨의 식당 사업은 급속히 몰락하고 있었다. 도널드가 백기사를 미친 듯이 찾아 헤매고 있을 때, 구린 데가 아주 없지 않은 하워드 휴즈Howard Hughes라는 인물이 20만 5000달러(오늘날 160만 달러)의 긴급 구제 자금을 가지고 그를 구하러 달려왔다. 이 부자 은둔자가 무력한 도널드를 그저 착한 마음으로 구해주었다고 진지하게 믿는 사람은 아무도 없었다. 리처드 닉슨은 자신의 무고함을 항변해야 했다. 이 문제는 대통령직을 놓고 케네디와 맞붙은 그를 괴롭혔고, '닉슨버거'라는 조롱은 그를 대통령직까지 따라갔다 — 비록 그 당시에 그는 더 큰 문제들에 직면해 있었지만 말이다.

닉슨은 자신의 사임을 애국적 자기 희생의 행위로 보이게 하면서 존엄성을 잃지 않고 물러나려고 최선을 다했다. 비록 정치적 기득권층은 닉슨을 기꺼이 용서하고 잊어주려 했어도, 유권자들은 속지 않았다.

제럴드 포드, 1974~1977

닉슨은 직위에서 저지른 행위 못지않게 이후의 사회 복귀 과정에서도 충격적인 모습을 보였다. 1994년에 치러진 그의 장례식에는 총 다섯 명의 대통령이 참석하게 된다. 중량급 언론인들이 '그가 무슨 잘못을 했든' 그의 전망, 통찰력, 경험, 미국인의 삶에 대한 그의 기여를 찬양하려고 줄을 섰다. 물론 마음이 넓은 것은 좋은 일이고, 남을 용서하는 것은 너그러운 일이다 — 그 죄인이 자기가 한 짓에 대해 후회(또는 심지어 진정한 인식)를 보여준다면 더 좋겠지만 말이다. 그리고 이 아량 뒤에 그다지 훌륭하지 못한, 좀 더 기회주의적인 동기가 숨어 있지 않나 의심을 품지 않기란 어려운 일이다. 미국의 정치 엘리트는 그후로 줄곧 스스로에 대한 기준을 무척 낮춰놓은 채였다.

아무리 그렇더라도, 그들은 '트리키 디키'가 자리를 떠난 지 한 달도 안 되어 그의 부통령이자 후임인 제럴드 포드Gerald Ford가 그를 사면한 데 충격을 받을 정도의 품위는 있었다. 대통령직을 차지한 이들 중에 그래도 점잖은 축에 속하는 포드는 다소 서투른 축에도 속했다. 그는 자신의 행위로 인해 즉각 신뢰성에 의심을 사고 말았다. 적어도 언론과 대중이 보기에는 전직 대통령이 또 한번 부정직한 거래를 성사시키고, 대통령의 권력이 또 한번 냉소적으로 남용된 것 같았다. 포드가 알렉산더 헤이그(최고 지도자의 부재 기간 중 미국의 '임시 대통령'을 자임했던) 같은 보좌관들이 자신을 쥐고 흔들도록 놔둔 것도 그다지 도움이 되지 않았다. 우리가 보았듯이 닉슨은 정부 업무 대부분을, 특히 관료 위계질서를 따돌리면서 기밀리에 처리했다 — 전직 부관은 아무것도 몰랐다.

포드가 "방귀를 뀌면서 동시에 껌을 씹는 것도 못한다"고 존슨이 조롱한 것(나중에 언론 보도에서는 "걸으면서 껌을 씹을 수 없다"로 소심하게 수정된)은 경쟁자들과 동료들에 대한 존슨의 다른 여러 언급 못지않게 공평한 것이었다.

제럴드 포드의 닉슨에 대한 신속한 사면은 그의 개인적 동정심에는 이르렀을지 몰라도 그의 정치적 본능에는 이롭지 못했다. 그것은 워터게이트를 지워주기는커녕 스캔들을 더욱 시끄럽게 만들었다.

 사실 대학 운동 선수들과 풋볼 선수들(운동 좋아하는 사내아이들)은 무척 영리하다 — 비록 어떤 면에서는 단순하기도 하지만. 본래 싸움을 말리는 중재자의 성향을 가지고 태어난 그는 사랑하는 아내 베티가 유방암에 걸려 유방 절제술을 하게 된 것 때문에 직무를 수행하는 데 개인적으로 막대한 압박을 받았다. 그는 미국이 아파하는 모습을 보았다. 그리고 자신이 불한당 대통령을 사면하는 것이 마법 지팡이처럼 그 쓰디쓴 고통을 사라지게 해주기를 바랐다. 만약 포드 자신이, 닉슨이 한 짓의 아주 작은 일부라도 저질렀다가 들켰다면 그는 수치심과 죄책감으로 정신이 나갔을 것이다. 그는 따뜻한 마음으로 닉슨이 받지도 않은 고통을 상상하고 거기에 동정심을 느꼈다.

기업 범죄

 포드는 워낙 고지식하다보니 헨리 키신저와 도널드 럼스펠드를 포함한 직원들의 행위와 브리핑에 의해 끊임없이 좌우되었다. 대통령이 1974년 CIA의 '더러운 속임수들'(암살을 포함해)을 입증하는 처치 커미션Church Commission을 지지했고 1975년에 좀

 1975년, 제럴드 포드는 그 이전 해 처치 커미션이 밝혀낸 사실들에 뒤이어 CIA의 국내 불법 행위 혐의를 조사하는 임무를 부통령 넬슨 록펠러에게 맡겼다.

 더 일을 확대하려고 록펠러 커미션을 세웠지만, 그들은 조사의 범위를 제한하는 데 안간힘을 썼다는 이야기가 있다. 그럼에도 특히 존 처치와 그의 동료 상원 의원들은 길다란 범죄 목록을 밝혀냈는데, 가장 악명 높은 것은 피델 카스트로에 대한 암살 계획이었다. 문제는 그저 그것이 범죄라는 것만이 아니라, 웃음거리(폭발하는 시가, 쿠바 지도자의 마초성의 상징인 수염이 빠지게 만드는 제모제)라는 것이었다. 미국은 조롱거리가 되었다. 그 이전의 척결 대상 중에는 도미니카의 독재자 라파엘 트루히요Rafael Trujillo도 있었고, 1950년대 콩고 지도자 파트리스 루뭄바Patrice Lumumba도 있었다. 또한 1950년대에서 1970년대까지 MK-울트라 프로젝트의 일환으로 LSD를 심문 도구로 사용하는 실험이 행해졌다는 사실이 밝혀졌다. 병사와 정신 환자의 동의 없이, 모르게 한 실험이었다.

베티의 조그만 조력자들

본명이 엘리자베스 앤 블루머Elizabeth Anne Bloomer였던 포드의 영부인은 미국 대통령을 만나기 전에 모델과 무용수 일을 한 전력이 있었다. 그렇지만 그 경력은 남편의 적들이 말하기 좋아하는 것처럼 그렇게 저속한 것은 아니었다. 그녀는 장애 아동에게 춤을 가르치기 위해 자기 극단을 창립했다. 영부인으로서 '베티'는 상냥하게 웃으면서 입을 다물고 있는 사람이 아니었다. 그녀는 평등권 수정Equal Rights Amendment(ERA)을 지지하기 위해 나서서 발언했다. 또한 혼전 성관계와 심지어 마리화나 사용을 방임하는 견해 역시 스스럼없이 밝혔다. 그리고 비록 솔직함 덕분에 크게 존경을 사긴 했지만, 그런 시각들은 한층 보수적인 미국인이 등을 돌리게 만들었다.

베티는 원래 자기가 알코올과 진통제 중독(후자는 암 치료를 받고 있을 때 처방받은 것이었다)이라는 사실에 대해서는 그만큼 기꺼이 나서서 이야기하려 하지 않았다. 그렇지만 나중에 쓴 회고록에서 그런 사실을 전부 밝히고, 1982년에 캘리포니아 주 랜초 미라지에서 외교관이자 독지가인 친구 레너드 파이어스톤Leonard Firestone의 도움을 받아 베티 포드 센터를 창립했다. 자기 경험을 생각할 수 있는 가장 좋은 방향으로 선용한 셈이다.

베티 포드는 중독이라는 문제 — 자신 역시 그로 인해 고생했던 — 를 대중적으로 널리 알리는 데 애써 장기적인 유산을 남겼다. 그녀는 세계에서 가장 중요한 치료소 한 곳에 자기 이름을 주었다.

얼 버츠의 운명을 결정한 그 농담은 공화당 서클에서 아무도 그 기원을 기억하지 못할 정도로 오래전부터 너그럽게 묵인되었다. 지금은 그것이 언어도단으로 보인다면 그건 확실히 좋은 일일 것이다.

처음에는 워터게이트, 그리고 다음에는 이런 일들로 미국의 국제적 평판은 너덜너덜 해어졌다. 그렇지만 — 적어도 당시로서는 — 미국인들은 1975년 4월 말에 사이공이 함락당했을 때 체면을 구기긴 했지만, 미국의 베트남 참전이 극적으로 종료되었을 때 모멸감보다는 안도감을 더 느꼈다. 포드는 '패전' 덕분에 그나마 득을 보았다.

부적절한 지명

포드의 스캔들 중 몇 가지는 전임자들로부터 물려받은 것이라 해도, 스스로 내린 결정 몇 가지는 포드의 얼굴에 먹칠을 하게 된다. 그 중 하나가 부통령으로 넬슨 록펠러를 지명한 것이었다. 그 선택은 이미 논란거리였고 — 록펠러는 보수주의적인 공화당에 있기에는 너무 자유주의적이었다 — 그후에 그 석유 기업가가 헨리 키신저 같은 기성 인물들에게 후한 선물을 제공했다는 사실이 발각되었다. 닉슨 지지자들(아직 우파에는 조금 있었다)은 키신저가 또 다른 록펠러의 피후견인인 알렉산더 헤이그와 더불어 그의 영웅이 추락하는 데 손을 빌려준 것이 아닌가 의심했다.

농무 장관 얼 버츠Earl Butz로 말하자면, 그는 1976년에 인종 문제에 대한 그의 시각이 공적으로 문제가 되었다는 사실을 도무지 믿기 어려워했다. 그가 그해 공화당 전국 컨벤션에 참가해 유명 가수 팻 분Pat Boone과 이전 백악관 자문 존 딘과 잡담을 하고 캘리포니아로 다시 날아왔을 때였다. 분에게서 왜 공화당이 좀 더 많은 흑인 지지자를 끌어들이려는 의지를 보이지 않느냐는 질문을 받자 버츠는 이렇게 대답했다.

"유색 인종들이 삶에서 기대할 수 있는 건 꽉 조이는 거시기와 헐렁한 신발과 똥을 쌀 따뜻한 장소뿐이니까요."

딘과 분이 그 농담에 그다지 감탄하지 않았던 것은 어떻게 보면 다행스러운 일이었다. 이런 종류의 '유머'는 이전 시대 양당에서 남자들이 매일 하는 친근한 농담이었다. 자기가 말한 것이 언론에 보도되었을 때, 시험대에 오른 버츠는 일찍감치(그리

고 전형적으로 양심 없이) "문맥에서 떼어놓았다"는 변명을 내세웠다. 그리고 포드는 한동안 그대로 두고 싶은 것 같았다. 그렇지만 그가 방어를 내려놓고 '버츠를 걷어차기' 시작해야 한다는 저항자들의 떠들썩한 요구에 그는 어쩔 수 없이 농무 장관의 사임을 수락해야 했다.

> 포드의 스캔들 중 몇 가지는 전임자에게 물려받았다 해도, 그가 직접 내린 몇 가지 결정은 그의 체면을 짓뭉개버렸다. 그중 하나는 넬슨 록펠러를 부통령으로 지명한 것이었다.

어긋난 샷

그 온갖 운동을 했던 전력에도 불구하고, 포드는 육체적으로 균형을 잃고 비틀대기 일쑤였다. 그가 스키 슬로프에서 엉덩방아를 찧는 사진은 널리 퍼졌다.

사고만발 대통령이 저지른 또 다른 불행한 실수. 에어포스1의 계단에서 굴러떨어져 오스트리아와 거칠게 충돌한 제럴드 포드의 사진.

지미 카터, 1977~1981

가장 악명 높은 사건은 오스트리아에 도착했을 때 에어포스 1의 계단에서 미끄러져 떨어진 것인데, TV 코미디언 체비 체이스가 그 사건을 가지고 논 것은 유명한 이야기다. 골프샷 또한 가끔씩 어긋났다. 1977년 위스콘신 주 메노모니 폴스Menomonee Falls에 있는 노스힐스 컨트리클럽에서 열린 유명 인사 토너먼트에서 한 관중이 대통령의 공에 머리를 맞았다. 아이러니하게도 그는 7년 뒤에 같은 골프 코스에서 구경하던 소년의 다리를 맞히게 된다.

운이 좋았던 것은, 그를 암살하려 한 이들 역시 실수 만발이었다는 사실이다. 1975년에 몇 주 간격을 두고 두 번의 암살 시도가 있었는데 둘 다 엎어졌다. 그를 공격한 자들은 서툴거나 머뭇거리는 바람에 무장 해제를 당했는데, 첫 번째 시도는 첩보부 요원에 의해, 두 번째는 용감한 행인에 의해서였다.

포드는 그저 몸치였던 것만이 아니었다. 말도 더듬었다. 1976년 재선 캠페인에서 대통령이 "동유럽에는 소비에트의 지배가 존재하지 않습니다"라고 주장한 것은 전반적인 충격과 불신을 불러왔다. 다행히도 그의 상대 지미 카터 역시 거의 그 못지않게 운이 없었다. 공화당의 포드 지지자들은 전혀 환상을 품지 않았다. 닉슨 사면은 이미 그럴싸한 대통령감이 아니었던 후보에게 심각한 해를 입혔다 — 그렇지만 그런 그에게조차 패배할만한 사람이 있다면 카터Jimmy Carter가 바로 그런 사람이었다. 민주당 후보는 마치 하늘이 보내준 사람 같았다. 그는 난데없이 튀어나왔다(글쎄, 조지아 출신이긴 했지만 국가적 수준으로는 아무런 기록도 없었다). 유권자들은 촌뜨기 같은 태도와 속세를 초월한 듯한 분위기 때문에 그를 진지하게 받아들이기를 어려워했다. 심지어 땅콩 농장주라는 그의 출신 배경조차 어쩐지 희극적이었다.

조던의 판단

대통령 카터를 당황케 한 것은 그의 가족만이 아니었다. 참모총장 해밀턴 조던Hamilton Jordan은 사회 생활에서 다소 지나치게 멋져 보이고 싶어했다. 오늘날의 공보 비서관이라면 이렇게 말할 것이다. 그는 "자신을 이야깃거리가 되게 했다."

그가 자기는 늘 '피라미드'를 보고 싶었다고 말하면서 이집트 영사 아내의 깊이 파인 가슴골을 넘겨다본 사실을 부정한 것은 문제가 되지 않았다. 사람들은 그 일화를 — 그리고 행정부가 당황한 것을 — 너무 재미있어 했다. 그가 사스필드의 술집에서 어떤 여자의 드레스 밑으로 술(아마레토와 크림)을 뱉었다는 주장을 반박하려고 백악관에서 33쪽짜리 문서를 발간한 것도 문제가 되지 않았다. 워싱턴의 술집들은 냉소적인 이들에게 일종의 순례지가 되었다. 1978년에 그는 스튜디오54에서 코카인을 흡입한 혐의를 받았고, 비록 공적 조사를 통해 그 혐의에 대해 무죄 판결을 받긴 했지만 그 혐의는 씻을 수 없을 것 같았다.

맨해튼의 스튜디오54 나이트클럽은 1970년대 후반에는 갈만한 장소였다 — 그렇지만 해밀턴 조던은 대통령 수석 보좌관이, 그것도 코카인을 흡입하고 있다면 그런 데 가서는 안 된다는 것을 깨닫게 되었다.

그리고 미국인은 신앙이 독실하다는 이유로 남을 비웃는 데 죄책감을 느끼긴 하지만, 그의 도덕적 열의에서 뭔가 불안감이 느껴지는 것은 어쩔 수 없었다. 대통령 후보로서 전례 없이 《플레이보이》지와 인터뷰를 한 지미 카터는 엄숙히 고백했다. "나는 많은 여성을 볼 때 음욕을 느낍니다. 나는 마음속에서 여러 번 간통을 저질렀습니다." 이것은 마태오복음 5장 28절에 있듯이 건전한 기독교인의 교리일 뿐이다. "그렇지만 네게 말하노니, 음욕을 가지고 여성을 보는 자들은 이미 자기 마음속에서 간통을 저지른 것이다." 그렇지만 대다수 미국인에게, 그 이야기는 기이할 정도로 지나치게 양심적이었다.

가족의 가치

그런 과장된 자기 책망은 불가피하게 약간 에두른 형태의 독선처럼 보였고, 카터는 확실히 불공평한 비판과 조롱을 받아야 했다. 특히 그의 누이 루스 스태플턴 카터Ruth Stapleton Carter — 유명한 목회자 — 가 '외설의 제왕'인 포르노그래피 제작자 래리 플린트

여기서 맥주를 캔째로 들이키고 있는 빌리 카터는 자신의 이미지를 만회하려 하기는커녕 거기에 맞장구를 치면서, 자신이 자신과 형인 지미에게 안긴 조롱과 오명을 한껏 즐기는 것 같다.

Larry Flynt와의 친분을 널리 홍보했을 때는 더욱 그랬다. 1977년에 그녀는 자기가 플린트를 기독교도로 개종시켰다고 주장했다. 그리고 그것은 사실이었다 — 적어도 얼마 동안은. 《허슬러》지는 새롭고 어울리지 않는 복음주의적인 기독교 성향을 보여주었지만, 이후에 래리는 신앙을 잃고 다시 원래대로 돌아갔다.

> 언론에서 패배자, 시골뜨기 그리고 술꾼으로 비호의적으로(비록 부정확하게는 아니었지만) 묘사된 그는 그 이미지에 맞는 행동으로 부응했다.

빌리 카터Billy Carter는 심지어 대통령 형제들의 기준에 비춰 보아도 골칫거리였다. 언론에 실패자라는 비호의적인(비록 부정확한 것은 아니었지만) 모습으로 그려진 그는 '빌리 비어'라는 새로운 브랜드를 판촉하여 막노동꾼에 술꾼이라는 자신의 이미지에 충실하게 부응하기도 했다. 1979년에 그는 애틀랜타 공항의 활주로에서 남들이 보는 앞에서 방뇨를 한 적도 있다.

그는 자신이 조지아로 초청한 리비아 무역 대표단의 도착을 기다리던 도중에 볼일이 급해졌다. 그 자신이 다수의 상호 대표

살인 토끼의 공격

지미 카터가 조금이라도 존엄성을 얻어내려면 도대체 어떻게 해야 했을까? 1970년에 그는 조지아 주 플레인스 외곽의 한 연못에서 낚시를 하고 있다가 토끼 한 마리가 자기 보트로 곧장 헤엄쳐 오는 것을 보았다. 대변인은 언론에 그것이 귀여운 아기 토끼가 아니라 커다란(그리고 분명히 흥분한) 늪 토끼였다고 말했다. "미친 듯이 쉿쉿거렸고 이빨이 번뜩였으며 콧구멍은 벌름거렸다." 아픈 걸까? 돌았을까? 어떤 맹수에게 쫓겨서 공포로 미쳐버렸을까? 이유야 뭐였든, 그 토끼는 카터의 배에 오르려고 작심한 것 같았다. 대통령은 토끼를 쫓기 위해 노로 토끼를 여러 대 때리지 않을 수 없었다.

성실성으로나 지성으로나, 지미 카터는 조국의 가장 위대한 대통령 중의 하나가 될 자질이 있었다. 그렇지만 그의 정치적 판단에는 심각하게 오류가 있었고, 세속적이지 않다는 것이 그에게는 오히려 더 문제였다.

단을 이끌고 리비아로 가기로 되어 있었다. 조지아의 유대인들이 리비아의 독재자 무암마르 가다피Muammar Gaddafi가 팔레스타인 테러를 공개적으로 지지한다는 이유로 리비아의 미국 공식 방문에 반대하자 그는 망설이지 않고 대꾸했다. "유대인보다는 아라비아인이 우라지게 훨씬 많습니다." 빌리는 이후에 상원 위원회에 불려가서 리비아 정권으로부터 22만 달러(65만 달러)를 받은 경위를 해명해야 했다.

웃음거리가 되다

언론과 대중은 카터의 희생을 대가로 재미를 누렸다. 도덕적 단순성을 지닌 대통령은 놀리고 싶은 유혹을 느끼게 만드는 대상이었다. 그의 미덕은 그에게 역으로 작용했다 — 그는 그 미덕을 너무 극단까지 추구했다. 어느 대통령이 백악관 테니스 코트 스케줄을 개인적으로 주관하는가? 조지아 출신 은행가로 예산 담당관인 그의 친구 버트 랜스Burt Lance가 조지아 주에서 엉성한 은행 업무에 관여한 것이 밝혀졌을 때, 카터의 판단력은 도마 위에 올랐다. 끔찍하게 심각한 것은 전혀 없었지만, 이번에도 카터의 지나친 정직성의 분위기 때문에 아주 약간의 위반도 일종의 재앙적인 수치의 상징처럼 보였다.

카터는 워터게이트로 인해 심각하게 손상을 입은 제럴드 포드와 공화당을 상대로 싸우게 되었으니 운이 좋았다. 그렇지만 그는 결국 권좌에 머무를 만큼 운이 좋지는 않았다. 오히려 그와는 정반대였다, 사실 이란에서 그 수십 년 전부터 분노가 끓어오르고 있었고, 1979년 가을에 테헤란에서 미국 대사관과 거기 있던 모든 사람이 화난 학생 무리에게 봉쇄를 당한 것은 그의 잘못이 아니었다. 그 사건만으로도 이미 미국에게는 재앙과도 같았는데, 인질 구출을 위한 군사 작전이 망신스러운 실패를 거둔 것 역시 그의 탓은 아니었다. 헬리콥터 3대가 모래 폭풍에 휩쓸려 추락했고, 다른 항공기들은 전투 중에 행방불명되었다. 미국인 복무자 8명이 목숨을 잃었다 — 그리고 인질은 한 사람도 구출하지 못했다. 새로운 이슬람 정권은 카터를 가지고 놀았다. 그들은 대통령 선거가 지날 때까지 기다려 카터 후임자에 대한 선의의 제스처로 인질을 풀어주었다.

테헤란 대사관의 미국 공무원이 1979년에 자기들을 생포한 학생들에 의해 양떼처럼 끌려가고 있다. 이란-미국 관계에 재앙과도 같았던 그 사건은 카터의 대통령직을 무너뜨린 마지막 지푸라기였다.

미국 대통령, 그 어둠의 역사 217

IX
세계 무대:
언론, 미사일과 나쁜 행실

냉전의 종식은 '새로운 세계 질서'를 불러왔고, 거기서 미국은 확실히 맨 꼭대기에 있었다. 그렇지만 백악관은 구질서가 지배했다. 후임 대통령들이 그 어느 때보다도 강력한 지구 언론의 주목을 피하려 애쓰는 사이 밀실주의와 야바위가 기승을 부렸다.

"정부는 늘 손에 들어오는 모든 돈의 필요처를 찾아낸다."

추문은 기밀주의에 의존한다. 세계의 눈길 앞에서는 존경의 대상 그 자체인 사람들이, 보이지 않을 때는 온갖 종류의 나쁜 짓을 저지른다. 그렇지만 그것은 또한 언론 홍보에도 의존한다. 숨겨진 것은 밝혀져야 한다. 1980년대에, 24시간 TV 뉴스 시대가 우리 앞에 펼쳐졌고, 인쇄 미디어는 자신들이 할 수 있는 유일한 방식으로 경쟁했다. 더욱 오지랖 넓고 노골적으로 구는 것이었다. 무언가가 밝혀지지 않는다는 것을 상상하기가 어려워졌다. 1985년에는 TV 생방송에서 대통령의 결장結腸 상태가 상세하게 — 그리고 그림을 곁들여 — 논의되었다.

표면적으로는 영 어울리지 않는, 나이든 전직 배우 출신 대통령 로널드 레이건은 이미지에 민감한 시대에 완벽하게 준비된 인물이었음이 밝혀졌다 — 아마 어떤 면에서는 조지 W. 부시보다 더 그랬으리라(위).

기밀주의라는 컨셉은 잊혀진 듯했다. 그러다보니 정치인들은 자기들의 방식을 고치고 나쁜 행실을 그만두어야 한다는 결론을 내렸을까? 천만의 말씀! 그들은 인간이었다 — 그리고 대개는 거만한 인간이었다. 그렇지만 비밀스런 부정 행위의 뜨겁고 습기찬 전선이 넓고 차가운 미디어 검열의 전선을 만났을 때, 그 결과는 스캔들의 무거운 소나기였다.

로널드 레이건, 1981~1989

바깥 세상의 많은 이에게 로널드 레이건Ronald Reagan이 선출된 것은 다소 충격적인 사건이었다. 전직 영화 배우가 백악관에 들어간다는 생각은 어쩐지 어울리지 않아 보였다. 그리고 그저 보통 영화 배우가 아니라 《크누트 로크니, 철저한 미국인Knute Rockne, All American》(1940)에서 "기퍼를 위해 승리하자Win one for the Gipper!"라는 유치한 대사를 내뱉은 배우라니! 해외 신문들은

어리둥절한 대중 앞에 새로운 대통령을 소개하면서 순진한 얼굴을 한 대학교 축구 영웅이 아니면 《본조의 잘 시간Bedtime for Bonzo》(1951)의 영화 장면들을 보여주었다. 거기서 그는 침팬지와 포즈를 취하고 있었다. 사람들은 레이건을 진지하게 받아들이는 데 심각한 어려움을 겪었다. 한 영국 작가는 새크라멘토(캘리포니아 주의 주도) 시절의 레이건을 '주지사 로널드 덕'이라고 불렀다. 한편 미국인에게는 그것이 문제가 아닌 것 같았다.

임기 중 레이건은 이전에 출연한 다양한 영화의 사진들로 정기적으로 시달렸다. 이 영화는 레이건이 침팬지(와 다이애나 린)와 공연한 1951년 작품 《본조의 잘 시간》이다. 그렇지만 레이건은 조롱을 웃음으로 털어버렸다.

새로운 대통령을 지지하거나 심지어 마음에 들어 하지 않았어도, 그들은 레이건의 능력을 모를 수 없었다(한편 레이건 자신에게는 애초부터 그런 문제가 존재하지 않았다 ─ 자신을 너무 진지하게 받아들이지 않는 능력이 그의 커다란 강점 중 하나였다).

그의 나이는 다소 논쟁거리였다. 1980년에 처음 당선되었을 때 그는 69세였다. 그렇지만 그는 심지어 그것조차 장점으로 돌려놓을 수 있었다. 1984년 재선을 놓고 민주당 월터 먼데일Walter Mondale과 맞선 대통령 토론회에서 이 문제로 도전을 받자, 그는 정치적 목적으로 자기 적의 '젊음과 무경험'을 이용하지 말라고 호소했다. 사실, 그는 늙었지만 레이건은 미래였다. 그는 새로운 종류의 정치가였다. 내용과 표현이 하나의 동전의

부전자전

1958년 태생 론 주니어Ron Jr는 아버지를 따라 연예계로 향했다 ─ 그렇지만 아버지가 생각했던 그런 방식으로는 아니었다. 론은 예일 대학교에서 한 학기를 마치고 나서 무용수가 되기 위해 학교를 떠나 아주 높이 인정받는 시카고의 조프리 발레단에 자리를 얻었다. 1980년부터 이미 기혼자였던 그는 늘 그가 게이일 거라는 피할 수 없는 추측들을 웃어넘겼다. 그렇지만 리버럴이라는 혐의(거의 틀림없이 더 한층 저주스러운)는 계속 남았다. 표현의 자유에 대한 자신의 시각을 숨김없이 말했던 그는 또한 자신이 무신론자인 것도 숨기지 않았다 ─ 그는 12세 때 그 신념을 얻었다. 그렇지만 그는 아버지의 대통령 임기 중에는 얌전히 있었고, 그후로는 아버지의 후임자로서 책임을 떠맡았다고 주장하는 이들과 거리를 두는 데 주력했다. 론 주니어는 자기 아버지가 부시의 네오콘이나 현대의 공화당 우파에게는 전혀 관심이 없었다고 말했다. 그렇지만 그의 배다른 형 마이클은 거기에 동의하지 않는다. 유아일 때 로널드 레이건과 그의 첫 아내 제인 와이먼Jane Wyman 사이에 입양된 그는 아버지의 우파 시각을 많이 가지고 성장했다. 그는 작고한 대통령이 티파티 운동을 쭉 같이했다는 주장을 요지부동하게 내세우고 있다.

론 주니어는 직업 선택에서 정치적이고 종교적인 시각까지 모든 면에서 부모가 인정해주지 않아도 상관없이 자기 식대로 살았다. 그러나 아버지를 수치스럽게 하는 일을 피하려고 최선을 다했다.

양면처럼 보이는, 미디어에 민감한 새 시대를 위한 최초의 '포스트모던 대통령'이라고 할 수 있을지도 모른다.

여러 세기 동안 정치학은 거창한 연설과 연기가 가득한 방이 지배했다. 맹렬한 수사학과 막 뒤의 사기horse trading도 있었다. 이것들은 여전히 사라지지 않았지만, 정치적 메시지들은 점점 더 상품처럼 마케팅 대상이 되었으며, 정치가들은 배우의 기술을 필요로 했다. 그리고 그 기술은 높은 발코니에 있는 이들을 위해 감정을 내지르는 연극 배우가 아니라 영화 배우의 기술이었다. 스타일로 보면 태평스럽고 구어적이고, 절제된 카리스마. 로널드 레이건은 연설가로도 나쁘지 않았지만, 배우이자 TV 사회자로 수십 년 훈련을 받은 터라 청중의 심금을 울리고 사람을 편안하게 해주는 데 천부적 재능이 있었다. 그는 확실히 진지하게 여길만한 정치가였다.

레이건은 적들에게 과소평가당하는 것을 무엇보다도 더 좋아했다. 그에게 원숭이라는 낙인을 찍은 이들은 대통령에게 말려든 것이었다. 여기서 그는 빌 클린턴에게 자기가 좋아하는 젤리빈을 권하면서 클린턴도 젤리빈을 좋아하게 만들려고 하고 있다.

웃을 일이 아니야

레이건이 희극적인 면이 없다는 것은 아니었다. 그저 마음이 젊은 것이 아니라, 젤리빈 사랑에서 떠들썩한 유머 감각까지 그는 확실히 유치한 면이 있었다. "나는 러시아를 불법화하는 법률 제정에 서명했습니다." 그는 1984년 재선 방송의 목소리 테스트에서 짐짓 진지한 척하는 어조로 이렇게 말했다. "우리는 5분 뒤에 폭격을 시작합니다." 상호 확증 파괴(핵 공격 때 적의 핵미사일도 격멸하는 보복 전략)를 농담거리로 삼다니? 그 상황에

1월의 깜짝쇼

정치가들은 늘 성공을 최대한 이용하고, 실패에서는 가능한 한 가장 보기 좋은 얼굴을 보이려고 한다. 여러분도 정말이지 정치가들이 뭔가 다르게 행동하기를 기대하지는 않을 것이다. 마찬가지로 정치가들이 유권자들에게 가장 중요한 시기, 즉 표를 던지러 가기 몇 달 전에 좋은 소식이 들어오기를 바라는 것은 당연하다. 그렇지만 철두철미한 뉴스의 시대는 또한 철두철미한 뉴스 관리의 시대이기도 하다. 그리고 거기에는 정치가들이 무슨 짓까지 할 준비가 되어 있느냐에 관한 널리 퍼진 두려움이 따라붙는다. 카터 행정부가 1980년 선거에 때맞춰 미국 인질이 대사관에서 풀려나 모든 이에게 좋은 '10월의 깜짝쇼'를 제공할 수 있도록 이란의 이슬람 정권과 거래를 했으리라는 논란이 제기되었다. 그리고 공화당 직원들이 이란인에게 더 짭짤한 제안을 했다는 광범위한 의혹도 남아 있다. 인질들은 결국 1981년 레이건 취임 겨우 몇 분 뒤에 풀려났다. 이론은 그다지 입증되지 않은 상태로 남아 있지만, 몇 년 뒤 이란-콘트라 스캔들이 발각되자 정황 증거는 무척 강력해 보이기 시작했다.

로널드 레이건의 대통령 임기가 밝은 첫발을 내디딜 수 있도록 이란의 인질이 때맞춰 풀려난 것은 그저 행복한 우연이었을까? 알 수 없지만 수많은 논평가는 의혹을 품고 있다.

서 사면초가에 몰린 소련은 방심하고 있지 않았다. 소련의 무장 병력은 심각한 경고 상태에 있었다.

그렇다고 레이건의 충격적인 발언이 늘 농담은 아니었다. 레이건이 유럽의 영화 제작단과 함께 나치 수용소 캠프의 해방을 목격했다는 주장을 우리는 어떻게 받아들여야 할까? 그는 이 주장을 한두 번 한 게 아니었는데 — 분명한 감정을 담아 자신의 '경험'을 회상하면서 — 가장 악명 높은 경우는 이스라엘 수상 이츠학 샤미르Yitzhak Shamir와의 대담에서였다. 그것은 확실히 사실일 수 없었다. 제2차 세계대전 당시 레이건의 복무에는 불명예스러운 구석은 전혀 없었다. 그는 군대에서 제몫을 하기에는 너무 심한 근시여서, 군사를 훈련시키고 사기를 유지하도록 만들어진 제1 영화 연대에서 열심히 복무했다. 그렇지만 그는 전시 내내 한 번도 미국 대륙을 떠난 적이 없었다.

레이건을 가장 반대하는 적들조차, 대통령이 일부러 남을 속이려고 그런 말을 했다고는 전혀 믿지 않았다 — 심지어 그것이 그의 목적이었다 해도 어떻게 들통나지 않을 것을 바랄 수 있겠는가? 우리가 유일하게 확실히 내놓을 수 있는 설득력 있는 결론은, 어느 정도 그것이 너무나 매력적인 이야기라서 그 자신이 그것을 진짜 믿었다는 것이다. 남들 앞에서 과시를 하는 데 워낙 능하다보니, 스스로 자신의 눈을 가리고 만 것이다. 아무리 노골적인 거짓말이라도 — 이 경우는 거기에 해당되지 않지만 — 어느 정도의 자기 기만이 들어 있을 때가 있다. 거짓말이라는 주제는 물론 정치학의 영역에서 언제나 화제가 될 수밖에 없고, UC 산타바버라의 심리학자 벨라 드폴로Bella DePaulo는 유명한 연구 결과를 내놓았다.

엄숙하고 진지한 로널드 레이건이 1985년 독일 비트부르크 군사 묘지에 화환을 놓으려고 걸어가고 있다. 그는 자신의 화해의 연설이 얼마나 논란을 초래할지 전혀 몰랐던 듯싶다.

로널드 레이건은 카우보이 영웅의 하얀 모자를 쓰고 있다. 그의 대통령직은 백악관에 할리우드의 화려함만이 아니라 영화의 단순주의적 도덕성도 가져다주었다.

그녀는 거짓말에 대해 이렇게 지적했다. "거짓말은 희망과 같다……자신이 그런 사람이 아닌 걸 알아도 그런 사람이기를 바라듯이."

그렇지만 대통령의 감상적인 환상은 늘 그렇게 무해하지는 않았다. 지지자들은 그가 1985년에 독일 비트부르크 군사 묘지를 방문하기 전에 한 발언에 충격을 받았다. 거기 매장된 이들 중에는 전시의 무장 친위대원들도 있었다. 레이건은 일정을 취소하라는 요청을 받았지만 거부했다. 독일 병사도 "희생자들이었습니다……수용소에 있던 희생자들과 똑같이 분명히." 레이건의 말은 어느 정도는 퍼싱 미사일의 새로운 범위에 관련해 단독으로 미국을 지지한 서독 수상 헬무트 콜 Helmut Kohl을 향한 결속의 제스처를 담고 있었던 듯하다. 그렇지만 그 말은 또한 어느 정도는 듣기 좋은 말과 소탈한 상투어구로 무마할 수 없는 심각한 싸움은 존재하지 않았다는 그의 단순한 생각에서 나온 것이기도 했다. 유대인 집단들은 전혀 그렇게 생각하지 않았다.

몰랐다는 변명

다른 이들도 레이건의 무심함이 민주주의에 득이 되지 않는다고 느끼게 되었다. 대통령이 자신의 게으름을 농담거리삼아 이야기하는 것은 확실히 매력적이었다. 레이건은 이렇게 말하곤 했다. "나는 점심 때 절대 커피를 마시지 않습니다. 그러면 오후에 잠이 안 오거든요." 대다수 미국인은 정치가들에게 사기를 당하는 데 질려버려서 그의 느긋한 태도를 신선하게 느꼈다. 사람들은 그가 집무실에 있는 것보다 골프 코스에 있는 편이 더

좋다고 솔직하게 표현한 데 분노하기는커녕, 그것을 레이건이 분별력이 있다는 증거로 보았고, 그의 이런 농담에 신나게 웃었다. "사람들이 열심히 일해서 해될 것은 없다고 합니다. 그렇지만 위험을 무릅쓸 필요는 없지 않을까요."

좀 더 진지한 관찰자들은 '거대 정부'의 악덕을 통렬히 비난한 사람이 대통령으로서 자기 역할도 너무나 작게 보는 것 같다며 우려했다. 그러나 그가 꾸벅꾸벅 졸고 농담을 하고 어슬렁거릴 때 그의 보좌관들은 열심히 일했다 — 그리고 그 결과는 전혀 좋지 않을 때가 드물지 않았다. 레이건이 아무것도 모르는 채 어슬렁거리는 동안, 그의 행정부는 남아프리카의 부끄러움을 모르는 백인 인종주의 살인자 정권을 실질적으로 원조했다. 그의 행정부의 입지에 대한 해명을 해달라는 요청을 받은 그는 기자들에게 프레토리아(남아프리카 공화국의 행정 수도 — 옮긴이)에서 "한때 우리 나라에도 있던 흑백 분리가 철회되었다"고 확언했다. 대통령은 냉전의 믿음직한 동맹을 위해서라면 그 무엇이라도 덮어줄 준비가 되어 있는 것처럼 보였다.

> 레이건이 눈이 먼 채 갈팡질팡하는 동안
> 레이건 정부는 남아프리카의 파렴치한 백인 인종주의
> 살인자 정권을 실질적으로 지지했다.

그랬으니 니카라과는 아무런 문제도 아니었다. 레이건과 그의 수하들은 니카라과의 (선출된) 산디니스타 정부에 맞서 싸우는 우파 콘트라 반군을 노골적으로 원조했다. 공식 군사 행동을 취할 수 없던 반군들 — 콘트라 — 은 일련의 잔혹 행위들, 마을에 불을 지르고 주민을 학살하고 납치하고 여성들과 포로들에 대한 성폭행을 자행했다. 인권 단체들과 가톨릭 선교사들이 그 사실을 증언했다. 미국이 이 살인과 강탈의 아수라장을 원조한 것은 전 세계적 논란을 불러일으켰다 — 심지어 레이건의 보좌관들이 의회 등 뒤에서 반군에게 돈을 흘려보냈다는 사실이 명확해지기도 전이었다. 이런 '명부에 없는' 지원을 유지하는 방편으로, 그들이 이란에 무기를 팔아서 그 자금을 마련했다는 사실이 추가로 밝혀졌다. 이것은 다시, 정부 고발자들이 주장한 바에 따르면 1980년의 대사관 인질 건에 협조한 대가로 이란인에게 남몰래 보상하는 방식이었다.

'자유'. 이 말은 레이건의 연설에서 영감을 주는 말이었다. 그렇지만 니카라과의 사람들에게 그 말은 전혀 다른 뜻이었다. 그것은 콘트라 반군이 저지르는 살인, 강간과 약탈을 뜻했다.

가장 소중한 '엄마'

낸시와 로널드 레이건은 서로에게 충실한 한 쌍으로 유명하다. 대통령은 자기 아내를 '마미'라는 다정한 애칭으로 불렀다. 그러나 딸 패티가 나중에 불평한 바에 따르면, 낸시는 엄마로서는 냉정하고 살갑지 않았다. 패티는 론 주니어와 마찬가지로 노골적으로 발언하는 자유주의자로 자랐다 — 단 그녀는 부모를 공개적으로 공격하는 것을 오빠처럼 삼가지 않았다.

낸시는 가족에 관련된 문제들 — 마약 같은 — 을 제외하면 정치적 논쟁에서 명확히 거리를 두었지만 남편에게는 충실하였다. 낸시의 "그냥 싫다고 말해요" 캠페인은 보수주의자들이 보기에 '허튼 짓은 용납 않는' 올곧음의 미덕이 있었다. 한편 자유주의 비판자들은 그것이 너무 문제를 단순화한다고 말했다. 그렇지만 대개의 경우에 낸시는 무대 뒤에 남아 있었음에도 불구하고, 일각에서는 대통령 뒤의 진짜 권력이었다는 이야기가 있다. 그녀는 확실히 남편의 시간을 관리하고, 특히 1981년의 암살 시도가 거의 성공할 뻔한 이후로는 그 대통령직의 엄혹한 시련 — 자기가 보기에 — 으로부터 남편을 보호하려고 최선을 다했다. 그녀가 정기적으로 점을 보고 그것에 맞춰 대통령의 스케줄을 조정한다는 것이 밝혀지자 그것은 국민들의 호기심거리가 되었다.

수많은 음모 이론이 이란-콘트라 스캔들에서 멋드러지게 딱 맞아떨어졌다.

대다수 미국인이 이 사건에 대해 갖고 있는 기억은 아마도 국가안전보장회의 일원인 올리버 노스Oliver North의 증언 장면일 것이다. 군사적 올곧음의 화신인 이 해군 출신 사나이는 모두 반공이라는 명분 아래 정당화된 온갖 방식의 불법 행위를 인정했다. 그렇지만 타워 커미션이 한 조사의 또 다른 잊을 수 없는 면은 소환당한 대통령의 애매모호한 대답이었다. 그는 무기 선적을 승인한 "기억이 전혀 없다"고 말했다. 개입을 했을까? 의도적으로 회피하고 있었을까? 이것은 실수의 문제일까 아니면 부인의 문제일까? 레이건의 '한 발 물러선' 방식은 모두 자신의 이름 아래 일어난 행위들에 대한 책임을 회피하기 위한 것이었을까? 어느 쪽이든 좋아 보이지 않았다.

> 이 사건에 대해 사람들의 기억에
> 남아 있는 것은 아마도 국가안전보장회의 일원인
> 올리버 노스의 증언 장면이었으리라.
> 군사적 올바름의 화신인 이 전직 해군은
> 온갖 형태의 불법 행위를 인정했는데,
> 그가 보기에 그 모든 것은
> 반공산주의라는 명분 아래 정당한 것이었다.

레이건은 자신의 심복들이 개입한 재정적 거래에서도 똑같이 부주의했던 듯하다. 법과 질서를 말하는 그의 터프한 메시지는 오로지 가난한 이들에게만 적용되는 듯했다. 도덕의 십자군이자 대통령의 자문이었던 에드 미스Ed Meese는 군사 공급업체인 웨드테크 사가 행정부와의 특별한 통로를 얻기 위해 돈을 지불했을 때 이득을 본 각료 중 그저 가장 나이 많은 각료일 뿐이었다. 미스의 오랜 친구이자 개인 변호사인 로버트 월래치Robert E. Wallach가 그 거래를 주선한 듯한데, 그 거래의 결과로 웨드테크는 미국 육군에서 품질이 떨어진다고 평가한 장비를 공급하는 3200만 달러짜리 계약을 체결했다.

환경 보호국EPA에서는 20명도 넘는 직원이 이런 저런 스캔들로 해고되었고, 주택도시개발부HUD의 관료들은 공화당에 기부를 한 특혜 기업들에게 건설 계약들을 내어준 것이 밝혀졌다. 한편 메릴린 해럴Marilyn Harrell은 HUD로부터 560만 달러를 횡령한 사실이 밝혀졌다. 그녀는 그 돈을 자선 단체에 기부했다고 주장해서 일간지로부터 '로빈 허드'라는 별명을 얻었다. 1980년대 후반에서 1990년대 초반에 700곳도 넘는 금융 재단이 대통령과 그의 일당이 도입한 이데올로기 편향적인 '규제 완화' 덕분에 1억 6000달러를 모아 내놓아야 했다.

분홍색으로 예쁘게 차려입은 낸시 레이건은 강철 같은 면모를 감추는 화려한 여성성을 지녔다. 비록 낸시는 확실히 남편에 대해서는 무척이나 사랑과 보호 본능이 넘치는 충실한 배우자였지만, 자녀들은 어머니의 냉담함에 대해 불만을 토로했다.

조지 H.W. 부시, 1989~1993

레이건의 부통령 조지 부시는 정계의 귀족 가문에서 태어났는데, 그의 아버지는 상원 의원, 양가 할아버지 다 부유한 은행가였다. 그는 경제학을 공부하러 예일 대학교로 가기 전에 제2차 세계대전에서 해군 비행사로 탁월하게 복무했다. 휴스턴으로 옮겨가서 1948년에 석유 산업을 시작한 그는 순식간에 상당한 재산을 모았다. 그는 1960년대에 텍사스에서 정계에 입문했고, 처음에는 상원 의원에 도전했다가(실패하고) 나중에는 하원으로 재도전했다. 그는 그 주와 자신의 관계를 과장했다 하여 비난을 끌었다. "내가 알기로, 바닷가재를 칠리와 같이 먹는 텍사스 사람은 그 사람뿐입니다." 하원 의장 짐 라이트Jim Wright는 훗날 이런 농담을 했다. 하원 의원 시절 부시George H.W. Bush는 자신의 '공식 거주지'로 기록한 휴스턴의 호텔 방에 계속 체류할 정도로 자신이 텍사스 사람이라는 주장을 충분히 진지하게 견지했다 ― 비록 냉소가들은 그것이 메인 주 케네벙크포트Kennebunkport에 있는 가족 부동산의 세금을 피하고 싶은 마음과 더 관련이 있었다고 하지만.

가족 회사

1970년대에 부시는 미국 대사를 맡아 처음에는 UN으로, 나중에는 중국으로 파견되었다. 그리고 1975년에는 CIA 국장으로 임명되었다. 그는 가족이 폭리를 취했다는 혐의를 받았다. 1989년에 베이징 티엔먼 학살의 여파 속에서 그의 동생 프레스콧Prescott은 상하이 외곽에 골프 리조트를 건설하는 1800만 달러짜리 거래를 성사시키기 위해 대 중국 사업에 대한 공식 거

왼쪽: 장막 뒤의 조용한 조종자인 조지 H. W. 부시는 생동감 넘치는 레이건을 위한 완벽한 포장지였다. 대통령이 되자 그는 자신이 '비전 어쩌고'라고 말한 것을 맡아 처리해야 했다.

아래: 빌리 카터와는 전혀 달랐다 해도 프레스콧 부시는 중국과 일본 양측과 관련된, 널리 홍보된 사업 거래들로 인해 대통령인 자기 형에게 수치를 입히는 데 성공했다.

래 금지 조치를 위반했다. 그후에는 중국을 상대로 위성 기술을 매각하기도 했다. 프레스콧은 그 거래에서 25만 달러를 챙겼다고 한다. 그는 또한 조지 H.W. 부시가 대통령직에 오르기 바로 며칠 전에 분명히 사업을 검토할 목적으로 일본을 방문했다. 대통령의 아들 닐 부시Neal Bush는 실버라도 저축 은행의 파산에 연루되었다. 조사 결과에 따르면, 그는 신탁 의무를 '다수 위반'했지만 범죄 혐의로 소환하기 바로 직전 단계에서 조사가 멈춰졌다.

은행업과 석유업계에서 부시 가족의 배경, 그리고 그 세계와의 지속적인 관계를 감안하면, 이제 와서 그들이 뱅크 오브 크레딧 앤드 코머스 인터내셔널BCCI과 연계되어 있었다는 사실은 새삼 놀라울 것도 없다. 한 파키스탄 기업인이 설립한 이 은행은 무슬림 세계와 폭넓은 접촉이 있었는데, 거기에는 사우디아라비아 같은 석유 부자 아랍 국가들도 속했다 — 그리고 미국 석유 산업도 속한 것 역시 충분히 자연스러운 일이었다.

그렇지만 BCCI는 전혀 평범한 은행이 아니었다. 그곳은 결국 1991년에 문을 닫게 되는데, 수많은 위반으로 인해 국제적인 규제 대상이 된 탓이었다. 조사 결과, 몇 년 전부터 그 은행이 마약 밀수범들의 돈 세탁을 하고 테러리스트 집단들에게 원조를 제공하기 위해 범죄와 관련된 자금 유치에 적극적으로 나섰던 사실이 밝혀졌다. 이제 조사단은 그들의 거래를 깊숙이 조사하는 과정에서 자신들이 범죄 금융 제국을 파헤치고 있다는 사실을 깨달았다. 명확히 구체적으로 감독을 피하기 위해 설계된 미궁 같은 구조를 지닌 그 은행은 변칙 부정의 수수께끼들로 가득했다. 그 철저한 복잡성, 그리고 부시 가족이 콜롬비아 코카인 카르텔과 이슬람 테러리스트 오사마 빈 라덴Osama Bin Laden 같은 놀라운 단체들과 접촉하게 — 비록 간접적이긴 하지만 — 만든 기관과 부시 가족의 진정한 관계는 아직 밝혀지지 않았다.

> 레이건이 그를 러닝메이트로 택한 큰 이유는 그가 중도 온건파를 대표했기 때문이었지만, 그는 이제 자신을 사업 규제와 낙태와 과세에 제동을 거는 우파로 재창조했다.

스트리트파이팅 맨

미국 대통령 유세는 단 한 번도 도덕적으로 섬세한 기질을 가진 사람에게 어울리는 자리가 아니었지만, 부시의 1989년 유세는 유독 불쾌했다. 부시는 자신이 귀족 혈통을 가지고도 하수구 싸

댄 퀘일이 조지 부시의 러닝메이트로 지명되자 일각에서는 경악했지만, 두 사람의 파트너 관계는 1988년 선거에서 성공을 거두었다. 아내와 함께 웨스트 캐럴튼Carrollton의 제4회 연례 종이 축제 퍼레이드에 참석한 두 사람의 얼굴에 웃음이 만발했다.

움을 할 수 있음을 보여주려고 작심했고, 그것을 상당히 잘 해냈다. 그의 적인 매사추세츠 주지사 조지 두카키스George Dukakis는 결국 기사도 정신이 너무 강해서 손해를 보았는데, 부통령 부시가 아내에게 저지른 부정을 선거의 쟁점으로 만들려고 노력한 직원을 즉각 해고한 것이었다. 그렇지만 부시는 강하게 나갔다. 레이건이 그를 자기 러닝메이트로 택한 이유에는 그가 중도주의자의 온건함을 표상했다는 것이 컸다. 이제 그는 자신을 사업 규제, 낙태와 과세에 제동을 거는 우파로 재창조했다.

그리고 물론 인종에 대해서도 그랬다 — 비록 한 번도 노골적이지는 않았지만. 민권 운동이 성공을 거둔 이후로 인종주의는 더 이상 허용되지 않았다. 그 대신에 그는 자기 팀이 두카키스가 범죄에 무르다고 공격하는 TV 광고를 내보내는 것을 용인했다. 두카키스는 매사추세츠 감옥에서 윌리 호튼Willie Horton이라는 죄수의 사면 계획을 승인했다. 14년 전에 살인으로 기소된 그는 주말에 일시 출소를 허가받고는 돌아오지 않았다. 그는 무장 강도와 강간을 저질렀다. 그리고 사진을 보면 그가 흑인이라는 사실이 명백히 보였다.

그 광고는 최소한 600회는 방영되었고, 추정컨대 8000만 명이 시청했다. 부시의 유세 매니저인 리 애트워터Lee Atwater는 나중에 그 광고의 목표가 윌리엄 호튼을 두카키스의 러닝메이트로 만드는 것이었다고 뻐겼다. 흑인 집단들은 광고에 담긴 무언의 의미가 무엇인지 의문을 품지 않았다. 부시 자신은 거기에 대해서 죄의식을 느낄 만큼은 품위가 있었다고 한다. 부시의 캠페인은 '잭 케네디가 아닌' 댄 퀘일Jack Quayle을 부통령 후보로 선택하여 난관을 겪긴 했지만, 결국 그는 그래도 어려움 없이 승리했다.

부시는 자신이 1988년에 내세운 공약 — "내 입술을 읽으세요. 새로운 세금은 없습니다!" — 때문에 1992년 재선 캠페인에서 어려움을 겪었다. 부시는 첫 임기 때 그 공약을 깰 수밖에 없었던 것이다. 경제는 내리막길을 걷고 있었고, 소련의 위협이 사라지면서 강력한 국방 당이라는 공화당의 이점은 사라져버렸다. 이런 결론을 낳는 데에서 레이건과 부시 정부가 한 역할을 감안하면 역설적으로 보일지도 모르지만, 그로 인해 부시는 명확한 정치적 목표를 잃고 말았다 — 그리고 미국인들 역시 부시를 뽑아야 할 명확한 동기를 잃고 말았다.

미국 대통령, 그 어둠의 역사 233

여가장과 정부

바버라 부시는 일찌감치 아들들의 어머니로서의 역할을 받아들이고 자신을 그것으로 규정했다 — 특히 딸 폴린 로빈슨 부시(또는 '로빈')가 1953년에 백혈병으로 죽은 뒤에는 더 그랬다.

바버라는 그 충격으로 머리카락이 하얗게 세어버렸지만, 머리를 염색하는 것을 일종의 배신 행위라고 느껴 그렇게 하기를 거부했다. 그 이후로 줄곧, 그녀는 그 어느 때보다도 여자 가장의 역할에 헌신했다. 심지어 백악관에서도 어머니 역할을 가장 우선시했고, 영부인은 둘째였다. 당시 남편이 중국에도 같이 갔고 나중에는 CIA로 간 개인 조수 제니퍼 피츠제럴드Jennifer FitzGerald를 둘째 '오피스 와이프'로 삼았다는 것은 그저 소문이 아니었다. 그녀가 조지 부시와 성관계를 가졌다는 것은 공식적으로 한 번도 확정된 적이 없지만, 워싱턴의 소문은 그 사실을 한 번도 의심하지 않았다.

바버라 부시는 배경 역할을 맡는 데 만족했다. 영부인이 되고 나서도 그녀는 행복한 안사람의 역할을 했지만, 남편과 아들들에 대한 야망으로 가득했다.

윌리엄 클린턴, 1993~2001

1971년에 빌 클린턴을 만난 힐러리 로댐 클린턴은 대어를 낚았다. 둘 다 예일 대학교 법학과 학생이었다. 훌륭한 외모와 친근한 매력을 지닌 빌은 총명하고 이상주의적이었다 — 반드시 가장 사색적인 인물은 아니라 해도. 클린턴William J. Clinton은 불우한 배경 덕분에 평범한 사람들이 어떻게 느끼는지에 대한 통찰력을 얻었다 — 앞으로 나아가고자 하는 불타는 열망과 더불어. 가정 폭력을 겪으며 자라난 그는 중요한 생존 능력들을 습득했다 — 그러면서 불가피하게 정서적인 피해를 겪어야 했지만. 그는 남부의 분리주의 정책 속에서 자랐으면서도 민권의 메시지를 충분히 진지하게 이해한 듯하다. 그는 흑인과 자의식 없이 어울렸다. 어떻게 보면 그의 징집을 둘러싼 복잡한 과정에서는 훨씬 나중에 옥스퍼드 학생이 되어 마리화나를 피웠지만 "흡입하지는 않았다"고 말하고, 모니카 르윈스키와 "성교를 하지 않았다"고 엄숙하게 주장한 클린턴의 징표가 된 잡아떼는 능력의 낌새가 미리 보인다. 그렇지만 이런 짜릿한 시대에 그런 것들은 의심을 받지 않았고, 페미니스트 의식은 아직 성 해방을 따라가기 이전이어서 그의 바람기는 묵과될 수 있었다(단 힐러리가 화가 난 것만 빼면 — 그래도 그녀는 그와 헤어지지 않고 1975년에 그와 결혼했다.)

공정히 말해서, 우리가 대통령의 역사와 관련해 판단한다면 확실히 성적 태도를 바꾸는 데 '반문화counterculture'가 미치는 중요성은 많이 과장되어 있다. JFK나 린든 존슨보다 더 여자를 거리낌없이 또는 무자비하게 이용한 히피를 찾기란 어려울 것이다. 그리고 만약 빌 클린턴이 성희롱으로 고소당한 최초의 대통령이라는 미심쩍은 영예를 얻는다 해도, 아마 그 이유는 이전에 적절한 관련 법 규정이 마련되지 않았기 때문이리라.

여기서 한 찬송가 악보를 같이 보면서 노래하는 빌과 힐러리 클린턴은 다가올 골칫거리들과 논란을 알지 못하는, 좀 더 순진했던 시절의 모습을 보여준다 — 그렇지만 두 사람 사이의 연대는 유별나게 지속적이라는 것이 입증되었다.

미국 대통령, 그 어둠의 역사 235

그렇지만 다양한 이유 — 피임약의 등장으로 인한 전례 없는 번영에서 낡은 젠더 롤의 거부까지 — 로, '베이비 부머들'이 대단히 신나게 놀아난 것은 사실이다.

이미지와 표상 면에서 완벽한 정치가인 빌 클린턴은 확실히 그 부분에서는 강력한 미국의 대통령으로 보였지만, 그는 공직 임기 내내 '자질 문제'로 시달렸다.

빌이 징집을 당하다

미국의 젊은 중산층 남자들이 단체로 베트남 징집을 피하려고 대학이나 대학원에 입학했다는 이야기가 이따금씩 들춰지곤 한다. 수사학적인 과장으로 보면 큰 문제는 아니겠지만, 이것은 명확히 실제보다 과장된 이야기다. 기꺼이, 혹은 주저하면서 수많은 사람이 실제로 군대에 입대했고, 꽤 많은 수가 공개적으로 징집을 거부했다.

빌 클린턴은 자기 세대 다수와 마찬가지로 전쟁을 반대했고, 미국과 영국에서 반전 시위를 주도했다. 조지타운 대학교를 다니던 1967년에는 아칸사스의 상원 의원으로 전쟁에 반대한 윌리엄 풀브라이트J. William Fulbright 밑에서 인턴을 지냈다. 그렇지만 그는 작정하고 복무를 거부한 적은 결코 없었다. 조지타운 대학교 학생이라 징집을 면제받았지만, 그 코스가 끝나자 상황은 바뀌었다. 클린턴은 다음 학기의 대부분을 잉글랜드의 옥스퍼드에서 보냈다. 그는 거기서 공부할 수 있는 특권을 주는 로즈 장학금을 획득했다. 그는 "나는 내 인생에서 처음 뭔가로부터 도망치고 있어"라고 친구에게 써 보냈다.

1969년에 그는 아칸사스 대학교의 ROTC에 지원해 합격했다. 이후에 그는 아칸사스 ROTC 모집자 유진 홈스Eugene Holmes 대령에게 예사롭지 않을 정도로 길고 단어를 주의깊게 선택한 편지를 보내 "징집에서 저를 구제해주는 데" 도움을 주어 고맙다고 하면서 베트남 전쟁에 대한 자신의 양심적 거부를 설명했다.

클린턴은 그런 반대 의견도 아랑곳없이 징집을 거부하지 않기로 마음먹었다고 했다. "오로지 단 하나의 이유로, 시스템 안에서 내 정치적 생존 능력을 유지하기 위해." 심지어 이처럼 초기 단계에도 그는 공직으로 가는 옵션을 열어두기로 단단히 마음먹고 있었다(의심할 바 없이 더 높은 목표를 위해서였다). 유진 홈스 대령이 나중에 증언한 바에 따르면, 그 편지에는 징집 이사회가 풀브라이트 사무실로부터 클린턴을 ROTC로 받아들이라는 '압박'을 받았다는 내용이 있었다고 했다. 그는 — 클린턴의 편지가 암시하듯이 — 클린턴이 반전 운동에 참여했다는 이야기를 듣지 못했다고 부인했다. 알았더라면 확실히 그를 ROTC의 모집 대상으로 받아들이지 않았으리라.

클린턴은 어떻든 간에 한 번도 아칸사스 법대의 강의에 출석하지 않았다. 그 대신에 옥스퍼드로 갔다가 다시 예일로 갔다. 그래서 그는 자연적으로 그곳 ROTC에 입대하지 않았다. 홈스는 돌이켜볼 때 클린턴에게는 전혀 그런 의도가 없었다고 단정했다. 그는 미래의 대통령이 시간을 벌고 있을 뿐이라고 확신했다 — 아칸사스 ROTC에 정식 입대함으로써 그는 징집 이사회에 호출되는 것을 연기할 수 있었다. 정작 1969년 12월 초에 징집 위원회가 열렸을 때, 클린턴의 이름은 목록상 너무 아래 있어서 실상 면제된 거나 마찬가지였다.

운명의 소년 빌 클린턴이 자기 우상인 존 F. 케네디와 대면한 순간. 알고 보니 클린턴은 그저 정치적 이상만이 아니라, 성적인 행동 면에서도 케네디를 본보기로 삼게 된다.

왼쪽: 빌 클린턴은 앞으로 나아가는 길에 이런저런 종류의 관계를 맺은 여성들의 난장판을 뒤에 남겼다. 제니퍼 플라워스의 폭로는 1992년 대통령 선거 유세를 위태롭게 했다.

오른쪽: 두 사람의 결혼에는 좋은 시절도 나쁜 시절도 있었지만 두 사람의 정치적 배우자 관계는 영원히 공고할 터였다. 공직을 떠난 이래 빌 클린턴은 힐러리의 야망을 뒷받침해주고자 충실하게 노력해왔다.

바로 그 일을 해야 하는 위치에 있음을 깨달았다. 리키 레이가 지독한 범죄자라는 것은 의심할 바가 없었다. 그는 나이트클럽에서 한 남자를 살해하고서 경관 로버트 마틴Robert Martin 앞에 자진 출두하고는 등을 돌린 경관을 태연히 쏘아 죽였다.

그러고 나서 그는 자살을 시도했지만 자기 뇌의 전두엽을 날려버리는 데 그쳤다. 그 결과로 그는 걸음마를 배우는 아이의 정신 연령을 갖게 되었다. 자기가 범죄에 반대한다는 것을 분명히 보여줄 기회를 잡은 클린턴은 잠시 유세를 중단하고서 돌아와 그의 처형을 지시했다. 1992년 1월 24일 렉터는 사형실로 이끌려가 치명적 독극물 주사를 맞았다. 그가 마지막 만찬에서 나중에 다시 와서 먹겠다면서 디저트를 남긴 것은 유명한 이야기다.

거칠게 굴기

거의 1980년 내내, 서구 세계의 정치학은 두 거대한 우파의 지배를 받았다. 로널드 레이건과 마가렛 대처Margaret Thatcher는 서로 친구였고 동료 급진주의자였다. 두 사람의 정적들을 가장 괴롭힌 것은 두 사람의 대중적 인기였다. 개인적 자유, 개인적 책임과 법과 질서에 대한 그들의 수사학은 심지어 육체 노동자들과 중하층의 머릿속까지 잠식했다. 좌파 정당들은 그들이 존중할만한 다수를 대상으로 하며 얼마 안 되는 성스러운 '진보적인 암소들progressive cows'을 잡기를 두려워하지 않는다는 것을 분명히 보여줄 방법을 찾아야 했다. 영국 수상 토니 블레어Tony Blair는 마가렛 대처가 노동조합에 맞서 취한 조치들을 지지함으로써 그것을 달성했고, 빌 클린턴은 한 순진한 흑인을 사형대로 보냄으로써 그것을 달성했다.

민주당은 앞서 자기네 후보가 조지 부시 캠페인의 윌리 호튼 광고에 난도질을 당하는 것을 보았다. 빌 클린턴은 그 유령을 몰아내기로 굳게 마음먹었다. 아칸사스 주지사였던 클린턴은 리키 레이 렉터Ricky Ray Rector의 파일이 자기 책상 위에 놓였을 때 자신이

> 힐러리는 1999년에 자기 입으로 남편을
> '현관 앞에 붙잡아두기 힘든 개'로 묘사했다.
> 그 이미지는 확실히 힐러리가 의도한 것보다
> 더 많은 것을 드러냈다.

스캔들에 시달리다

1999년에 남편을 '현관에 잡아두기 힘든 개'라고 말한 것은 힐러리 자신이었다. 그 이미지는 힐러리가 의도한 것보다 확실히 더 많은 것을 말해주었다. 비록 소탈한 유쾌함이 담겨 있긴 하지만, 그 말은 영부인의 지친 체념과 더불어 어떤 깊은 경멸을 내비쳤다. 그것은 자유 세계의 지도자가 성인 인간 — 도덕적 책임감이라는 측면의 그 모든 의미에서 — 으로 취급하기 어려운 인물이라는 의미였다.

정치가는 누구나 설득자가 되어야 한다 — 그리고 그것은 유혹자로부터 몇 걸음 떨어져 있지 않다고 말할 수 있지 않을까. 빌 클린턴은 사람의 마음을 얻는 특출한 재능 — 그리고 그렇게 해야 할 특별한 필요 — 이 있었다. 심리학자라면 아마 클

미국 대통령, 그 어둠의 역사   239

린턴의 자아가 나약해서 어렸을 적부터 사랑이나 인정을 완전히 당연하게 받아들이지 못한 것이 문제였다고 지적할지도 모른다. 학생 시절 그가 산전수전 다 겪은 상원 의원 풀브라이트의 눈에 쉽사리 들어 그의 후원을 얻었다는 사실 — 심지어 그를 거절하기 전에 아칸사스 모집자인 홈스 대령에게 한담을 하는(특히 사회적 인맥을 쌓는 이득을 얻기 위해) 수고까지 할 정도로 — 은 클린턴에게 뭔가 비범한 기회주의자의 기질이 있음을 암시할지도 모른다.

그렇지만 물론 빌 클린턴의 유혹의 욕구가 가장 장엄하게, 그리고 가장 해롭게 드러난 것은 여성과의 관계에서였다. 그의 첫 대통령 유세는 제니퍼 플라워스Gennifer Flowers의 폭로 때문에 거의 좌초할 뻔했다. 그녀는 당시 아칸사스 주지사와 12년 동안

화이트워터 아니면 화이트워시?

빌 클린턴의 다양한 섹스 스캔들은 대단한 태블로이드의 오락거리가 되었지만, 훨씬 심각한 부정 행위가 제대로 주목을 받지 못하고 있다고 느낀 시사 평론가들은 그 때문에 몹시 화가 났다. 빌과 모니카가 백악관의 링컨 침실에서 사랑을 나누었다는 주장보다 주목을 덜 끈 것은 이 역사적 방이 — 대통령의 개인적 승인 하에 — 캠페인 기부자들에게 총 520만 달러에 임대되었다는 사실이 밝혀진 것이었다. 힐러리가 가축 선물 거래에서 거둔 놀라운 성공에 대해서도 의문이 제기되었다 — 하지만 실제로 파헤쳐지지는 않았다.

힐러리는 1000달러의 투자액을 100배로 돌려받았다. 클린턴이 투자한 리틀록의 부동산 회사인 화이트워터 개발회사가 도산한 이후에 대통령 내외는 증인으로 소환당했다. 힐러리는 법률가로서의 능력을 발휘해 불법 거래를 성사시키는 데 조력한 혐의를 받았다. 따라서 그녀는 사기 혐의로 조사받은 최초의 영부인이 되었다. 관련된 시기에 그녀의 경리 장부들이 그처럼 무더기로 사라졌다고 보고되지 않았더라면, 힐러리의 사면은 검사 측이 저지른 실책 덕분에 좀 더 보기 좋았을지도 모른다.

확실히 갈수록 진화하고 성장한 화이트워터 스캔들에 그 난장판에 설명되지 않은 죽음들이 보태지면서, 케네디 암살 사건에 맞먹는 음모 이론이 형성되었다. 백악관 자문 빈스 포스터Vince Foster가 1993년에 총에 맞아 죽은 채로 발견되었는데, 일각에서는 자살이라는 공식 소견에 의문을 제기했다. 화이트워터 창립자이자 클린턴의 친구인 짐 맥두걸Jim McDougal은 1998년에 의료 보조원들의 과실로 감옥에서 죽었다. 상무 장관 론 브라운Ron Brown과 기금 모금자인 빅터 레이저 2세C. Victor Raiser II와 허셜 프라이데이Hershell Friday는 각자 수천 마일 떨어진 곳에서 일어난 비행기 충돌로 죽었다……. 여기서나 다른 이른바 관련 사망 사건에서나, 조사 결과 의외의 사실은 아무것도 발견되지 않았다. 그러나 일각에서는 끝끝내 의심을 거두지 못했다.

빈스 포스터는 수수께끼 같은 상황에서 죽은 클린턴의 보좌관과 정치적 동지 중의 한 사람이었다. 음모 이론가들은 이런 비극들 사이의 관계를 찾아내려고 부단히 애써왔다 — 비록 아직까지는 성공하지 못했지만.

빌 클린턴이 모니카 르윈스키를 다정하게 부둥켜안고 있지만, 이 모습을 보면 두 사람의 밀월관계를 전혀 짐작할 수 없다. 궐련과 정액 자국에 관한 모든 논란이 조명을 받게 된 것은 이로부터 얼마 지나지 않아서였다.

관계를 맺어왔다고 주장했다. 민주당 지지자들은 《펜트하우스》에 가끔 모델로 등장하던 그 여자(나중에 그 잡지에 자기 이야기를 판매한)의 명백한 기회주의를 놓치지 않고 꼬집었다. 그리고 그 이야기의 세부 사항들은 처음부터 작심한 듯 개략적이었다. 그렇지만 그 모든 것이 대통령 후보를 어려운 위치에 처하게 만들기 충분할 만큼 쌓여왔다는 사실은 변함이 없었다. 그가 아무리 부인해도 그것을 의심할만한 그럴싸한 이유가 있었다 — 많은 이들은 수년간의 가십에 대해 '아니 땐 굴뚝에 연기 나랴' 식의 관점을 취했다. 그리고 1998년에 클린턴은 실제로 자신이 바람을 피웠음을 일부나마 인정했다.

제니퍼 플라워스와 성교를 했다는 그의 시인은(어쩐지 전형적이긴 하지만) 역설적이게도 1993년에 백악관 사무실에서 일하고 있던 다른 여자, 캐슬린 윌리Kathleen Willey에게 입맞춤을 하고 몸을 더듬은 것을 '단호히' 부인한 바로 그 증언 녹취록에서 나왔다. 이 녹취록은 다시 또 다른 여자, 리틀록에 있던 주지사의 대저택에서 일할 당시에 클린턴에게서 유혹을 받았다고 주장한 폴라 존스Paula Jones의 주장을 방어하기 위해 들춰졌다. 이 사건은 처음에 1994년에 제기되어 재판중이었으며, 존스의 법률가들은 자기들 주장을 강화해가고 있었다. 그들의 목표는 미국 대통령이 연쇄 성희롱범이라는 증거 무더기를 쌓는 것이었고, 그들은 그 일을 그런 대로 잘 해냈다.

모니카의 순간

클린턴이 모니카 르윈스키와 '바람'을 피우지 않았다고 처음 단호히 부인한 것은 폴라 존스 사건 도중이었다. 소용이 있든 없든, 22살짜리 백악관 인턴 역시 그 주장을 부인했다 — 빌과 모니카 둘 다 알고 보니 말의 엄밀성을 까다롭게 따지는 사람들로 밝혀졌다(몇 주가 지나면서 질문들이 계속 들어오고 점점 날카로워지자 대통령이 정확히 'is가 무엇을 뜻하는지'를 물으며 목소리를 높인 것은 악명 높은 이야기다). 르윈스키가 믿고 비밀을 털어놓은 — 그리고 그녀의 고백을 녹음할 정도로 신중했던(그걸 신중함이라고 불러도 된다면) — 동료 린다 트립Linda Tripp은 이미 다른 위법 혐위들에 대해서 대통령을 조사하고 있던 특별 검사 케네스 스타Kenneth Starr에게 제보를 했다.

> 비록 대통령은 르윈스키와 아무런 '성적 관계'도
> 없었다고 강력 부인했고
> 힐러리는 충직하게 우파의 음모를 탓했지만,
> 클린턴은 거짓말을 한 것이 밝혀져
> 법정에서 모멸을 당했다.

위증죄로 고발당할 위기에 처한 르윈스키는 기소를 면제받는 대가로 몽땅 털어놓기로 했다. 린다 트립은 그녀를 설득해 클린턴의 선물을 그대로 지니고 있으라고 — 그리고 정액이 묻은 드레스를 드라이클리닝하지 말라고 — 했다. 그리고 그로 인해 이제 대통령의 반대편 주장에는 종지부가 찍혔다. 그것만으로도 모자랐던지, 르윈스키는 한번은 대통령이 자기 음부에 담배를 삽입했다고 증언해서 수도 없는 상스러운 농담을 낳았다. 비록 대통령은 르윈스키와는 전혀 '성적인 관계'가 없었다고 강력 부정했고 힐러리는 충성스럽게 우파 음모론을 탓했지만, 클린턴은 거짓말이 발각되어 법정에서 수모를 당했다.

탄핵과 무죄 선고

빌 클린턴의 탄핵 절차는 대통령에게 책임을 추궁하고 그 과정에서 정의와 불편부당함을 확보하는 시스템의 비효율성을 부각시켰다. 그러나 앤드루 존슨의 경우와 마찬가지로, 빌 클린턴에 맞선 움직임들은 보기 좋지 않은 야단법석으로 급격히 전락했다. 정의를 향한 욕망이 정치적 당파주의에 압도당한 것처럼 보였다. 공화당의 분노가 주도한 탄핵은 민주당의 충성 때문에 방해를 받았다. 어느 쪽도 결과에 만족할 수 없었다.

클린턴의 범죄 혐의들이 불결했다 해도, 그 더러움의 일부는 그를 공격하는 절차들 때문에 씻겨나갔다. 몇 년 동안 리틀록과 워싱턴의 분위기는 대통령의 정치적, 금융적 거래들에 관한 소문들로 혼잡했지만, 그는 이제 정액-튀김에 관한 기소 인정 여부 절차를 밟고 있었다. 실제로 대통령을 가장 강도 높게 비판한 전직 대변인 뉴트 깅리치Newt Gingrich가 탄핵 절차 진행 도중에 바람을 피우고 있었다는 것이 밝혀지자, 그 절차들의 도덕적 신뢰성은 혹시 있었다 해도 사라지고 말았다.

조지 부시, 2001~2008

조지 워커 부시George W. Bush가 아동시절 겪은 결정적 사건은, 사람들 말에 따르면 부시가 여섯 살이던 1953년에 겨우 세 살이던 여동생 로빈Robin이 백혈병으로 죽은 것이었다. 딸을 잃은 슬픔에 몸을 가누지 못한 바버라는 나머지 모든 아이를 과보호하게 되었다고 한다 — 특히 맏아들에 대해서는 더욱 그랬다. 일설에 따르면, 부시가 무능력해진 것은 그 때문이었다고들 한다. 초기 성인기에 자기 길을 찾아나가는 능력을 쌓지 못하고, 아버지가 만든 친분과 연락책들의 인맥에 평생 의지한 것이다. 그렇지만 이 '무능력함'(정말 그게 사실이라면)은 가족 내에서 아버지의 압도적인 존재감 때문이었을 가능성도 똑같이 있다. 대통령들의 대열에서 조지 H.W. 부시는 어쩌면 비교적 이름 없는 인물일지 몰라도, 자신의 사회적 환경에서 그는 거인으로 보였다. 조지 W. 부시의 대학 친구들은, 또래들이 자신의 부모들을 흉내내거나 반항할 때, 그는 그의 아버지를 신인 양 우러러 보았다고 회상한다.

당시의 그를 아는 많은 이들은 그가 '버릇 없이 자랐다'거나 지나치게 응석받이로 자랐다는 주장들을 반박했지만, 그가 대단히 특권적인 성장기를 거친 것만은 분명하다. 하지만 그러한 특권도 소용없이 부시는 기대를 충족시키는 데 어려움을 겪었다. 부시는 미국에서 가장 특권적인 고등학교인 앤도버를 다니는 데 어려움을 겪었고, 자기가 예일에 합격한 것이 빛나는 학구적 성취 덕분이 아니라 '유산' — 아버지가 그 대학을 졸업한 지원자를 이르는 말이다 — 이라는 자신의 지위 덕분이라는 것을 잘 알았다.(말 나온 김에, 조지 W의 '멍청함'은 많이 과시되었지만 과장해서는 안 될 것이다. 대학 친구들은 부시가 두뇌 회전이 빨랐고 사람을 볼 줄 알았다고 말했다. 비록 학자 기질을 보인 적은 한 번도 없었지만. 그리고 그토록 많은 유명한 '부시즘'을 낳은 언어의 혼용은 의심할 바 없이 똑똑한 그의 아버지의 연설에서도 분명히 드러났다.)

어쩌면 아버지의 엄격한 기준을 절대로 따라가지 못할 거라는 깨달음 때문일지도 모르고, 어쩌면 어머니와의 관계에서 비롯된 사람의 마음을 얻는 매력 때문일지도 모를 일이다.

조지 W. 부시는 태생이 고위층, 특권층이면서도 잘난 척하지 않고 자기 비하적인 태도를 지녔는데, 그 태도는 적들을 무장해제시키는 동시에 회의적인 유권자의 마음도 얻게 해준 듯하다.

미국 대통령, 그 어둠의 역사 243

이유가 뭐였든, 조지 W. 부시는 사람들이 상상하는 것보다 훨씬 덜 거만했다 — 능력에 관해서든, 사회적 계급에 관해서든. '차별 철폐 조처'에 관한 농담들을 별도로 치면, 사실 조지 W.는 정말이지 대학에서 사면초가에 처한 소수자였다. 유산, 쟁쟁한 친구들 사이에 끼인 C학점 학생, 그리고 멋쟁이 급진주의자들이 좌파에서 행군하는 시대에 순종적인 보수주의자. 그의 아버지가 가입했던 스컬과 본스 Skull and Bones 클럽은 엘리트 중에서도 엘리트만이 가입하는 배타적인 파벌이었지만 이제는 고루한 구시대의 보호 구역이었다. 그렇지만 조지 W.는 크게 개의치 않은 듯하다. 그의 비판자들이라면 그가 잘난 척하지 않을 거리가 많았다고 조롱할지 모르지만, 그가 잘난 척하지 않았다는 것은 사실이다. 조지 W.와 대학 시절 같은 클럽 회원이자 정치적으로는 강력한 반대파로 자처하는 래니 데이비스 Lanny Davis조차 "그의 아버지가 누구인지, 그가 어떤 집안에서 왔는지 아무도 몰랐을 것이다"라고 회고했다. 겸손하고 사람들을 편하게 만들어주는 것은 물론 장점이지만, 또한 극도로 유용할 수도 있다.

미국인의 살림살이가 좀 더 어려워지면서, 조지 W. 부시의 풍요로운 배경은 그에게 더 불리하게 작용하기 시작했다. 유권자들은 과연 이 사립학교 출신 대통령이 실제로 자신들이 겪고 있는 일을 자기 일로 받아들일 수 있을까 자문했다.

과소 평가당하는 것 역시 유용할 수 있다 — 그리고 조지 W.는 평생 과소 평가를 당해왔다. 그런 배경과 야망을 지녔으면서도 어떤 파벌적 경향에도 속하지 않는다는 것은 부시의 엄청난 재능이었다. 예일에서 가장 큰 특권을 지닌 이 인물이 자신을 화물트럭을 운전하는 순박한 사내로 쉽게 포장할 수 있으니, 적들은 돌아버릴 지경이었다.

'자원하지 마'

조지 W. 부시는 1968년에 예일 대학교를 졸업하자 징집 대상이 되었다 — 적어도 이론상으로는 그랬다. 빌 클린턴과 달리, 부시는 자신의 애국적 의무를 자부심으로 수행했지만 전투 지역 근처에 파견되는 위험을 겪지는 않았다. 주 방위군이 베트남으로 갈 필요가 없다는 결정이 정부 차원에서 막 내려진 터였다. 갑자기 충돌이 생겼다. 당시 텍사스 부지사로 있던 벤 반스 Ben Barnes의 증언에 따르면, 그와 조지 H.W. 부시 양쪽의 친구인 한 인물의 요청으로, 그가 전화 몇 통을 걸어 젊은 조지를 500명의 대기자 명단에서 맨 위로 옮기게 했다는 것이다. 텍사스의 주 공군에서 그는 다른 엘리트 집안의 아들들과 함께 복무했다. 편중이 너무 심하다보니 그 부대는 '샴페인 부대'라고 불리게 되었다. 지원자들은 서명할 때 베트남에 자원하도록 요청을 받았다 — 강요는 아니었다. 조지 W.는 '자원하지 않음' 상자에 표시했다.

2년 뒤 부시는 앨라배마 기지로 이전되었지만 — 적어도 이론상으로는 — 신체검사를 받거나 훈련소에 나타나지는 않았다. 부시는 비행 중대 지휘관에게 자신이 앨라배마의 정치 캠페인에 참여했다고 말했다. 명목상으로는 앨라배마 기지로 이전된 것처럼 보여도, 부시가 군사적으로나 아니면 정치적으로나 거기서 실제로 어떤 식으로 복무했다는 근거는 전혀 없다. 언론인 댄 래더Dan Rather는 휴스턴에 사는 조지 W.의 아버지의 오랜 친구인 지미Jimmy와 린다 앨리슨Linda Allison과 대화를 나누었고, 그들은 아버지 대신 젊은 조지를 감시하는 데 동의했다고 회고했다. 린다가 말하기를 그 '방위군'은 "휴스턴에서 난장판을 벌였어요……그 사람이 어떤 식으로든 주 방위군과 관련이 있다고는 전혀 생각지 못했어요."

마약과 술

조지 W.의 경우 '난장판'이 무엇을 뜻하는지를 두고 그의 대통령 임기 내내 맹렬한 논쟁이 벌어졌다. 부시 가문 역사가(그리고 이전 조지 H.W.의 특별 보좌관) 버나드 루이스Bernard Lewis는 대다수 사람보다 진실에 더 가까이 다가갔다. 조지 W. 부시는 2000년에 대통령으로 출마 결심을 하기 전 몇 주간 잇따라 인터뷰를 했다. 이 인터뷰들은 본인이 모르는 사이에 녹음되었고, 나중에 새어나갔다. 녹음된 내용 중에는 대통령 지망생이 마리화나를 피웠는가 하는 질문에 대답하지 않겠다고 말한 것도 있었다. "왜냐하면 어떤 어린애가 내가 한 일을 따라하기를 바라지 않으니까요." 부시는 대통령으로서 좋은 모범이 되고 싶다고 말했다. 코카인 사용에 관해서도 역시 '부정 아닌 부정'이 그의 대답이었다. 조지 W.는 굳이 대답을 함으로써 이런 혐의를 인정해줄 필요가 없다고 느꼈다. '추악한' 소문 만들기에 맞서 누군가가 일어서야 할 때라고 느꼈다. 또한 물론, 노골적 부정은 위험하다고 느꼈는지도 모를 일이다. 어떤 잠재적인 목격자가 '저 어딘가에' 있을지도 모르니까. 예일 재학 시절과 그 이후의 코카인 복용 혐의는 텍사스 주지사가 된 부시가 마약에 맞서 엄격한 조치를 취하려 할 때 그의 발목을 잡았다. 그 혐의가 사라지지 않은 것은 놀라운 일도 아니다.

그러나 알코올은 조지 W.의 인생에 더욱 큰 그림자를 드리웠다. 부시가 1966년에 어떤 호텔 문간에서 크리스마스 장식을 훔쳐서 체포당한 것은 대통령 스캔들의 역사에 한 획을 그을만한 사건은 아니지만, 술에 취해 장난을 치는 것은 그의 학창 시절의 특징이었다. 그보다 심각한 혐의는, 부시가 그 10년 뒤에 술에 취한 상태로 운전을 했다는 것이었다.

조지 W. 부시의 알코올 문제는 잘 알려져 있다. 벌써 1986년에 술을 끊긴 했지만, 대통령 재직 기간에 다시 술을 마시기 시작했다는 소문이 끊이지 않았다.

아버지가 그의 행실 때문에 걱정을 했다는 것은(어쩌면 그 행실은 너무 위대한 아버지에게 자기 인생을 지배당한 데 대한 원한과 얼마만큼 관련이 있을지도 모른다), 1972년에 부자간의 냉랭한 사이가 널리 보도되면서 기정사실이 된 듯하다. 한번은 음주 운전으로 인해 쓰레기통을 치고 아마도 자기 남동생인 마빈을 위험에 처하게 하는 바람에 아버지가 그에게 수술용 가운을 입히자 젊은 아들은 아버지에게 반항해 1대 1 싸움을 걸었다.

조지 W.는 자기가 '알코올 중독'이라는 사실을 한 번도 인정하지 않았지만, 1986년에 술을 끊었다고 말하긴 했다. 그의 결심에 복음주의 설교자 빌리 그레이엄Billy Graham이 얼마나 영향을 미쳤는지는 출처에 따라 말이 다르다. 대통령이 다시 술을 마시기 시작했다는 이야기가 드문드문 나왔고, 2002년의 '프레첼 사건' 이후에는 더욱 그랬다. 부시는 TV로 미식 축구 경기를 보다가 잠깐 의식을 잃고 소파에서 떨어져 머리를 다쳤다. 공식적인 보도는 며칠째 '몸이 불편하던' 중에 프레첼을 잘못 먹어 목이 막혔다는 것이었다. 이전과 마찬가지로 그때도 다른 이들은 회의적이었다 — 그리고 그렇지만 이 주장이나 다른 주장들이 사실이라 하더라도, 대통령의 삶이 술에 지배되고 있다고 말하기는 어렵다고 해야 할 듯하다.

2000년 플로리다 개표 후 미국인들은 투표 절차의 기술적인 면에 관해 원했던 것보다 더 많은 것을 알게 되었다. 오늘날까지 민주당은 자기들이 이 선거를 '도둑맞았다고' 믿는다.

권력의 사칭자?

조지 W. 부시는 임기 초부터 논쟁에 휘말렸다. 적들은 선거가 '도둑질 당했다'고 말했다. 민주당 후보 앨 고어Al Gore는 전국적으로 부시보다 50만 표를 더 획득했고, 특히 플로리다에서 범법 행위가 저질러졌다는 혐의가 있었다. 거기서 마침내 겨우 537표 차이로 부시가 다수표를 차지했다는 결과가 나왔다. 수백 장의 무기명표가 무효 처리되었는데 그들은 '보조개가 파였거나' — 제대로 펀치로 구멍이 뚫리지 않아서 — '애를 뱄거나,' 아니면 '매달려' 있었기 때문이었다. 비판자들은 또한 부시가 아버지의 오랜 친구들에게 의존했다고 꼬집기도 했는데, 그 중 가장 악명 높은 것은 그의 부통령 딕 체니Dick Cheney였다. 조지 W.는 이전에 예일에서 그랬듯이, 백악관에서도 '유산'이었다.

부시의 첫 임기를 지배하게 되는 사건은 2001년 9월 11일의 테러였다. 부시의 반응은 그의 대통령직을 '조형했다'. 비록 그것을 거의 무너뜨릴 뻔하기도 했지만. 그는 플로리다 초등학교 아이들에게 《애완 염소Pet Goat》라는 이야기책을 읽어주던 도중

부전여전?

조지 W.의 두 딸 바버라Barbara와 제나Jenna는 아직 미성년이던 2001년에 술을 사려고 위조 신분증을 사용한 사실을 인정했고 그로 인해 물의가 빚어졌다. 둘 다 아버지와 마찬가지로 파티광으로 정평이 나 있었다. 이 쌍둥이가 마리화나(주장에 따르면 2003년에 배우 애시튼 커쳐Ashton Cutcher와 함께)를 피웠다는 보도는 입증되지 않았다. 정신을 차리고 행실을 고쳤는지, 아니면 그저 어느 정도 신중을 기하기 시작했는지 몰라도 그 두 사람이 그 이후로 뉴스거리가 되는 일은 대체로 없었.

제나 부시는 2001년 4월에 미성년자 신분으로 술을 소지하여 체포당해 텍사스 당국과 충돌했다. 그 겨우 몇 주 뒤에는 쌍둥이 동생 바버라 역시 유사한 혐의로 체포되었다

미국 대통령, 그 어둠의 역사   247

에 그 소식을 듣고 몇 분간 더 책을 읽었다. 이 일을 두고 적들은 부시가 '우유부단'하다고 했고, 친구들은 '포화 속에서도 침착했다'고 했다. 당 라인에 따라 반응은 크게 엇갈렸다. 그 며칠 뒤에 선포된 '테러와의 전쟁'을 둘러싸고도 역시 동일한 반응이 나왔고, 더욱 구체적으로는 이라크 침략에 관해서도 그러했다. 비록 그들은 미국의 예전 동맹인 사담 후세인Saddam Hussein과 알 카에다가 9/11 공격에 개입했을 가능성을 강력 시사했지만, 이 (태생적으로 그럴싸하지 않은) 관계에 대한 진정한 증거는 전혀 나오지 않고 있었다. 또한 심지어 이라크 점령 이후에도, 부시와 그 지지자들이 독재자 사담 후세인이 당장이라도 배치할 거라고 주장했던 대량 학살 무기 역시 전혀 흔적조차 보이지 않았다. 그보다 더 심각한 것은, 일부에서 느끼기에 국내에서는 애국법, 해외에서는 고문 용의자 인도에 관한 소문과 더불어, 무기 실험실을 찾지 못하는 것을 넘어 자유의 이상 역시 사라져가고 있다는 것이었다.

영웅들과 악당들

민주당원들은 2004년 대통령 선거에서 자기편 후보에게 큰 희망을 걸고 있었다. 존 케리John Kerry는 뭔가 비장의 무기처럼 보였다. 베트남전에 참전하여 용맹으로 칭송받은 군인 출신이니 우파에게 그토록 '평화주의자peacenik'로 조롱을 당해온 민주당에게 메시지를 퍼뜨리기에는 적임자 같아 보였다. 대통령이 텍사스의 공군 주 방위군에 (하고 싶을 때만) 복무하면서 전쟁이 끝나기를 기다리는 동안, 케리는 나라를 위해 앞장서 목숨을 건 인물이었다. 조지 W. 부시가 9/11 테러리스트 공격 직후에 결정력이 부족했다고 비난받았다는 사실을 감안하면 더욱 주목할만했다. 또한 이때는 대통령이 USS 에이브러햄 링컨호 선상에서 악명 높은 '임무 완료' 연설을 했을 즈음이었다 — 그리고 이라크에서 미국의 작업이 실제로 전혀 끝나지 않았음은 명확했다. 또한 어쨌든 부시는 군대에 관련된 모든 부분에서 취약해 보였다. 존 케리는 이 지점에서 부시를 공격해서 이길 수 있었다.

하지만 일은 그런 식으로 돌아가지 않았다. 그 대신에 쾌속정 함장으로서 그가 은제 무공훈장을 받게 해준 용맹한 행위들에 관련해 날조한 '논쟁'이 부풀려졌다.

아프가니스탄 등지에서 생포된 무슬림 죄수들은 관타나모 만에 몇 년 수용되었다. 고문의 혐의가 새어나왔고, 재소자들 중 재판을 받은 이는 거의 없었다 — 혹은 심지어 정식으로 기소당한 이도 없었다.

이라크 언론인 문타다르 알자이디Muntadar al-Zaidi는 조지 W. 부시에 대한 대다수 아랍계 사람의 경멸을 표현했다. 2008년에 기자회견에서 갑자기 일어나 어리둥절한 대통령에게 신발을 집어던진 것이다.

그의 전직 승무원 동료들이 모두 그의 영웅성을 인정했지만, 부시 캠페인과 관련이 있는 일군의 참전 군인들은 민주당 후보의 신뢰성을 떨어뜨리는 주장을 하는 광고를 내놓았다. 그리고 사람들은 그것을 믿었다 ─ 적어도 부시 쪽으로 분위기를 휩쓸어가기에 충분히 많은 사람이 그렇게 믿었다.

불경기의 평판

2005년에 강력하고 파괴적인 허리케인 '카트리나'가 뉴올리언스를 강타했을 때, 워싱턴의 대응은 느리고 손발이 맞지 않았다. 대통령은 진정한 리더십을 조금도 보여주지 못했다고들 했다. 설상가상으로 희생자 중 너무나 많은 이가 가난한 흑인이었다는 점도 대통령에게 불리했다. 그로 인해 공화당원이 빈민에게 공감을 느끼지 않고 인종주의에 엄격하다는, 이제는 깊이 뿌리내린 의혹이 극적으로 부각되었다. 그렇지만 비판자들이 대통령으로서 조지 W.의 '도덕적 파산'에 맞서 궐기했다면, 그 실패에 정치적으로 도장을 찍은 것은 수사학이 아닌 현실의 경제 파산이었다.

이미 카트리나 건에서 실패자라는 의심을 받은 대통령은 그 2년 뒤에 미국이 재정 위기로 인해 더욱 깊은 불경기의 늪으로 끌려들어가자 더 큰 어려움에 처했다. 대통령은 양쪽으로 비난을 받았다. 한편으로 경제적 안정을 복구하려는 대통령의 노력은 비통할 만큼 더뎠고 적절하지 못했으며, 다른 한편으로, 대통령은 명확히 뉴올리언스의 빈민보다는 중산층 투자자들(그리고 더욱 심하게는 부자 은행가들)을 훨씬 더 우려하고 있다는 것을 보여주었다.

부시의 공화당은 손쓸 수 없는 지경에 처했다. 알래스카에서 갑자기 등장한 새러 팰린Sarah Palin이 정치적 우파의 지형을 바꾸어놓았고 존 매케인John McCain은 맹렬한 유세를 펼쳤다. 그렇지만 팰린이 아무리 화려하고 논쟁의 중심에 있었어도, 이제 최초의 흑인 대통령을 백악관을 향해 휩쓸어가고 있던 낙천주의와 이상주의의 물결과 씨름할 수는 없었다. 버락 오바마가 사람들이 자신에게 투자한 희망을 어디까지 실현시킬 수 있을지, 대통령직을 맡아 얼마나 잘 해나갈 수 있을지, 그것은 아직 답이 나오지 않은 질문이다.

충직한 남동생

존 '젭' 부시John 'Jeb' Bush는 형과는 딴판처럼 보인다. 젭은 텍사스 대학 학사를 퍽 높은 학점으로 마쳤다(라틴아메리카 연구 전공). 젭은 '행동'은 멕시코 출신 여자와 결혼하는 것 — 플로리다 정치가로서는 절묘한 행보였다 — 으로 제한하면서, 아버지의 발걸음을 의식적으로, 그리고 솜씨 있게 따랐다. 젭은 1998년에 두 차례의 시도만에 플로리다 주지사직을 손에 넣었다.

플로리다는 2000년 '도둑맞은' 선거의 핵심 주들 중 한 곳이다. 젭의 문간에서 얼마나 잘못된 일이 어디까지 벌어졌는지를 두고 논란이 있긴 하다. 부정 투표 혐의는 별도로, 플로리다의 몇몇 도시에서는 흑인 투표자(보통 민주당파로 여겨지는)를 위협하기 위해 경찰 검문소가 배치되었다는 이야기가 있었다. 그렇지만 이런 주장은 입증되지 않았다 — 그리고 그것과는 별도로, 젭 말고도 플로리다 주에는 힘 있는 공화당원이 많았다. 그가 부시 캠페인을 지지한 것은 응당 그럴 만했다 — 어쨌거나 부시 집안 사람이니까. 대통령 후보는 자기 형이고, 동료 공화당원이니까.

2006년 조지 H.W. 부시는 탤러해시Tallahassee 회담에 참석해 연설하던 중에 1994년 플로리다 주지사 경쟁에서 졌을 때 — 그는 부정 행위가 있었던 것처럼 내비쳤다 — 역경 속에서 젭이 얼마나 용기를 보여주었는지를 회고하다가 자제력을 잃고 눈물을 보였다. "젭은 그 일로 앓는 소리를 하지 않았습니다. 불평도 하지 않았습니다……." 조지 W.의 적들은 즉각 아버지 부시가 은연중에 당시 백악관을 차지하고 있던 아들에 대비해 다른 아들을 부각시키고 있다는 결론을 내렸다. 비록 실제로 이런 결론에 대한 명확한 증거가 있었던 건 아니지만 말이다.

과거에 대통령이 되었을지도(그리고 어쩌면 앞으로 될지도?) 모르는 남자, '젭' 부시는 형보다 더 밝은 전망을 보여주었다. 아버지 부시가 젭을 진정한 자기 후계자로 여기는 것처럼 보인 적이 몇 번이나 있었다.